ISÖ-Text 2018-4

Rahmenbedingungen für die Nachfolge von ehrenamtlichen Vereinsvorständen

Am Beispiel des Paritätischen Thüringen

Philipp Herbrich, Martin Melzig, Theresa Rassl,
Johannes Reiß und Danny Stolle

ISÖ – Institut für Sozialökologie gemeinnützige GmbH
ISÖ – Institute for Social Ecology non-profit company

Wir bedanken uns beim Paritätischen Thüringen, der Paritätischen BuntStiftung Thüringen sowie bei der Ernst-Abbe-Hochschule Jena für eine gelungene Kooperation und Zusammenarbeit. Besonderer Dank gilt allen beteiligten Personen aus den Mitgliedsorganisationen des Paritätischen Thüringen, ohne deren Mitwirkung das Forschungsvorhaben nicht umsetzbar gewesen wäre.

Bibliographische Information der Deutschen Nationalbibliothek:

Die Deutsche Nationalbibliothek verzeichnet diese Publikation in der Deutschen Nationalbibliographie; detaillierte bibliographische Daten sind im Internet unter http://dnb.dnb.de abrufbar.

© 2018 ISÖ – Institut für Sozialökologie gemeinnützige GmbH

Herstellung und Verlag:

BoD – Books on Demand, Norderstedt

ISBN: 978-3-75283-976-0

ISÖ-Text 2018-4

Rahmenbedingungen für die Nachfolge von ehrenamtlichen Vereinsvorständen

Am Beispiel des Paritätischen Thüringen

Philipp Herbrich, Martin Melzig, Theresa Rassl, Johannes Reiß und Danny Stolle

Siegburg, 12. Juli 2018

ISÖ - Institut für Sozialökologie gemeinnützige GmbH

Ringstraße 8, 53721 Siegburg

Tel.: +49 (0) 2241 1457073, Fax: +49 (0) 2241 1457039, E-Mail: info@isoe.org, Web: www.isoe.org

Coverabbildung: Philipp Herbrich, Bearbeitung: Duc Le viet und Martin Melzig.

Quelle Icons: https://graphicburger.com/ultraviolet-60-business-icons/

Forschungsgruppe:

Philipp Herbrich ist staatlich anerkannter Sozialarbeiter / Sozialpädagoge (B.A.). Bachelor-Studium an der Ernst-Abbe-Hochschule Jena. Studierender im dritten Mastersemester für Soziale Arbeit an der Ernst-Abbe-Hochschule Jena.

Martin Melzig ist staatlich anerkannter Sozialarbeiter / Sozialpädagoge (B.A.). Bachelor-Studium an der Fachhochschule Erfurt. Studierender im dritten Mastersemester für Soziale Arbeit an der Ernst-Abbe-Hochschule Jena.

Theresa Rassl ist staatlich anerkannte Sozialarbeiterin / Sozialpädagogin (B.A.). Bachelor-Studium an der Ernst-Abbe-Hochschule Jena. Studierende im dritten Mastersemester für Soziale Arbeit an der Ernst-Abbe-Hochschule Jena.

Johannes Reiß ist staatlich anerkannter Sozialarbeiter / Sozialpädagoge (B.A.). Bachelor-Studium an der Ernst-Abbe-Hochschule Jena. Studierender im dritten Mastersemester für Soziale Arbeit an der Ernst-Abbe-Hochschule Jena.

Danny Stolle ist staatlich anerkannter Sozialarbeiter / Sozialpädagoge (B.A.). Bachelor-Studium an der Ernst-Abbe-Hochschule Jena. Studierender im dritten Mastersemester für Soziale Arbeit an der Ernst-Abbe-Hochschule Jena.

Projektleitung:

Prof. Dr. habil. Michael Opielka, Dipl. Päd., ist wissenschaftlicher Leiter und Geschäftsführer des ISÖ – Institut für Sozialökologie gemeinnützige GmbH und Professor für Sozialpolitik an der Ernst-Abbe-Hochschule Jena.

Policy Brief – Zusammenfassung

Diese Studie untersucht „Rahmenbedingungen für die Nachfolge von ehrenamtlichen Vorständen am Beispiel von Mitgliedsorganisationen des Paritätischen Thüringen". Sie will herausfinden, wie den Herausforderungen und Schwierigkeiten der ehrenamtlichen Vorstandsnachfolge in der Praxis begegnet werden kann und so eine Antwort auf die Forschungsfrage geben, wie ehrenamtliche Vorstände in den Mitgliedsorganisationen des Paritätischen Thüringen (besser) gewonnen werden können. Dabei wurde in einer Kombination aus quantitativen und qualitativen Erhebungsmethoden geforscht. Die Zwischenergebnisse wurden in Fachtagungen und Veranstaltungen des Paritätischen Thüringen kooperativ mit Adressat_innen dieser Studie, also insbesondere Vorstandsmitgliedern von Mitgliedsorganisationen im Sinne eines Feedbacks zurückgekoppelt. Die Handlungsempfehlungen resultieren damit aus einer Kombination unterschiedlicher Zugänge zum Forschungsfeld und der Anwendung unterschiedlicher Erhebungsmethoden. Sie repräsentieren ein breites Spektrum an Meinungen, Erfahrungen und teils bereits erprobter Handlungsansätze, ergänzt um den aktuellen Stand der nationalen und internationalen Forschung zu Freiwilligem Engagement.

In der Untersuchung offenbarten sich verschiedene Problemlagen, wie beispielsweise einseitige Zielgruppenwerbung, Nachwuchsmangel, gesellschaftliche Transformation des Ehrenamtsbegriffs, komplexer und vielfältiger werdende Anforderungen an die Vorstandsarbeit sowie Motivationsfragen. Dabei stellte sich heraus, dass es keine für alle Organisationen passgenaue Antwort geben kann, da die Profile der Mitgliedsorganisationen ein hohes Maß an Diversität aufweisen, wie die Größe der Einrichtung, die Anzahl der ehrenamtlichen und/oder hauptamtlichen Mitarbeiter_innen oder die Breite an Arbeits- oder Fachbereichen. Trotz dieser Vielfalt lassen sich doch Merkmale benennen, aus denen sich Handlungsansätze ableiten lassen, die es den Organisationen erleichtern, die Nachfolge von potentiellen ehrenamtlichen Vorständen proaktiv und kontinuierlich zu steuern.

So kann es hilfreich sein, dass sich Organisationen im Rahmen strategischer Analysen ihrer Kernkompetenzen als wettbewerbswirksame Fähigkeiten bewusst werden, um die Motive potentieller ehrenamtlicher Vorstände oder Mitarbeiter_innen angemessen ansprechen zu können. „Wer sind wir? Wer wollen wir sein? Wer müssen wir sein?" „Welche Erwartungen haben die potentiellen Vorstandsmitglieder bezüglich ihres freiwilligen Engagements in unserer Organisation und können wir diese erfüllen?" stellen hierbei relevante Fragen dar. Dabei kann es wichtig sein, dass es den Organisationen gelingt, eine angemessene Passung zwischen den (Entwicklungs-)Möglichkeiten in der Organisation und der Befriedigung fremd- und selbstbezogener bzw. extrinsischer und intrinsischer Motive der potentiellen Vereinsvorstände herzustellen. Hier kann es nicht „die eine funktionierende Strategie" geben, da sich höchst individuell-subjektive Motivbündel identifizieren lassen, die egoistische als auch altruistische Anteile aufweisen. Wenn jedoch aktuelle Schwierigkeiten bei der Gewinnung ehrenamtlicher Vorstände und Mitarbeiter_innen bei einer Reihe von Mitgliedsorganisationen des Paritätischen vorliegen, muss im Umkehrschluss davon ausgegangen werden, dass es ihnen bislang nicht gelungen ist, diese Motive hinreichend anzusprechen. Die angemessene Ansprache der Motivlagen in Passung und Profilierung der Möglichkeiten in der Organisation kann bei der Gewinnung ehrenamtlicher Vorstände und Mitarbeiter_innen als erfolgsträchtig angesehen werden.

An dieser Stelle können auch Empfehlungen aus dem Stand der Forschung wichtig sein, beispielsweise die Berücksichtigung des Konzepts des Freiwilligenmanagements, um bisherige als auch zukünftige Anforderungen möglichst frühzeitig einzuplanen, damit auf diese vorbereitet und strukturiert reagiert werden kann. Organisationen können sich in vielerlei Hinsicht dahingehend entwickeln, eine engagementfreundliche Organisationskultur zu schaffen. Eine Kultur, in der sich die Interessierten und bereits aktiven, ehrenamtlich bzw. freiwillig Engagierten wertgeschätzt (Anerkennung), unterstützt (konkrete Ansprechpartner_innen, Weiterbildungen sowie sonstige Begleitprozesse) und angemessen wahrgenommen (Partizipation) fühlen, um mit der Organisation gemeinsam zu „wachsen". Dabei kann das Freiwilligenmanagement eine Überein-

stimmung herstellen zwischen den Bedürfnissen, Wünschen und Interessen der ehrenamtlich bzw. freiwillig Engagierten und den Anforderungen der Organisation. So sollte bei den internen und externen potentiellen Vorstandsmitgliedern einerseits zunächst der Wunsch entwickelt und andererseits das erforderliche „Know-how" vermittelt werden, um ein Amt auf Leitungs- bzw. Vorstandsebene zu übernehmen. Hierbei sollte auch ein Einbezug von Rahmenbedingungen sowie aktueller Trends und Entwicklungen stattfinden. Diese werden im weiteren Verlauf miteinander verknüpft, so dass die dadurch entstehenden Synergien für die Organisation nutzbar werden. So können durch Weiterbildungen und Begleitprozesse Ängste und Bedenken reduziert und die Entscheidungsfindung der Individuen für ein (langfristiges) ehrenamtliches bzw. freiwilliges Engagement (auch auf Leitungs- bzw. Vorstandsebene) begünstigt werden.

Vorwort

Diese Studie bildet im Rahmen der Reihe „ISÖ-Text" einen besonderen Fall. Sie ist das Ergebnis eines studentischen Forschungsprojektes im Rahmen des Masterstudiengangs Soziale Arbeit an der Ernst-Abbe-Hochschule Jena. Die Autor_innen sind Studierende. Sie haben zwar alle mit dem Bachelor bereits einen berufsqualifizierenden Abschluss, einige von Ihnen verfügen auch bereits über beachtliche berufliche Erfahrungen, aber es ist kein klassisches Forschungsprojekt, bei dem bezahlte wissenschaftliche Mitarbeiter_innen tätig werden. Diese Vorbemerkung ist in doppelter Hinsicht wichtig: Sie zeigt einerseits die Grenzen dieser Studie auf, denn ein Forschungsprojekt des ISÖ mit vergleichbarem Zeitinput hätte seitens eines Auftraggebers erhebliche Ressourcen, aber auch Erwartungen gebunden. Ein studentisches Forschungsprojekt kann jedoch, wie jede Qualifizierungsarbeit, einen Mehrwert für das Ausbildungsziel reklamieren, die Praxisinteressen dürfen etwas zurücktreten. Andererseits muss eine Studie, die veröffentlicht wird und vor allem, wenn dies im Kontext renommierter anderer Forschungsergebnisse erfolgt, auch allgemeine Qualitätsziele von Forschung erfüllen. Ich meine, dass die vorliegende Studie diesen Spagat in hervorragender Weise bewältigt. In meiner Funktion als Professor an der Ernst-Abbe-Hochschule habe ich die Forschungsgruppe geleitet. Sie hat ihre Aufgabe vorzüglich, weit überdurchschnittlich erfüllt. Als Leiter des ISÖ habe ich während des Projektverlaufs mehrfach hilfreich zur Seite stehen können, beispielsweise bei der Beschaffung der Erhebungs- und der Auswertungssoftwares (Typeform und MAXQDA). Der Forschungspartner, der Paritätische Thüringen und seine Paritätische BuntStiftung, wirkten, wie im Sozialbereich in der Interaktion von Praxis und Hochschulen häufig der Fall, vor allem als ideeller Partner, finanzielle Mittel standen nur in relativ geringem Umfang zur Verfügung.

Da der Paritätische insoweit kein „Auftraggeber" war, musste auf rechtlicher und wirtschaftlicher Ebene nicht so viel Rücksicht genommen werden, Forschungsteam und Praxis begegneten sich vollständig auf Augenhöhe. In gewisser Weise reflektierte das faktisch „ehrenamtliche" Forschungsteam die Fragestellung der Studie selbst: Ohne

Motivation geschieht und gelingt im Ehrenamt nichts – wie lässt sie sich herstellen und sichern? Die Studie selbst gibt inhaltlich und methodisch eine bedeutsame Antwort: Ehrenamtliche müssen einerseits genauso behandelt werden wie Hauptamtliche, sie müssen dabei unterstützt werden, ihre Arbeit professionell zu erledigen. Andererseits muss die Motivation ganz und gar aus der Sache kommen, denn Geldbedarf und Geldanreiz fehlen. Die „Sache" ist freilich komplex, sie umfasst Interesse an den Klient_innen und Nutzer_innen der jeweiligen Organisation, aber auch persönliche Weiterentwicklung, Arbeitslust, Statusgewinn oder den allgemeinen Wunsch, sich nützlich zu machen und damit nützlich zu sein.

Die Studie stellt einen wichtigen Beitrag zur Freiwilligenforschung dar. Ohne Freiwillige wird der Sozialstaat der Zukunft nicht zu sichern sein. Auch hier geht es weniger um das Geld, Freiwillige „sparen" kaum. Doch sie leisten im von uns als „Koproduktionsdreieck" bezeichneten Feld „Fachkräfte – Freiwillige – Familie" einen unverzichtbaren Qualitätsinput in die soziale Dienstleistungserbringung: Sie repräsentieren die Gemeinschaft der Gesellschaft im konkreten Handlungsvollzug, sie sind praktische Solidarität, Sorge für Dritte, die nicht „natürlich" ist, wie bei Familie und Freunden, sondern gewollt wird, hinter der immer wieder eine Entscheidung für den Anderen steht.

Ich danke auch persönlich der Forschungsgruppe, die eine sehr lesenswerte Arbeit vorlegt, und ich danke Andreas Kotter, dem Referenten des Stiftungsvorstandes der Paritätischen BuntStiftung, sowie Stefan Werner, dem Landesgeschäftsführer des Paritätischen, die aus der „Augenhöhe" wohl so viel Gewinn zogen wie wir.

Prof. Dr. Michael Opielka

Siegburg und Jena, im Juni 2018

Inhaltsverzeichnis

Abbildungsverzeichnis

Tabellenverzeichnis

1 Einleitung

Die Studie entstand auf Grundlage einer Ausschreibung der Paritätischen BuntStiftung. Unter Bezugnahme auf die Ergebnisse der Paritätischen Ehrenamtsstudie von 2014[1] verwies man auf Schwierigkeiten im Rahmen der Gewinnung von ehrenamtlichen Vorstandsmitgliedern in den Mitgliedsorganisationen des Paritätischen Thüringen als zentrale Herausforderung der Ehrenamtsförderung. Das Forschungs- und Entwicklungsprojekt hat, daran ansetzend, Aspekte ehrenamtlichen Engagements auf Vorstandsebene und damit in Verbindung stehende Herausforderungen und Schwierigkeiten bei der Gewinnung von Vorstandsmitgliedern beforscht, um davon ausgehend Handreichungen und Interventionen als Handlungsgrundlage für die Praxis zu entwickeln. Dazu wurde die aktuelle Situation der Mitgliedsorganisationen des Paritätischen Thüringen in Bezug auf die Rekrutierung ehrenamtlicher Vorstandsmitglieder mit sozialwissenschaftlichen Forschungsmethoden untersucht. Die Intention und das Anliegen dieses Forschungsberichts soll es sein, die Methodologie der Forschung sowie die Ergebnisse und Erkenntnisse strukturiert darzustellen. Davon ausgehend werden Handreichungen als Vorschläge für den Paritätischen Thüringen, als Kooperationspartner, sowie für die Mitgliedsorganisationen, als Adressaten, abgeleitet. Sie sollen klären, wie den ermittelten Herausforderungen der Vorstandsgewinnung in der Praxis begegnet werden kann. Das Ziel der Studie gilt der Beantwortung der Forschungsfrage, wie ehrenamtliche Vorstände in den Mitgliedsorganisationen des Paritätischen (besser) gewonnen werden können.

So könnte man auch nach der zivilgesellschaftlichen Position ehrenamtlicher (Vorstands-)Arbeit fragen. Eine erste Annäherung an das Feld zeigte, dass sich unsere Studie mit einer Thematik befasst hat, für die es keinen „Masterplan" gibt[2]. Dementspre-

---

[1] Vgl. Deutscher Paritätischer Gesamtverband 2014b [pdf].

[2] Vgl. Der Paritätische Wohlfahrtsverband 2016: 15 [html].

chend wird innerhalb des Positionspapiers des Paritätischen unter dem Motto „Ehrenamt muss Chefsache sein"[3] die Notwendigkeit ehrenamtlichen Engagements „von oben" konstatiert, andererseits auch damit in Verbindung stehende Schwierigkeiten bzgl. fiskalischer Rahmenbedingungen, demografischer Dynamiken und knapper werdenden kommunalen Kassen zur öffentlichen Vereinsförderung[4]. Am 14. September 2016 wurde bei einer Fachtagung des Paritätischen Thüringen und seiner Paritätischen BuntStiftung mit Interessierten aus den Mitgliedsorganisationen, der LIGA der freien Wohlfahrtspflege Thüringen und anderen Verbänden über die zukünftigen Herausforderungen in der Ehrenamtsförderung diskutiert. Dabei wurden Visionen für die Zukunft der Ehrenamtsförderung für künftige Projekte und Beratungsprozesse konkretisiert und Lösungsansätze geschaffen. Denn als „Kitt der Gesellschaft" und „Motor der Veränderung" müsse das Ehrenamt im Rahmen entsprechender Förderungen profiliert werden sowie angemessene Anerkennung und Dankbarkeit erfahren.[5] Auch hier wurde deutlich, dass insbesondere die Herausforderungen bzgl. der Nachfolge und Gewinnung ehrenamtlicher Vorstandsmitglieder für die Mitgliedsverbände des Paritätischen Thüringen eine herausragende Rolle einnehmen. Dies verdeutlicht die Notwendigkeit unseres Forschungsthemas.

Nach einer ersten Annäherung mit Recherchen im Rahmen einer State-of-the-Art-Analyse diverser Untersuchungen, Publikationen und Positionspapieren von Dachverbänden sowie dem Blick auf regionale und internationale Unterschiede wurde deutlich, dass die Entscheidung für ein ehrenamtliches Engagement, im Speziellen auf Vorstandsebene, von vielen individuellen, gesamtgesellschaftlichen und organisationsspezifischen Faktoren beeinflusst wird[6]. Aufgrund dieser Analyse ergaben sich für uns einige bedeutsame theoretische Annahmen und zentrale Fragestellungen, mit denen wir uns dem Forschungsfeld annäherten und methodische Konsequenzen ableiteten.

---

[3] Vgl. ebd.: 6.

[4] Vgl. ebd.: 7.

[5] Vgl. ebd.: 3 f.

[6] Vgl. Matuschek u. Lange 2013: 5.

ISÖ
Institut für
Sozialökologie

Der Anspruch lag dabei stets auf einer angemessenen Vermittlung zwischen Theorie und Praxis.

Im Folgenden werden zunächst die Rahmenbedingungen unserer Studie näher reflektiert sowie die theoretischen Grundlagen vertieft dargestellt, um darauf aufbauend das Forschungsdesign und die Methodologie der Studie nachzuzeichnen. Dabei werden Teilergebnisse beschrieben, um den Forschungsprozess schrittweise transparent und nachvollziehbar abzubilden. Nachdem zentrale Ergebnisse der Studie vorgestellt worden sind, werden die Handreichungen als kondensierte Resultate dargelegt. Sie werden jeweils aus der Perspektive des Paritätischen Thüringen sowie dessen Mitgliedsorganisationen betrachtet. Die Darstellungen enden mit einer kritischen Selbstreflexion des Arbeitsprozesses.

2 Rahmenbedingungen

2.1 Forschungs- und Entwicklungsprojekt – was ist das überhaupt?

Forschungs- und Entwicklungsprojekte[7], im sozialwissenschaftlichen Bereich, haben zumeist einen bestimmten Erkenntnisgewinn in Form von Handlungsgrundlagen, aufgrund der ermittelten Ergebnisse, zum Ziel. Mit diesen soll ein Entwicklungsprozess im korrespondierenden Arbeitsfeld angeregt werden, um es so zu gestalten. Es werden Methoden der empirischen Sozialforschung, Management und der Organisationsentwicklung angewandt, um aktuelle und konkrete Problemstellungen zu analysieren und herauszuarbeiten.[8]

Für uns Studierende wird hierfür ein anwendungs-, umsetzungs- und praxisbezogener Lern- und Forschungsprozess (Theorie-Praxis-Transfer) in kleinen Teams von bis zu fünf Personen vorgesehen. Ein konstituierender Gruppenfindungsprozess ging dem voraus. Vorerfahrungen zum beforschten Themenkomplex rund um das Forschungsfeld „Ehrenamt" waren minimal vorhanden. Das FuE-Projekt-Anliegen war „Neuland", an das sich anfangs entsprechend assoziativ und unvoreingenommen, jedoch mit nützlichen Hilfestellungen unserer Praxisbetreuung und der externen Praxisbegleitung, angenähert wurde. Der Schwerpunkt lag im gesamten Verlauf auf dem Forschungsprozess als Ganzem. Dies beinhaltete notwendigerweise u. a. die Kommunikation unter uns Studierenden als auch mit allen im beforschten Tätigkeitsfeld verorteten Akteur_innen, die im Abschnitt 4 Forschungsdesign und Methodologie beschriebene „Triangulation" (Mehrfach-Rückkoppelungen aus einem wiederholten qualitativen und quantitativen Methodenmix), die anvisierte Multiperspektivität durch Befragung diverser Zielgruppen für die Datenerhebung (Projektrisiko), einer sinnvollen, prägnanten aber dennoch dem „Ehrenamts-Komplex" angemessenen Themeneingrenzung sowie die kritische Hinterfragung der Akteur_innen (der Paritätische Thüringen und

---

[7] Das Wort Forschungs- und Entwicklungsprojekt wird im weiteren Verlauf der Studie mit FuE-Projekt abgekürzt.

[8] Vgl. Ernst-Abbe-Hochschule Jena Fachbereich Sozialwesen 2013: 1 f. [pdf].

seine Mitgliedsorganisationen). So entstand insgesamt für alle involvierten Parteien eine „Win-Win-Win-Situation". Der Paritätische Thüringen konnte seine angestrebten Hochschulkooperationen ausbauen. Die Mitgliedsorganisationen erhalten eine Handlungsgrundlage, um ihre Ist-Situation zu verstehen und zu verbessern, als auch Anregungen und Quellen, um sich unabhängiger mit Themen von aktuellen Trends und Entwicklungen zum FuE-Projekt-Anliegen und darüber hinaus zu befassen. Das FuE-Team konnte prägende Erfahrungen sammeln, die den eigenen Habitus und wissenschaftlichen Duktus formen. Wir Studierende haben die Umsetzung des FuE-Projektes mit einem „Workload" von deutlich mehr als 2000 h sichergestellt.

2.2 Der Paritätische Landesverband Thüringen als Kooperationspartner

Unser Zugang zum Forschungsfeld erfolgte durch den Kooperationspartner unserer Studie, der Paritätischen BuntStiftung Thüringen für den Paritätischen Landesverband Thüringen, vertreten durch Herrn Andreas Kotter. Als ehemaliger Absolvent der Ernst-Abbe-Hochschule Jena hatte er zudem ein besonderes Bewusstsein für den Ablauf von FuE-Projekten, Erwartungen der Kooperationspartner (Paritätischer Thüringen, Ernst-Abbe-Hochschule und Mitgliedsorganisationen) und der damit verbundenen Gruppendynamik von FuE-Teams (Studierenden). Herr Kotter stellte durch seine „Position" somit einen idealen Brückenfunktionär und Multiplikator dar, der zwischen allen involvierten Parteien Kontakte herstellen und weitere Anliegen vermitteln konnte. Eben diese beispielhafte Situation wurde auch für unser FuE-Projekt-Anliegen zentral berücksichtigt, wie später in den Ausführungen zum Freiwilligenmanagement (Voraussetzung: Brückenfunktionär_in, d. h. Fokus auf die Rolle dieser Position) erörtert wird.

Während des Forschungsprozesses wurde vereinbart, dass im Vorfeld Handreichungen für die Verbandstage präsentiert werden sollten. Der zweite Verbandstag des Paritätischen Thüringen wurde für April 2018 festgelegt, also einem Zeitpunkt, an dem

die Studie noch nicht fertiggestellt sein würde. Aus diesem Grund entstand der Kompromiss, die Handreichungen vorab zu präsentieren. Diese Vorgehensweise stieß nicht bei allen Teammitgliedern auf Zustimmung, weil es schwierig ist, Empfehlungen vorab zu formulieren, die nur eine gewisse Tendenz widerspiegeln und auch noch nicht mit dem noch zu erarbeitenden Stand der Forschung gegenübergestellt sowie abgeglichen werden konnten. Diese Empfehlungen vor Fertigstellung der Studie, die während der Verbandstage tatsächlich als Lösungen wahrgenommen wurden, zu präsentieren, stellte eine besondere Herausforderung für unser FuE-Team dar. Wir verstehen Empfehlungen nicht als Lösungen, sondern eindeutig als Kriterien zur Orientierung und als eine Handlungsgrundlage.

Außerdem haben wir gegenüber dem Paritätischen Thüringen kommuniziert, dass wir in unserem Zeitplan versuchen werden, angesetzte Termine des Paritätischen Thüringen (z. B. Steuerkreis) wahrzunehmen, aber nur sofern es uns im Rahmen freizeitlicher Räume innerhalb des Studienalltags möglich war. Es war uns stets ein Anliegen, als geschlossenes FuE-Team auch Freiräume zur (wissenschaftlichen) Entfaltung bzw. Autonomie und unsere Forscher_innen-Neutralität zu bewahren. Wir haben uns klar gegen jegliche, von Übereifer und durch Begeisterungsmomente (also unabsichtlich) entstandene Vereinnahmungen des Paritätischen Thüringen positioniert, aber trotzdem konsensual die Erwartungen bzw. Interessen unseres Kooperationspartners berücksichtigt. Frei nach einer englischen Redewendung: It's done when it's done! – Es ist fertig, wenn es fertig ist, werden die vollständigen und extrahierten Handlungsempfehlungen in dieser Studie final präsentiert.

Alles in allem erhielten wir durch intensiven Austausch mit Herrn Kotter umfangreiche Hintergrundinformationen, Quellen, Tipps und weitere nützliche Arbeitsmaterialien und Hilfestellungen. Er stellte u. a. Kontakte zu vorab ausgewählten, für eine intensivere Zusammenarbeit am FuE-Projekt-Anliegen interessierten Mitgliedsorganisationen her. Außerdem ist hervorzuheben, dass z. B. im Zuge unserer Online-Befragung keine direkten Rückmeldungen der Mitgliedsorganisationen an uns bzw. unsere eigens dafür eingerichtete „Ehrenamts-E-Mail" erfolgte. Stattdessen wurde der Paritätische

Thüringen offenbar als „erprobte Beschwerdestelle" genutzt. Die Rückmeldungen wurden von diesen anonymisiert zur weiteren Verwertung für unsere Studie an uns weitergeleitet.

Wir möchten uns an dieser Stelle besonders für die hervorragende Projektbetreuung von Herr Prof. Michael Opielka und der intensiven Kooperation mit der Paritätischen BuntStiftung Thüringen, vertreten vom Referenten des Stiftungsvorstandes, Herrn Andreas Kotter, bedanken. Unser Dank gilt auch den zahlreichen Teilnehmer_innen und deren „Feedback" bei den folgenden Meilensteinen unseres FuE-Projektes:

➢ Auftaktveranstaltung („Kick-Off") am 21.06.2017
➢ Expert_inneninterviews zwischen dem 10.07.2017 und dem 18.08.2017
➢ Erster Verbandstag am 17.10.2017
➢ Online-Umfrage vom 17.10.2017 bis 28.11.2017 und 05.12.2017 bis 28.12.2017
➢ Zweiter Verbandstag + Workshop am 06.04.2018.

3 Stand der Forschung

3.1 Eigenforschung von Verbänden und Organisationen

Im Zuge unseres FuE-Projektes haben wir uns der Thematik des Ehrenamtes bzw. freiwilligen Engagements über den Stand der Forschung unter Berücksichtigung von aktuellen Trends und Entwicklungen angenähert. Hierzu untersuchten wir aktuelle Projekte, Modelle und Studien etc. zum Themenfeld von bekannten Institutionen. Darunter zählen z. B. die Landesverbände des Paritätischen Wohlfahrtsverbandes, das Bundesnetzwerk Bürgerschaftliches Engagement (BBE), die Friedrich-Ebert-Stiftung und die Robert-Bosch-Stiftung neben weiteren Akteur_innen. Durch die Berücksichtigung der bereits beforschten Erkenntnisse wurden unnötige Doppelungen, im Sinne von „sich selbst um die eigene Achse zu drehen" vermieden. Das betrifft im Besonderen die Auseinandersetzung zu Begrifflichkeiten wie dem Verständnis von Ehrenamt bzw. freiwilligen Engagement, da hier die Gefahr besteht sehr schnell in umfangreiche terminologische und semantische Begriffsbestimmungen abzudriften. Stattdessen werden bereits erforschte Erkenntnisse aufgegriffen und in unsere Studie eingebunden. Daher orientieren wir uns für eine Definition von Ehrenamt bzw. freiwilligen Engagement an der Freiwilligencharta des Paritätischen Wohlfahrtverbandes:

„Freiwilliges soziales Engagement umfasst Honoratiorenehrenamt, klassisches soziales Ehrenamt aus religiöser oder humanitärer Verantwortung, bürgerschaftliches Engagement in Initiativen und Verbänden, die Mitarbeit in Selbsthilfegruppen und -organisationen sowie Misch- und Übergangsformen zwischen diesen Tätigkeiten. Das Engagement kann sowohl dauerhaft und kontinuierlich als auch kurzfristig und spontan sein; es kann berufsbegleitend, zwischen Ausbildungsabschnitten, zur Vorbereitung auf den Wiedereinstieg in das Berufsleben oder nach dem Ausscheiden aus dem Berufsleben stattfinden. Der Versuch, freiwilliges soziales Engagement in all seinen Facetten und der Vielfalt seiner Motive in einem einzigen Begriff abzubilden, muss scheitern. Freiwilliges

soziales Engagement im Sinne dieser Charta ist als Variable zu verstehen, die Raum für die Selbstdefinition der Engagierten schaffen soll." [9]

Diese Variable schließt auch das freiwillige Engagement auf Vorstandsebene mit ein. Eine Besonderheit dabei ist die multiplexe Verantwortung, die mit dem ehrenamtlichen Vorstandsamt einhergeht: Zum Aufgabenpool der Vorstandsführung gehört somit auch unser beforschtes FuE-Projekt-Anliegen. Dieses kann in drei Teilbereiche gegliedert werden und wird im nachfolgenden Abschnitt näher vorgestellt.

3.1.1 Gewinnung, Nachfolge und Bindung von Engagierten

In diesem Abschnitt widmen wir uns dem FuE-Projekt-Anliegen und klären zuvorderst unser Verständnis zu den Begriffen: Gewinnung, Nachfolge und Bindung. Im Anschluss daran gehen wir auf erste damit verbundene Problemstellungen und Spezifika der Mitgliedsorganisationen ein. Zunächst folgt eine Dreigliederung und Erläuterung des FuE-Projekt-Anliegens:

1. Gewinnung (impliziert extern) → Neuanstellung
2. Nachfolge (impliziert intern) → Nachwuchs bzw. nachrückende haupt- und/oder ehrenamtliche Personen aus der eigenen Organisation
3. Bindung (impliziert langfristiges Engagement) → unterscheidbar in:
   a. Aufrechterhaltung, z. B. Ehrenmitgliedschaft im Vorstand
   b. Reaktivierung, z. B. Wiederwahl ehemaliger Vorstandsmitglieder.

---

[9] Paritätischer Sachsen 2009: 6 [pdf]. Laut Rückmeldung des Paritätischen Thüringen kennt die große Mehrheit der Mitgliedsorganisationen diese Definition nicht. Dies spiegelte sich auch während der beiden Verbandstage wider. Der klassische Begriff „Ehrenamt" und somit auch das daraus resultierende Verständnis waren dominierend. Um ein besseres Bewusstsein für aktuelle Entwicklungen und Trends bei den Mitgliedsorganisationen zu schaffen, sollte der Paritätische Thüringen weiterhin konsequent aufklären. Erschwert wird diese Aufgabe, da die Definition auf den Websites (z. B. im Downloadbereich) der Landesverbände nur unzureichend zugänglich ist. So verwundert es nicht, dass die Freiwilligencharta weitgehend unbekannt bleibt. Wir erachten die Freiwilligencharta als geeignete Definition und sogar international anschlussfähiger, weil in der angelsächsischen Fachliteratur nicht vom Ehrenamt („honorary"), sondern vom Freiwilligenengagement („volunteering") gesprochen wird. Die Grundlage mit der Freiwilligencharta des Paritätischen Gesamtverbandes wurde schon vor einigen Jahren geschaffen und sollte wieder reaktiviert bzw. intensiver von den Landesverbänden genutzt werden, um ihre Mitgliedsorganisationen für ein aktuelles Verständnis zur Thematik rund um das „Ehrenamt" zu sensibilisieren.

Hierbei ist anzumerken, dass diese Aufteilung keine methodische Vorgehensweise, im Sinne von einer Aufgabenteilung innerhalb unseres FuE-Projektes, darstellt. Sie dient lediglich zum Verständnis und zur Abgrenzung der drei erwähnten Punkte, da oftmals unklar ist, von welchem Verständnis die Mitglieder der Mitgliedsorganisationen ausgehen. So kann es durch Wortverschmelzungen wie bei der Bezeichnung „Nachwuchsgewinnung" zu Irritationen kommen. Hier sollte besser von „Nachwuchsförderung" gesprochen werden, um die dahinterstehende Prozesshaftigkeit zu verdeutlichen. Mit Prozesshaftigkeit (angelehnt an das Konzept des Freiwilligenmanagements u. a. nach McCurley u. Lynch 1989, Cuskelly et al. 2006 sowie Reifenhäuser et al. 2016) ist z. B. die Investition von Ressourcen (Fortbildungen) und Schaffung von Partizipationsmöglichkeiten (Lerneffekte) der Organisationen gemeint, die sie ihrem Personal kontinuierlich zur Verfügung stellen. Wir plädieren hier für eine strikte Trennung nach o. g. Schema. **Gewinnung** impliziert, dass jemand von extern in eine Organisation beitritt, um eine Position neu zu besetzen. Die Person besitzt bereits einen „Status quo" u. a. an erforderlichen Kenntnissen, Netzwerkkontakten und Lösungsstrategien. Bereits hier wird es aber in vielen Organisationen problematisch bei der Vorstandsbesetzung. Angesprochen werden sehr häufig interne Personen, idealerweise ehrenamtliche Nachwuchskräfte und teilweise, je nach Satzungsregelung (Mitgliedschaft), auch hauptamtliche Angestellte (**Nachfolge** via Mundpropaganda), die mit den bestehenden Strukturen, Arbeitsabläufen und Persönlichkeiten der Organisation bereits vertraut sind (Prozesshaftigkeit). Insbesondere der letzte Aspekt, darf nicht unterschätzt werden. Dem gegenüber steht die „Neuanstellung" durch externe Nachfolger_innen, da diese entweder über ein erforderliches Expert_innenwissen sowie Kontakte durch Vernetzung u. ä. verfügen oder durch Empfehlungen für die Position vorgeschlagen werden. Wir sprechen hier vom sogenannten „Matching", d. h. wer wird bevorzugt: Gibt es Personen mit einem bestimmten Status (Beruf, Lebenserfahrung), die als besonders geeignet erachtet werden oder besteht eher eine Skepsis z. B. gegenüber dem Interim-Management[10]? Anders als bei Strukturen, Arbeitsabläufen, Verfahren etc. kann das

---

[10] Interim-Management zu dt. auch Management auf Zeit bedeutet der befristete Einsatz von freiberuflichen Manager_innen in einer Führungsposition z. B. zur Überbrückung des personellen Ausfalles eines/r Geschäftsführer_in in einer Organisation.

menschliche Wesen (Habitustyp) nicht so einfach idealtypisch vorausgesetzt werden. Jedoch wird hier indirekt auf die Relevanz von persönlichen, fachlichen Kompetenzen und Veranlagungen hingewiesen, die eine Führungs- bzw. Vorstandsperson haben sollte. Außerdem muss auch erwähnt werden, dass es einige Organisationen gibt, die bewusst nur externe Personen in den Vorstand aufnehmen und dies auch in ihrer Satzung festgelegt haben. Diese Organisationen berufen sich auf den Aspekt der Bereicherung durch Perspektivenvielfalt, die von außen in den Vorstand und somit auch in die Organisation eintritt. Bei der **Bindung** geht es schlicht darum, die Personen mit ihrem Wissen und Kompetenzen in der Organisation zu halten. Das ist nicht neu, sondern eine übliche Haltung aus der Arbeit mit Hauptamtlichen. Insbesondere gut qualifizierte Arbeitskräfte, bei denen durch Weiterbildungen investiert wurde, sollen nicht zur Konkurrenz abwandern. Im Gegenteil: Gezielte Abwerbung ist auf dem Arbeitsmarkt eine Methode zur Gewinnung von Fachkräften. Inwiefern dies auch für das Ehrenamt gilt, ist von uns nicht abzuschätzen und auch nicht Forschungsgegenstand gewesen. Dennoch ist davon auszugehen, dass hier ähnliche Gesetzmäßigkeiten zutreffen. Um weitere Irritationen zu vermeiden, weisen wir darauf hin, dass wir Nachfolge bzw. Nachwuchs in enger Symbiose mit Bindung und Begleitung entsprechend dem Konzept des Freiwilligenmanagements (FWM)[11] verstehen. Unter dem Begriff „Nachfolge" begreifen wir nicht einfach nur ein notwendig gewordenes Surrogat[12], sondern die gezielte Nachwuchsförderung und Vorbereitung, im Sinne eines langfristig begleiteten Prozesses, zu einer späteren Amtsübernahme auf Leitungs- und/oder Vorstandsebene.

Der Schwerpunkt des FuE-Projektes ist die ehrenamtliche Vorstandsarbeit. Diese zeichnet sich, wie angesprochen, durch sehr komplexe Anforderungen aus, z. B. Wissen um rechtliche Aspekte und eine erhöhte Verantwortung für die Mitarbeiter_innen. Es ist also weise, bei der Vorstandsnachfolge möglichst frühzeitig zu beginnen. Damit

---

[11] Das Wort Freiwilligenmanagement wird im weiteren Verlauf der Studie mit FWM abgekürzt.

[12] Nachfolge darf im Ehrenamt nicht zu einem „Ersatzmechanismus" reduziert werden, wie es bei der hauptamtlichen Besetzung von offenen Stellen üblich ist. D. h. die Suche nach ehrenamtlich bzw. freiwillig Engagierten sollte eher als permanente und qualitative Entwicklungsaufgabe mit entsprechend offener Grundhaltung für Interessierte betrachtet werden und nicht erst im konkreten Bedarfsfall. Nachfolge soll kein personeller „Schleuderstuhl" sein, sondern einen Wachstumsprozess in der Organisation ermöglichen und vorrausetzen.

gemeint ist die entsprechend frühzeitige, kontinuierliche Heranführung des eigenen Nachwuchses („klassische Ehrenamtliche") bzw. der verfügbaren Engagierten (FSJ, BFD etc.) an verschiedene Prozesse innerhalb der eigenen Organisation. Frei nach dem Motto: Die Jugend von heute ist die Zukunft von morgen![13] Dies bestätigte auch die Politikwissenschaftlerin, Frau Dr. Annette Zimmer, in einem Interview der Münstersche Zeitung vom 23.03.2018:

„Die Vorstände dort müssen gezielte Personalentwicklung betreiben. Und zwar schon lange bevor sie beabsichtigen, ihre Ämter niederzulegen. In Vereinen, in denen Vorsitzende sich die Nachwuchssuche zu eigen machen und andere in die Arbeit einbinden, ist es meist leichter, Nachfolger zu finden. Ein generelles Problem ist es, dass es Personengruppen gibt, die generell nicht in Vereinen aktiv mitarbeiten und darum die Personalauswahl begrenzt ist." [14]

Zugleich stellt dies eine der größten Hürden der weniger formal organisierten Zusammenschlüsse (Selbsthilfegruppen, Initiativen u. ä.) in Deutschland dar, da viele dieser Organisationen, nicht nur die Mitgliedsorganisationen des Paritätischen Thüringen, gerade diesen Aspekt über die Jahre unterschätzt und vernachlässigt haben bis hin zum vollständigen Fehlen von Gremien, wie einem Vorstand[15]. Hier hat man sich in der Vergangenheit zu sehr auf die Zuteilung von Engagierten durch die Freiwilligendienste verlassen. Die Ziel- und Fragestellung muss also lauten, wie Engagierte über den Freiwilligendienst hinaus er- und gehalten bzw. in langfristig Engagierte transformiert werden können. Es lässt sich eine Ambivalenz in den Erwartungen der Organisationen und

---

[13] FSJ = Freiwilliges Soziales Jahr (16.-26. Lebensjahr) und BFD = Bundesfreiwilligendienst (16.-99. Lebensjahr). Bei der Paritätischen BuntStiftung geht das Thüringen Jahr/FSJ bis zum 27 Lebensjahr, BFD beginnt ab dem 27 Lebensjahr. Es gibt noch weitere Freiwilligendienste, aber an dieser Stelle sollen die beiden genannten ausreichen, um das Alter der Freiwilligendienstleistenden zu verdeutlichen. Wir möchten darauf hinweisen, dass in den Nachfolge- bzw. Nachwuchsprozessen einer Organisation das (fortgeschrittene) Alter keine Einschränkung sein sollte. Ebenfalls sollte hierbei keine Fixierung nur auf Freiwilligendienstleistende stattfinden, sondern alle Typen der Engagierten („klassische Ehrenamtliche") altersunabhängig berücksichtigt werden.

[14] Völker 2018: [html].

[15] Vgl. Alscher u. Priller in Destatis u. WZB 2016: 388. Für eine Mitgliedschaft im Paritätischen Thüringen wird mindestens die Rechtsform als Verein vorausgesetzt und damit ist auch ein Vorstand vorhanden. Unter dem Dach eines Vereins können sich Selbsthilfegruppen und Initiativen sammeln.

der bisherigen Eigenforschung der größeren Verbände und Stiftungen feststellen: Kurzfristiges und projektbezogenes Engagement[16] sei die neue Devise, für die Engagierte gewonnen werden sollen. Damit einher gehen allerdings eine Reihe von offenen Fragen: Was ist, wenn das Projekt vorbei ist? Sind die Engagierten dann wieder weg? Gibt es zeitnahe Folgeprojekte, um sie weiter zu beschäftigen? Gibt es überhaupt finanzielle Mittel für neue Projekte? Wenn dies nicht der Fall ist, beginnt dann erneut die Suche nach Freiwilligen für neue Projekte, sofern das Vorhaben und die Finanzierung gewährleistet sind? Es ist sinnvollerweise davon auszugehen, dass die Organisationen ihre Engagierten halten wollen und demnach ist kurzfristiges Engagement (teilweise) utopisch. Im Idealfall wird es eine Abfolge von aufeinanderfolgenden Projekten geben, um die Engagierten zu halten und zu beschäftigen, d. h. es läuft in der Endkonsequenz auf langfristiges Engagement hinaus. Genau hier beginnt ein Teufelskreis. Jugendliche als auch Vollzeitbeschäftigte haben heutzutage weniger Zeitressourcen. Verstärkt wird dies zusätzlich durch gesellschaftliche Wandel, bei denen z. B. Jugendliche aufgrund des Schulsystems weniger Freizeit für sich selbst haben und sich dies entsprechend auf ein außerschulisches, ehrenamtliches Engagement auswirkt[17]. Verfügbare Zeit wird zu einem Luxusgut.

Die Friedrich-Ebert-Stiftung empfiehlt, die Amtszeit für Vorstandsämter zu verkürzen[18]. Inwieweit das zielführend sein kann, wurde unzureichend erläutert. Eine Verkürzung der Amtszeit würde bedeuten, dass eine Art Rotation in Gang gebracht wird. Hierzu folgendes Szenario: Die Vorstandsmitglieder A, B und C verkürzen ihre Amtszeit von drei Jahren auf zwei Jahre. Nach den zwei Jahren müssen also D, E und F in den Vorstand nachrücken und diese ersetzen. Aber an dieser Stelle kommt wieder das Grundproblem zum Vorschein: Gibt es überhaupt genügend, geeigneten Nachwuchs bzw. Nachfolgekandidat_innen (D, E und F), die sich auch dazu bereit erklären, ein Vorstandsamt zu übernehmen? Ein systematisches Rekrutierungssystem, wie das Konzept des zuvor kurz angerissenen FWMs bietet hier langfristig die solidere Basis, damit

---

16 Vgl. Caritasverband der Erzdiözese München und Freising e. V. 2017: [html] und siehe Abbildung 5 in dieser Studie.

17 Vgl. Röbke in BBE 2014: 9.

18 Vgl. Matuschek u. Lange 2013: 7.

Kandidat_innen für eine (verkürzte) Amtszeit von vornherein gewonnen, gebunden bzw. vorbereitet werden und zu einer Vorstandskandidatur antreten können. Das bedeutet, die Ehrenamtlichen „wachsen" mit (den Prozessen) der Organisation auf und können später Ämter übernehmen. Je mehr Ehrenamtliche an eine Organisation gebunden werden können, desto höher die Wahrscheinlichkeit, dass jemand aus diesem „personellen Pool" in ein Vorstandsamt aufsteigt. Natürlich müssen hier weitere Faktoren, z. B. persönliche Umstände wie Umzug, ein begleiteter Einführungsprozess oder die Schaffung einer engagementfreundlichen Organisationskultur beachtet werden. Im FWM-Konzept als auch von einigen Vertreter_innen der Engagementforschung wird darauf hingewiesen, die passenden Ehrenamtlichen[19] zu finden, wobei hier mittlerweile ein Paradigmenwechsel, vorangetrieben durch die Freiwilligenagenturen, stattfand. Es soll nunmehr das passende Ehrenamt[20] für Interessierte gefunden werden. Allerdings findet aufgrund des Fachkräftemangels im „Hauptamt" eine Verschiebung vom Arbeitgebermarkt hin zum Arbeitnehmermarkt statt. Dies ist auch partiell im „Ehrenamt" zu beobachten. Zum Teil werden „Ehrenamtliche" auch als Ersatz für fehlende „Hauptamtliche" auf Nicht-Vorstandsebene bzw. Nicht-Leitungsebene eingesetzt. Für die Vorstandstätigkeit, deren hohe Anforderungen einer hauptamtlichen Fachkraft gleich kommt, haben die Organisationen nicht den „Luxus" einer Auswahlmöglichkeit an ehrenamtlich bzw. freiwillig Engagierten. Die Interessierten können sich selbst aussuchen, wofür, wie (lange) und bei wem sie sich engagieren, d. h. Ehrenamt unterliegt zunehmend dem Wettbewerb. Welche weiteren Herausforderungen Ideen, wie ein befristetes Engagement, darstellen, wird unter Punkt 3.2 Aktuelle Trends und Entwicklungen, nochmals genauer betrachtet. Es muss also hervorgehoben werden, dass es keinen Mangel von Engagierten für die ehrenamtliche „Arbeit", jedoch für das ehrenamtliche „Amt" gibt. Für die Vorstandsarbeit gibt es somit weniger Interessierte. Bis hier können folgende Herausforderungen abgeleitet werden:

---

[19] Vgl. Deutsches Rotes Kreuz 2013: 33 ff. und Metzner 2014: 170 ff.

[20] Vgl. Akademie für Ehrenamtlichkeit Deutschland (fjs e. V.) 2018: [html].

> Einseitige Zielgruppenwerbung, d. h. fast ausschließlich interne Anwerbung[21].

> Nachwuchsmangel[22], welcher i. V. m. dem vorherigen Punkt höchst schwierig wird.

> Bewusstseinsänderung weg vom Selbstverständnis des Engagements[23] aufgrund veralteter Vorstellungen (aktuelle Trends und Entwicklungen stärker und „zeitnah" berücksichtigen, hier insbesondere neuere Definitionen wie z. B. freiwilliges, bürgerschaftliches oder zivilgesellschaftliches Engagement etc.)[24].

> Multiplexe Anforderungen der Vorstandsarbeit (rechtliche Aspekte wie Gemeinnützigkeit und Haftung[25], Netzwerkarbeit, Finanzierung etc.).

> Rechtsform, Satzung, Größe der Mitgliedsorganisationen, Grad der Professionalisierung, lokale Verankerung (Standort) uvm. ergeben weitere Einschränkungen bzw. Spezifika[26].

Die hier herauskristallisierten komplexen und miteinander verstrickten Herausforderungen deuten darauf hin, dass es keine einheitliche Universallösung geben kann. Es ist immer abhängig vom individuellen Einzelfall. Daher kann bereits an dieser Stelle betont werden, dass auch unser FuE-Projekt keine allumfassenden Lösungen anbieten, sondern nur möglichst konkrete Empfehlungen unter Berücksichtigung vielfältiger

---

[21] Fachliteratur, Umfragen und Expert_inneninterviews konstatieren Mundpropaganda als häufigste Methode zur Gewinnung und Nachfolge von Personen in der Vorstandsarbeit.

[22] Der Nachwuchsmangel ist zum einen gesellschaftlich bedingt z. B. schlechte Infrastruktur in ländlichen Gegenden. Zum anderen aber auch durch mangelhafte, interne und kontinuierliche Nachwuchsförderung.

[23] Jahrelange politische Dauerappelle und Zuteilungen von (Zivil- bzw.) Freiwilligendienstleistenden prägte das Selbstverständnis des Engagements als planbare, kostengünstige Ressource → Sozialkapital („Kitt der Gesellschaft").

[24] Das „Ehrenamt" in Deutschland beschränkt sich schon seit einigen Jahren nicht mehr nur auf wissenschaftliche Studien u. a. Freiwilligensurvey. Es hat mittlerweile ein eigens dafür vorgesehenes, aktives Politikfeld: „Engagementpolitik". Damit soll verdeutlicht werden, dass die ehrenamtlich bzw. freiwillig Engagierten intensiver die aktuellen Prozesse von gesellschaftlichen Entwicklungen als auch Entscheidungen auf politischer Ebene im Blick behalten sollten. D. h. sie müssen sich gegebenenfalls (re-)politisieren, wenn sie verstärkt partizipieren möchten und das Feld nicht anderen „Stakeholdern" überlassen wollen. Hier gilt es z. B. auch die advokatorische Haltung des Paritätischen als „Interessenvertreter" gegenüber der Politik zu überprüfen bzw. als Mitgliedsorganisation, die eigene Mitwirkung und Kooperation mit dem Paritätischen stärker zu suchen.

[25] Vgl. Deutsches Ehrenamt 2013: 14 ff.

[26] Vgl. Röbke 2014b: 15 sowie Alscher u. Priller in Destatis u. WZB 2016: 383.

(gesellschaftlicher, organisatorischer etc.) Prozesse anvisieren kann. Im nächsten Abschnitt wird daher ein Blick auf die Professionalisierungstendenzen des Ehrenamtes bzw. freiwilligen Engagements genommen.

3.1.2 Professionalisierung im Ehrenamt

Die festgestellten Herausforderungen und Spezifika treffen besonders vor dem Hintergrund der Professionalisierung[27] (Manageralisierung) und der Wechselwirkung des Ressourcen-Trilemmas: den Mangel an Zeitkontingenten, personeller Verfügbarkeit und finanzieller Mittel, zu. D. h., das Kernproblem der Gewinnung und Nachfolge ist inhärent, weil z. B. auch für das Konzept des Freiwilligenmanagements ein/e Freiwilligenmanager_in/Ehrenamtskoordinator_in/Jugendreferent_in notwendig ist, um als ein/e „Brückenfunktionär_in" zwischen den Interessen, Anforderungen und Bedürfnissen des Personals, der Organisation und möglichen Kooperationspartner_innen zu vermitteln. Wer soll es machen? Gibt es die nötigen Ressourcen dazu? Andererseits kann auch die berechtigte Frage gestellt werden: Warum ehrenamtliche Vorstände suchen und nicht etwa eine/n Freiwilligenmanager_in/Ehrenamtskoordinator_in/Jugendreferent_in etablieren, welche/r nachhaltig betrachtet, die (ehrenamtlich) personelle Zukunft der Organisation absichert, was auch die Gewinnung bzw. Nachfolge von ehrenamtlichen Vorständen beinhaltet? Am ersten Verbandstag, dem 17.10.2017, wurden dazu zwei „Best-Practice-Beispiele" aus dem sportlichen und karitativen Bereich vorgestellt. Kritisch anzumerken sei hier, dass die beiden „Best-Practice-Beispiele" a) attraktivere Arbeitsfelder und b) dem FWM nahe Strukturen z. B. verantwortliche Jugendreferent_innen aufweisen, die systematisch den Nachwuchs von der Anwerbung, Anleitung, Weiterbildung und Bindung bis hin zu einer begleiteten Amtsübernahme betreuen bzw. vermitteln. Diese Voraussetzungen sind bei anderen Organisationformen

---

[27] Der Paritätische Thüringen hat kein Direktionsrecht und kann den Mitgliedsorganisationen nur empfehlen sich zu systematisieren/professionalisieren.

bzw. Arbeitsfeldern[28] weniger bis gar nicht gegeben. Es sollte also von den Organisationen genauer überlegt werden, welche sinnvollen Zukunftsinvestitionen (u. a. in Form von Konzepten und Positionen) priorisiert werden könnten und auch sollten. Wie bis hier vorgestellt, bietet das FWM langfristig die besseren Möglichkeiten, um fit für die Zukunft zu bleiben. Ein effektives und effizientes FWM-System in der Organisation bietet auch die Chance, etwaige Zusatzkosten durch alternative Angebote von Dritten einzusparen. Ist das nicht der Fall muss langfristig, d. h. insb. für die Zukunft bzw. das Fortbestehen der Organisation, in Betracht gezogen werden, Geld z. B. für „Outsourcing" via Freiwilligenagenturen und/oder in Beratungsangebote, auch vom Paritätischen, zu investieren. Das Freiwilligenmanagement ist entlehnt als Methode aus der Betriebswirtschaftslehre, genauer aus dem Personalmanagement und hat den Fokus auf die Verwaltung des ehrenamtlichen bzw. freiwilligen Engagements als Ressource resp. Sozialkapital[29]. Die Manageralisierung bzw. Ökonomisierung der (Personal- bzw.) Vorstandsführung ist keinesfalls neu. In der Wirtschaft als auch im internationalen Raum hat „Board Governance", also die Unternehmensführung, hier entsprechend die Vorstandsführung, eine lange Tradition. Zu den Kernaufgaben der Vorstandsführung gehören:

1. **Definition von Rollen:** So wie die Tätigkeitsbeschreibung von einem/r Geschäftsführer_in und einem/r Direktor_in von Organisation zu Organisation variiert, so ähnlich verhält es sich mit den Führungspositionen des Vorstandes. Größe, Art usw. der Organisation beeinflussen alle Führungsrollen. Daher sollten klare Stellenbeschreibungen, die mit Verantwortlichkeiten, Kriterien und Leistungszielen für jeden Bereich versehen sind, erstellt werden.[30]

---

[28] Organisationen aus dem sportlichen und karitativen Bereich haben aus (z. T. „militärisch-hierarchischer") Tradition, stärkere Strukturen zur Nachwuchsförderung und sind häufig in der Jugend(verbands)arbeit aktiv. Daher ist das Engagement in einer entsprechenden Organisation bzw. Arbeitsfeld wie dem der Jugendarbeit attraktiver als z. B. das der Alten- bzw. Pflegearbeit oder einer Selbsthilfegruppe.

[29] Vgl. Metzner 2014: 162 f.

[30] Vgl. Rundnagel 2013: 16 ff., vgl. Röbke 2014b: 76 ff. und vgl. Stamm 2016: [html].

2. **Definition eines Entwicklungsprozesses für die „zukünftige Vorstandsführung":** Es ist ein Risiko, sich bei der Besetzung von Schlüsselpositionen auf den Zufall zu verlassen, weil es unwahrscheinlich ist, dass das Glück die tatsächlichen Qualifikationen und Talente mit den organisatorischen Bedürfnissen in Einklang bringt. Stattdessen sollte bewusst und gezielt in potentielle Vorstände investiert werden, um sicherzustellen, dass das nötige Vertrauen, Interesse und Wissen aufgebaut wird.[31]

3. **Definition eines Nachfolgeprozesses:** Das Überprüfen von Statuten auf Regeln des Aufstieges, einschließlich Nominierung, Auswahl der Führungsrollen und Dauer der Amtszeit. Gegebenenfalls ist eine Änderung der Geschäftsordnung/Satzung notwendig, um einen Prozess zu gewährleisten, welcher einen angemessenen Rahmen bietet, der die organisatorischen Anforderungen widerspiegelt.[32]

Zusammenfassend kann hier mit einem Statement einer Mitgliedsorganisation aus einem unserer erhobenen Expert_inneninterviews beschrieben werden, wie sich nach deren Erfahrungen, ein etabliertes Nachrückverfahren bewährt hat und dieses sogleich eine sehr gute, beispielhafte Umsetzung der drei o. g. Punkte des „Board Governance" darstellt:

„Vorstand ist ja generell, also bei uns generell ehrenamtlich. Ich kann auch nicht, als Mitarbeiter darf ich nicht in den Vorstand. [...] Das ist bei uns laut Satzung ausgeschlossen. [...] Und insofern ist das bei uns auch in der Satzung geregelt, dass wir bei jeder Wahl, automatisch zwei Nachfolgekandidaten mit wählen. Damit wir im Falle, dass jemand ausscheidet, aus welchen Gründen auch immer [...]. Dass ich innerhalb dieser drei Jahre, nicht dann noch einmal neu wählen muss, sondern der Nachrücker erst einmal die Aufgaben mit übernehmen kann – automatisch. [...] Und das ist auch schon die ganze Zeit so und hat sich bewährt aus meiner Sicht. Die sind in der Regel auch, werden immer eingeladen, sind bei den Vorstandssitzungen alle mit dabei, sodass die eigentlich

---

[31] Vgl. ebd.

[32] Vgl. ebd.

auch immer fachlich angebunden sind in dieser Zeit. Und dadurch kann man dann einen relativ nahtlosen Übergang erreichen." [33]

Die Vorstandsführung („Board Governance") und die Personalführung (hier „Volunteer Management" resp. FWM)[34] von ehrenamtlich bzw. freiwillig Engagierten sind Themen bzw. Konzepte, die für alle Organisationsformen der Mitgliedsorganisationen geeignet, hilfreich und auch notwendig sind. Welche weiteren Impulse für eine besser ausgestaltete „Board Governance" hilfreich sein können, ist im Unterpunkt 8.4.1 Handlungsempfehlungen für Mitgliedsorganisationen zusammengefasst. Bevor wir detaillierter auf die Vorteile des FWM-Konzeptes eingehen und darüber aufklären, was es überhaupt beinhaltet und wie dessen Funktionsweise ist, betrachten wir zunächst noch einige relevante Trends und Entwicklungen. Wie den aufmerksamen Rezipient_innen im weiteren Verlauf der Studie auffallen wird, ist das Konzept des FWMs auch für die Berücksichtigung von aktuellen Trends und Entwicklungen prädestiniert. Anschließend daran wird im gleichnamigen Unterpunkt das Konzept kurz erläutert.

3.2 Aktuelle Trends und Entwicklungen

3.2.1 Attraktiver Trend: Fundraising

Wie funktioniert **Fundraising**, was ist Best-Practice und was für Beispiele gibt es auf nationaler Ebene und welche auf internationaler Ebene für gelungenes Fundraising? Bei dem ersten Verbandstag des Paritätischen Thüringens, am 17. Oktober 2017, wa-

---

[33] I40908: 15.

[34] Im Englischen gibt es verschiedene Synonyme für die Unternehmensführung (z. B. „Corporate Governance", „Corporate Management", „Business Management") bzw. Vorstandsführung (z. B. „Board Governance", „Board Management" oder „Board Leadership") und das Freiwilligenmanagement (z. B. „Volunteer Management", „Volunteer Engagement", „Volunteer Coordination" oder „Volunteer Administration"). Auffällig ist, dass beim FWM die englischen Synonyme in der Übersetzung, den deutschen Synonymen gleichkommen. In dieser Studie orientieren wir uns an den Begriffen „Board Governance" (um dieses als Konzept hervorzuheben und nochmals von der Unternehmensführung abzugrenzen) und das in Deutschland bereits etwas besser bekanntere „Volunteer Management" rsp. FWM, weil diese nach unserer Auffassung in der Übersetzung dem deutschen Äquivalent am Nächsten kommen. Damit möchten wir möglichst konkret an der internationalen Forschung und deren Begriffsverständnis anknüpfen.

ren zwei Studierende der Forschungsgruppe anwesend. Hierbei wurden diese zur Leitung eines Workshops herangezogen, in dem versucht wurde, die ersten schon gewonnenen Erkenntnisse, hier vor allem noch aus der Literatur, zu evaluieren. Hierbei beobachtete der Teil der Forschungsgruppe, dass das Vorstandsthema vom Interesse an anderen Themenbereichen scheinbar zur Seite gedrängt wurde. Hierbei lag das Augenmerk vor allem auf dem Bereich des Fundraisings.[35] Aus diesem Grund soll hier versucht werden, einen kurzen Einblick in die Thematik des Fundraisings zu bieten, um dadurch auch diesen Wünschen gerecht zu werden. Dies kann als eine Diskussionsgrundlage gesehen werden und ermöglicht dem Paritätischen oder anderen interessierten Parteien ein weiteres zielgeleitetes Vorgehen.

Fundraising als Begriff stammt aus den USA und setzt sich hierbei aus dem Substantiv „fund", also Geld oder Kapital und dem Verb „to raise", aufbringen oder beschaffen, zusammen. Somit bedeutet Fundraising Geld- oder Kapitalbeschaffung.[36] Heutzutage ist Fundraising aber viel mehr als nur bloße Kapitalbeschaffung. Fundraising ist gezielte Kommunikation und wird als ein gut geplantes und zielführend praktiziertes Marketinginstrument gestaltet.[37] Der Marketing-Mix wird hierbei auf der Grundlage von Kundenorientierung und Kundenbindung angewandt. Hierbei soll versucht werden, die interne und externe Kommunikation so auszurichten, dass Förder_innen angesprochen, gewonnen und gebunden werden können. Dies alles, ohne dabei die eigenen Werte und Ziele, zurückzustellen.[38]

Durch die Lage der Kassen und andere Umstände sehen viele gemeinnützige Organisationen eine Chance im Fundraising, um finanziell oder ideell unabhängiger zu sein. Hierbei sind die erhaltenen Gelder eine Chance, den eigenen Fortbestand zu sichern oder aufrechtzuerhalten, wenn nicht sogar auszubauen.[39] Gesellschaftspolitisch lässt

---

[35] Grundlage ist die Auswertung der Feedbackfragebögen vom ersten Verbandstag.

[36] Vgl. LUBW 2011: 8.

[37] Vgl. ebd.

[38] Vgl. ebd.

[39] Vgl. ebd.

sich Fundraising, im Dienste des Gemeinwohls, im dritten Sektor verorten.[40] Der dritte Sektor ist, neben Staat, Markt und dem privaten Bereich, ein Handlungsfeld, in dem kollektive Güter und Dienstleistungen, im Rahmen einer gemeinsamen Orientierung, durch freiwillige, unentgeltliche Leistungen erzeugt werden.[41] Hierbei hat Deutschland innerhalb dieses dritten Sektors einen eigenständigen Fundraising-Markt entwickelt, in dem Fundraiser für gemeinnützige Organisationen Mittel beschaffen.[42]

Fundraising bewegt sich hier auf einem komplexen Terrain, aus verschiedenen Aufgabenfeldern. Daher wird es zu einem Imperativ, dass die Organisationen, die ein erfolgreiches Fundraising implementieren wollen, dies systematisch und strukturiert umsetzen. Hierbei muss die Organisation auf das Fundraising ausgerichtet werden. Organisationsentwicklung mit dem Ziel des erfolgreichen Fundraisings wird hier wichtig.[43] Das Leitbild muss kommuniziert und umgesetzt werden. Ebenso muss das eigene Profil herausgearbeitet werden.[44] Wer ist die Organisation, für was steht sie, was macht sie jetzt und was ist geplant für die Zukunft?

Hierbei erstreckt sich Fundraising, wie schon erwähnt, nicht nur auf das bloße Akquirieren von Geldmitteln, sondern über ein Spektrum von verschiedenen Aktionsfeldern. Diese wären das Feld der öffentlichen Mittel, in dem verschiedene Töpfe zugänglich sind. Zu den öffentlichen Mitteln gehören, zum Beispiel, EU-Mittel, Mittel aus Land und Kommune aber auch solche Mittel, wie Bußgelder oder Gelder von Stiftungen. Natürlich gibt es hier nicht nur Mittel aus der öffentlichen Hand, sondern auch private Mittel. Zu den privaten Mitteln gehören Mitgliedsbeiträge, Spenden und Erbschaften aber auch „volunteering", um nur einige zu nennen. Als letztes interessantes Aktionsfeld für

---

[40] Vgl. LUBW 2011: 9 und Liebig 2003: 60.

[41] Vgl. LUBW 2011: 9 und vgl. Röber 2005: 8 f.

[42] Vgl. ebd.: 9.

[43] Vgl. LUBW 2011: 9 und vgl. Young 2001: 139 ff.

[44] Vgl. ebd.

das Fundraising bietet sich der wirtschaftliche Geschäftsbetrieb an. Durch diesen können auf solche Töpfe, wie Sponsoring und Merchandising oder auf Leistungsentgelte und Nutzungsrechte zurückgegriffen werden.[45]

Doch welche **Voraussetzungen** und **Best Practices** muss eine Organisation schaffen, um ein erfolgreiches Fundraising durchzuführen? Die Landesanstalt für Umwelt, Messungen und Naturschutz Baden-Württemberg hat hierfür einige Erfolgsfaktoren aufgestellt, die ein erfolgreiches Fundraising ermöglichen können.[46]

Die **Organisation** hat einen hohen Bekanntheitsgrad und ein positives Image. Die gesamte Organisation wird auf die Fundraising-Aktivitäten ausgerichtet. Es müssen engagierte Vorstände und Vorbilder gefunden werden, die das Fundraising umsetzen. Mitarbeiter_innen und Mitglieder müssen in den Prozess integriert werden. Der Fundraising-Prozess muss transparent gestaltet werden. Beziehungspflege gehört hier zum obersten Gebot, Fundraising ist „Friendraising".[47] Hier gilt es, ein hohes Maß an Professionalität und Geduld zu zeigen.

Für den **Organisationsaufbau** gilt es, Verantwortliche zu benennen, Zeit und Ressourcen einzuteilen, Kompetenzen und Entscheidungsrahmen abzustecken. Die Führungsebene muss Ziele formulieren und für diese als Ansprechpartner bereitstehen. Fundraising-Aufgaben müssen definiert, ein Budget dafür zugewiesen werden. Es gilt, eine Erfolgskontrolle einzurichten um messbare Ergebnisse im Fundraising-Konzept zu verankern.

Das **Fundraising-Personal**, das für das Fundraising zuständig ist, sollte sich mit der Organisation identifizieren. Hierbei ist Begeisterungsfähigkeit und Kontaktfreudigkeit eine Voraussetzung. Die Fundraiser müssen glaubwürdig und überzeugt vom Erfolg des eigenen Tuns sein, Engagement, Organisationstalent und Führungskompetenzen zeigen. Hierbei müssen sie Fachkompetenzen in verschiedenen Bereichen mit sich

---

[45] Vgl. LUBW 2011: 9.

[46] Vgl. Jarnot 2011: 62 ff. und Mack et al. 2016: 188.

[47] Vgl. LUBW 2011: 9.

bringen, wie etwa in Marketing, Medien oder Betriebswirtschaft. Auch hier gilt es, Professionalität und Geduld mit sich zu bringen.

Hierfür müssen **Rahmenbedingungen** geschaffen werden, um Fundraising in einer strukturierten Form zu ermöglichen. Auch gilt es hier, in der Umsetzung des Fundraisings **ethische Grundregeln** zu beachten. Als Maßstab könnte man hier verschiedene Fundraising-Kodizes zu Rate ziehen.

Das als Einführung in den Themenkomplex des Fundraisings. Doch was kann man damit alles erreichen? Hierzu zwei Best-Practice Beispiele, um zu verdeutlichen, was man mit einer gezielten Fundraising-Kampagne erreichen kann.

Aus dem **internationalen Bereich**, als eine sehr erfolgreiche Fundraising Kampagne, könnte man die Aktion „Likes don't save lives" des UNICEF Schweden bezeichnen. Sie schafften es, mit einem simplen Aufruf, gekoppelt mit einer emotionalen Botschaft, anstatt in Facebook auf den „Like-Button" zu klicken, Menschen dazu zu bringen, Geld zu spenden. Dadurch konnte für 637.324 Kinder, Medizin gegen Polio finanziert werden.[48]

Natürlich müssen Fundraising-Kampagnen oder Fundraising an sich, nicht in solch hochprofilierten Kampagnen und Ergebnissen enden. Erfolgreiches Fundraising funktioniert auch **regional**, innerhalb von Deutschland und nicht nur im Westen, hierbei muss man nur nach Halle (Saale) schauen. Die HALLIANZ für Vielfalt schafft es, jährlich einen Benefizlauf in der Innenstadt von Halle (Saale) zu organisieren. Sie animiert dabei jedes Jahr zahlreiche Menschen zum Mitlaufen und Mitmachen, aber auch zum Spenden. Die gesammelten Spenden dienen dabei der Unterstützung von mehreren Projekten für mehr Demokratie und Toleranz in Halle (Saale).[49]

Doch was kann man hier für die eigene Organisation tun? Interessierte Parteien müssen sich mit der Literatur zum Fundraising auseinandersetzen, auch kann man hierbei verschiedenste Angebote annehmen. Fundraising ist ein eigenes Wissensgebiet, mit

---

[48] Vgl. Garczynski 2017: 59.

[49] Vgl. Koordinierungs- und Fachstelle HALLIANZ für Vielfalt Halle (Saale) 2018: [html].

eigenen Regeln. Hierbei gibt es nicht wirklich „das" Erfolgsrezept, das immer funktioniert. Hier müssen Pläne und Strategien entwickelt werden, die auf das eigene Organisationsprofil abgestimmt sind. Hier gilt es auch weiterhin, sich zu vernetzen, Tagungen und Weiterbildungen zu besuchen. Auch, wenn es zurzeit noch unüblich ist, könnte hier vielleicht sogar über eine ganze Fundraisingstelle in der eigenen Organisation nachgedacht werden. Ein guter Anlaufpunkt bietet, um sich über Fundraising im Raum Thüringen zu informieren, das Fundraisingforum und der von diesem ausgerichtete Mitteldeutsche Fundraisingtag[50]. Hier könnte man auch den eigenen Dachverband instruieren und um Workshops und Tagungen bitten. Fundraising ist kein neues Feld, man muss nur den ersten Schritt wagen.

3.2.2 Aufkommender Trend: Digitalisierung

Welche weiteren Trends und Entwicklungen gilt es zu berücksichtigen? Das Bundesnetzwerk für bürgerschaftliches Engagement (BBE) hat ihren diesjährigen Schwerpunkt auf die Annäherung an die digitale Welt gesetzt. Hannes Jähnert prognostiziert einen weiteren, zukunftsnahen Wandel des Ehrenamtes:

„Die Digitalisierung bewirkt einen tief greifenden Wandel des freiwilligen und bürgerschaftlichen Engagements, [...]. In den anstehenden Debatten sollte es unser Anspruch sein, diesen Wandel zu gestalten [...]." [51]

In der Wirtschaft wird die Digitalisierung auch als Industrie 4.0 bezeichnet. Rückblickend müssen demnach Evolutionen von der Industrie 1.0 bis 4.0 stattgefunden haben. Wir werden die Unterschiede kurz genauer betrachten, um die Bedeutung der Industrie 4.0 zu ermessen. **Industrie 1.0** beschreibt ab dem 18. Jahrhundert, die erste Massenproduktion sowie die mechanische, auf Wasser- und Dampfkraft basierende, Produktionskraft durch Maschinen z. B. Dampfschifffahrt und Eisenbahnen[52]. **Indust-**

---

[50] https://www.fundraisingforum.de/mitteldeutscher-fundraisingtag/
[51] Jähnert in Klein et al. 2018: 156.
[52] Vgl. Frick 2017: 1 [html].

rie 2.0 nutzte Elektrizität als neue Antriebskraft. Damit wurde die Arbeit durch Fließ-bänder und Motoren weiter automatisiert und die Produktion beschleunigte sich zur Akkordarbeit. Die Büroarbeitsplätze wurden ebenfalls durch die Einführung der Schreibmaschine und ersten Fernkommunikationsmitteln, wie Telefon und Telegram-men weiterentwickelt[53]. Die **Industrie 3.0** erreichte einen neuen technischen Meilen-stein mit der Erfindung des Personal-Computers (1941) und dessen rasanter Weiter-entwicklung (1970) in Kombination mit der ebenso rasanten Entstehung des „World-Wide-Web" zum Einsatz in Haushalt, Büro und Industrie[54]. Mit der **Industrie 4.0** sind wir auf den Weg in eine neue industrielle Revolution, weil wir neuere technische und portable Endgeräte (Smartphones, Tablets etc.) besitzen, die unsere digitalen Zugriffs-möglichkeiten, um beinahe jeden beliebigen Zeitpunkt und Ort erweitern. Dies ist eng verknüpft mit der Evolution des Internets, dem Web 1.0 bis 4.0. Seit dem Web 2.0 ist es möglich, eigene Inhalte auf Websites oder Social-Media-Plattformen z. B. LinkedIn Inc.[55] zu kommunizieren und seit dem Web 3.0 werden semantische Metadaten von der künstlichen Intelligenz besser interpretiert und den Nutzer_innen möglichst präzise zur Verfügung gestellt[56]. Wir erleben eine zunehmende Interaktion zwischen Mensch und Maschine (z. B. Siri und Cortana). Inzwischen werden ganze Dienstleistungen di-gitalisiert. In der Sozialwirtschaft wird die Spendengenerierung zunehmend via Online-Fundraising vollzogen. Ein Aspekt, der für Organisationen im Dritten Sektor besonders relevant ist. Im Zuge der Engagierten- bzw. Vorstandsgewinnung ist die Internetbewer-bung auf der eigenen Homepage eine geeignete und zeitgemäße Möglichkeit. Laut un-serer Online-Befragung nutzen 24 % der Befragten das Internet neben anderen Werbe-maßnahmen.

---

[53] Vgl. ebd.: 1 [html].

[54] Vgl. ebd.: 1 [html].

[55] „LinkedIn" ist ein webbasiertes soziales Netzwerk zur Pflege bestehender Geschäftskontakte und zum Knüpfen von neuen geschäftlichen Verbindungen. Es hat weltweit über 500 Millionen re-gistrierte Benutzer_innen in mehr als 200 Ländern.

[56] Vgl. Rochow 2012: [html].

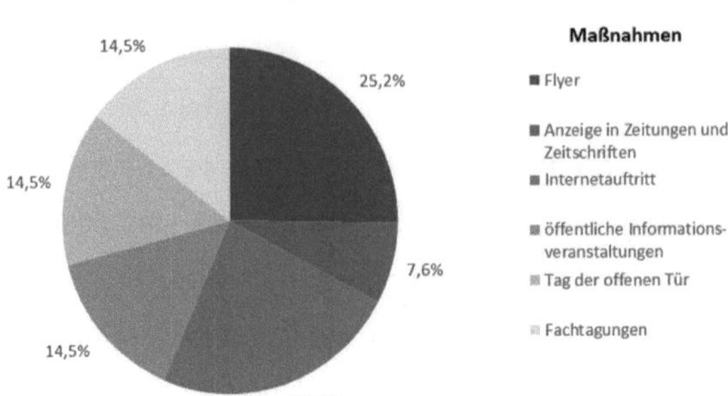

Quelle: Eigene Erhebung. N = 75 bei Mehrfachnennung.

Abbildung 1: Maßnahmen zur Mitgliederwerbung.

Die Internetbewerbung ist keine Garantie für mehr freiwillig bzw. ehrenamtlich Engagierte, trotzdem ist sie in heutiger Zeit eine der primären Informationsquellen und der Trend der Digitalisierung sollte nicht unterschätzt werden[57]. Es hat sich angeboten, den Aspekt der Internetbewerbung im Zuge der Digitalisierung näher zu untersuchen, um diesbezüglich einen ungefähren Ist-Zustand der Mitgliedsorganisationen zu erfassen. Wir haben dazu eine kleine Nebenstudie erhoben, die im nächsten Abschnitt präsentiert wird.

3.2.3 Nebenstudie zur Internetpräsenz im Rahmen der Digitalisierung

In einer von uns zusätzlich erhobenen Stichprobe zur Internetpräsenz[58] der Mitgliedsorganisationen des Paritätischen Thüringen werden hierzu weitere Defizite sichtbar. Die Analyse der Internetpräsenzen wurde im Zeitraum vom 22.10.2017 bis 22.12.2017 anhand des Jahresberichtes 2016/17 und der Mitgliedsorganisationen-Kontaktliste der Website des Paritätischen Thüringen durchgeführt. Sie umfasst die Sichtung von

---

[57] Am Beispiel der ehemaligen Versandhäuser wie Quelle und Co., die es verpasst haben sich rechtzeitig auf den Online-Versandhandel umzustellen und infolgedessen Insolvenz (Quelle) anmelden mussten, kann man die (rapiden) Auswirkungen der Digitalisierung ermessen.

[58] Siehe Kreisdiagramme in Abbildung 3 und Abbildung 4.

50 der ca. 345 Mitgliedsorganisationen[59] des Paritätischen Thüringen. Zur Repräsentativität der Stichprobe ist zu ergänzen, dass die Gesamtanzahl der Mitgliedsorganisationen relativierbar ist und auch für die Zufallsauswahl entsprechend berücksichtigt werden musste. D. h. die Gesamtanzahl der ca. 345 gelisteten Mitgliedsorganisationen entspricht nicht eins zu eins 345 Websites, sofern eine Website der Organisation überhaupt vorhanden ist. Es müssen demnach diejenigen reduziert werden, die sich eine gemeinsame Internetpräsenz mit anderen Mitgliedsorganisationen teilen: Einerseits gibt es Organisationen mit mehreren Außenstellen, die alle separat als Mitgliedsorganisation gelistet sind, aber sich über ihren Bundesverband eine gemeinsame Internetpräsenz in Bezug zur Werbung für das ehrenamtliche bzw. freiwillige Engagement, teilen. Andererseits gibt es Mitgliedsorganisationen, wie die Kreisverbände des Arbeiter-Samariter-Bundes, die zwar über einen Bundesverband vertreten sein können, aber dennoch eine eigene, lokale und differenzierte Internetpräsenz besitzen, die sich von Kreisverband zu Kreisverband nochmals unterscheidet. Dies führte dazu, dass die Zufallsauswahl von 50 Mitgliedsorganisationen mehrmals überprüft, bereinigt und ergänzt werden musste, da es keinen Sinn machte, mehrere Organisationen mit derselben Internetpräsenz in die Stichprobe aufzunehmen. Angemerkt sei auch, dass im Zeitraum der Zufallsauswahl zwei Organisationen aufgelöst waren bzw. ihre Auflösung bekannt gaben, aber in der Stichprobe mit einem entsprechenden Vermerk als Stichprobenergebnis beibehalten wurden. Der Schwerpunkt der Analyse lag auf dem Aufbau der Homepages, um nähere Informationen, wie Ansprechpartner_innen, Auslagenerstattung, Einsatzmöglichkeiten für ein ehrenamtliches bzw. freiwilliges Engagement (auch in der Vorstandstätigkeit) u. ä. zu identifizieren. Die Stichprobe zur Internetpräsenz basiert auf einer fiktiven Modellierung. D. h. Ausgangslage ist die Wahrnehmung der potentiellen, externen Interessierten für ein ehrenamtliches bzw. freiwilliges Engagement. Aus dieser Perspektive heraus wurden drei Kriterien untersucht, wovon zwei

---

[59] Die Nebenstudie beinhaltet die Werte: n = 50 und N = ca. 345, d. h. eine exakte Angabe N war nicht möglich, da z. B. Organisationsauflösungen als auch Neumitgliedschaften während der Stichprobe festgestellt wurden, die z. T. noch nicht vom Paritätischen Thüringen in der offiziellen Auflistung aktualisiert wurden sind.

(1. & 2.) in unserer FuE-Studie einbezogen und das dritte (3.) wegen Befangenheit[60] verworfen wurde:

1. Ist eine eigene Rubrik zum Thema Ehrenamt vorhanden?
2. Welchen Nutzen hat die Suchfunktion?
3. Wie hoch ist der Zeitaufwand der Recherche in Minuten?

Die ersten beiden Fragen bilden die Hauptkriterien, um festzustellen, wie Ehrenamt im digitalen Zeitalter von den Organisationen beworben wird. Hier ist konkret zu betonen, dass es sich bei der Internetpräsenz um das sogenannte Web 1.0 handelt. Zur besseren chronologischen Einordnung nachfolgendes Schaubild:

Web 1.0	1990 bis 2000: Kommunikation zwischen Produzent und Konsument. Dynamische Websites, E-Commerce, Online-Shops, Foren, Wikis, Suchmaschinen,
Web 2.0	2000 bis 2010: Jeder Benutzer ist gleichzeitig Produzent und Konsument. Interaktives, syntax-orientiertes Web. Customer Created Content. Interaktive Communities, Social Networks, Social Media Sharing, Weblogs, Blogosphäre, RSS-Feeds.
Web 3.0	ab 2010: Semantisches Web, das die informationen nach seiner Bedeutung qualifiziert. Wie bei Web 2.0 ist jeder Teilnehmer gleichzeitig Produzent und Konsument. Erstellung persönlicher Profile nach den Vorlieben und Eigenheiten des Nutzers. Virtuelle Welten.

Quelle: Lipinski et al. 2013 [html].

Abbildung 2: Web 1.0 bis Web 3.0.

Spätestens seit dem Web 2.0 besteht, wie aus unserer Stichprobe zur Internetpräsenz abgeleitet werden kann, Handlungsbedarf. Von den 50 per Zufallsauswahl überprüften Mitgliedsorganisationen haben nur 10 (20 %) eine eigene Rubrik zum Thema Ehrenamt und die große Mehrheit von 40 (80 %) überhaupt keine. Des Weiteren war die Suchfunktion nur bei 5 (10 %) der Mitgliedsorganisationen hilfreich, bei weiteren 5 (10 %)

---

[60] Aus Gründen des vorhandenen Forschungsinteresses und -wissens, konnte die Angabe einer objektiven Zeitinvestition bei der Analyse der Websites nicht gewährleistet werden. Es wurde deutlich mehr Zeit bei der Recherche investiert, um z. B. Mängel zu entdecken. Aber Außenstehende Interessierte wenden sehr viel weniger Zeit auf. In der heutigen, schnelllebigen und digitalen Zeit werden prägnante und schnell auffindbare Informationen bevorzugt. Ist dies nicht der Fall wird das Browserfenster vorzeitig geschlossen.

teilweise hilfreich. D. h. es wurden Informationen zum Thema Ehrenamt bzw. Engagement (als Suchbegriffe) in unerwarteten, versteckten Kategorien gefunden. So hatten z. B. einige Mitgliedsorganisationen Ehrenamt unter der Rubrik Spenden beworben. An dieser Stelle ist den Betreffenden ein Denkfehler unterlaufen, weil Ehrenamt in der Kategorisierung von Spenden zwar durchaus als Zeitspende[61] gilt. Dieses Wissen bei außenstehenden Interessenten vorauszusetzen ist jedoch höchst spekulativ und daher unrealistisch. Weiterhin wurden als Suchergebnisse alte Archivbeiträge aufgelistet, aber ohne Anhaltspunkte zu z. B. Ansprechpartner_innen. Wir empfehlen sich mehr an der Kundenperspektive zu orientieren. Die nächstlogische Konsequenz bei einer erfolglosen Suche nach einer eigenen Rubrik zum Thema Ehrenamt, wäre das Überprüfen der Rubrik Stellenangebote und nicht Spenden. Auffällig war tatsächlich, dass jede Homepage eigene Rubriken zu Stellenangeboten, Dienstleistungen/Produkten und zu Spendendaten hat, nur zum Thema Werbung für das Ehrenamt nicht. Bei 17 (34 %) der Mitgliedsorganisationen war die Suchfunktion demnach nicht hilfreich und bei den verbleibenden 23 (46 %) war nicht einmal eine Suchfunktion vorhanden[62].

---

[61] Vgl. Leißner u. Stolze in Fundraising Akademie 2016: 833.

[62] Eine Suchfunktion auf den Websites ist obligatorisch und nicht zwingend erforderlich. Aber es setzt voraus, dass klar abgrenzbare Rubriken mit schnell auffindbaren sowie prägnanten Informationen zugänglich sind, die eine Suchfunktion überflüssig machen. Wenn „Spenden" separat beworben werden können, dann auch das „Ehrenamt". Die präzise Ausgestaltung der Websites ist ausbaufähig und im Abschnitt 8.4.1 Handlungsempfehlungen für Mitgliedsorganisationen sind sehr gute und ansprechende Beispiele zu finden.

Rubrik „Ehrenamt" auf der Website

Quelle: Eigene Nebenstudie 2017, n = 50 und N = ca. 345.

Abbildung 3: Internetbewerbung – Rubrik „Ehrenamt".

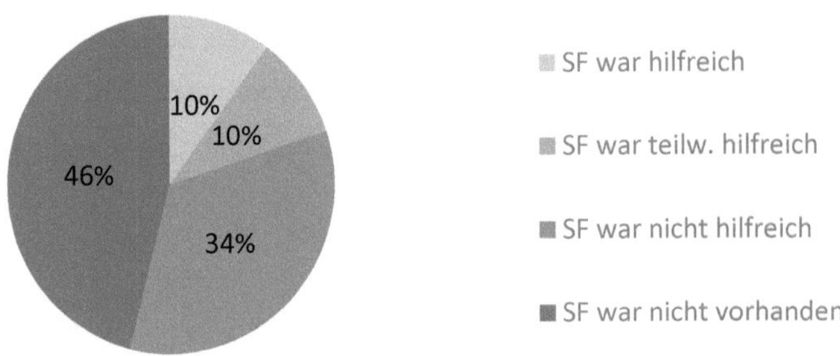

Nutzen der Suchfunktion (SF) auf der Website

Quelle: Eigene Nebenstudie 2017, n = 50 und N = ca. 345.

Abbildung 4: Internetbewerbung – Nutzen der Suchfunktion.

Da wir aktuell auf die Industrie bzw. Web 4.0 zusteuern, ergibt sich hier eine zeitliche Differenz von 28 Jahren (siehe Abb. 2 Lipinski et al.). Dies führt zur berechtigten Frage: Warum wurden in einen so großen Zeitraum nicht schon früher Anpassungen an der Website von den Mitgliedsorganisationen ergriffen? Dies kann diverse Ursachen haben, wie das zuvor erwähnte Ressourcen-Trilemma (Zeitkontingente, Personal, Finanzen) aufzeigte. Klassische Generationskonflikte im Sinne des „Generation Gap"[63] zwischen den verschiedenen Akteur_innen einer Organisation können ebenso auftreten. D. h. der Mangel an (engagiertem, kreativem) Nachwuchs ist gleichzeitig ein Mangel an einer modernen, oppositionellen Haltung gegenüber nicht per se, aber tendenziell häufiger festgefahrenen und veralteten Strukturen sowie Denk- und Handlungsmustern in Organisationen. Dies kann mit dem Stichwort: „Betriebsblindheit" durch fehlendes Fachwissen, alternativen Ansätzen oder organisationsinternem Konkurrenzverhalten auf den Punkt gebracht werden. Der Paritätische Thüringen hat am ersten Verbandstag eine mögliche Ursache identifiziert: Bei langjährigen Vorstandsmitgliedern gilt das „Vorstandsamt als Lebensabschnittswerk" und es fällt schwer, diese Verantwortung an jüngere/neuere Vorstandsmitglieder abzugeben, weil diese vielleicht eine andere strategische Ausrichtung bzw. Veränderungen anstreben, die von den Vorgänger_innen mit Vorbehalt betrachtet werden. Diese internen, z. T. von Hierarchie geprägten, Konstellationsprozesse in den Vorständen, wirken sich auch auf den Verlauf der Organisationsentwicklung aus. Eine zeitgemäße Reaktion auf aktuelle Trends und Entwicklungen kann dadurch erschwert werden. Im Abschnitt 7.5 Analyse der demografischen Faktoren hinsichtlich der Wechselwirkung zu den Herausforderungen bei der Gewinnung von ehrenamtlichen Vorstandsmitgliedern wird nochmals ein genauerer Blick auf die Umstände vorgenommen. Damit Organisationen in Zukunft überlebensfähig bleiben, müssen sie flexibel sein und sich dem Zeitgeist entsprechend anpassen. Jahrhundertealte Stiftungen (Ewigkeitscharakter), wie die Johannishofstiftung in Hildesheim (Gründungsjahr: 1161) oder das Magdalenenhospital in Münster (Gründungsjahr: 1184)[64] sind gute Beispiele dafür. Wie kann sich in der heutigen Zeit auf Trends, wie Digitalisierung, vorbereitet werden? In unserer Online-Umfrage hat eine einzige Organisation im offenen Textfeld dazu nachfolgendes Statement abgegeben:

---

[63] Der „Generation Gap" beschreibt die Meinungsunterschiede zwischen zwei Generationen (häufig zwischen jüngeren Personen und deren Eltern, Großeltern) bzgl. Glaube, Politik und Werten. Er besteht hier entsprechend zwischen langjährigen und neuen bzw. jüngeren Mitgliedern einer Organisation, insbesondere im Bezug zu (nicht) erlernten Methoden, Techniken und weiteren Herangehensweisen.

[64] Vgl. Bundesverband Deutscher Stiftungen 2014: 22.

„Die Gewinnung von neuen Vorstandsmitgliedern ist insgesamt recht schwierig, da gerade junge Menschen in Selbsthilfeorganisationen selten aktiv mitarbeiten. Es ist wichtig die Interessen der Jugend stärker in der Vereinsarbeit zu berücksichtigen, neue Medien einzubeziehen und Veranstaltungsformen zu verändern. Deshalb sind wir dabei, Jugendbeauftragte in unsere Vorstände zu wählen, die aktiv die Jugendarbeit im Verein verbessern." [65]

Dieses Vorhaben ist begrüßenswert, zumal es sich hier auch um eine Selbsthilfeorganisation handelt. Mareike Alscher und Eckhard Priller haben erläutert, dass diese Organisationsform über keine hauptamtlichen Mitarbeiter_innen, weniger feste Regeln und hierarchische Strukturen verfügt. Das mündet in weniger Kontinuität und Planbarkeit des Engagements, erlaubt aber mehr Spielräume für Kreativität und Improvisation.[66] In den Rückkoppelungen unserer Vorgespräche[67] zu den Experten_innterviews sowie bei den Gesprächen des ersten und zweiten Verbandstages des Paritätischen Thüringen, wurden dazu Bedenken von Vorständen und Geschäftsführer_innen geäußert. Einige waren der Meinung, dass für die Internetpräsenz keine personellen, zeitlichen und/oder finanziellen Ressourcen zur Verfügung stünden. An dieser Stelle offenbart sich, neben dem im wiederholten Male festgestellten Ressourcen-Trilemma, der o. g. Mangel an Fachkenntnissen und Alternativen der Betreffenden. Es sollte vielmehr mit dem zuständigen EDV-Dienstleister_in bzw. Verantwortlichen („Outsourcing") über die Ausgestaltung der (bestehenden) Website kommuniziert werden. Darüber hinaus ist das Argument der finanziellen Belastung dahingehend zu entkräften, das eine Website sich nicht häufig ändert und somit neue Kosten verursachen würde. Eine Ausnahme besteht in den Terminen und geplanten Aktivitäten, die aber i. d. R. in einer eigens dafür vorgesehenen Rubrik angezeigt werden. Diese Rubrik ist außerdem sehr häufig bereits vorhanden. Im Gegenteil: Es stellt langfristig eine sinnvolle Zukunftsin-

---

[65] Rückmeldung im offenen Textfeld aus unserer Online-Befragung 2017. Hinweis: Hier müssen zukünftig die aktuellen Datenschutzbestimmungen stärker berücksichtigt werden.

[66] Vgl. Alscher u. Priller in Destatis u. WZB 2016: 388.

[67] Das Vorgespräch diente zur Aufklärung unseres FuE-Projektes, dem Ablauf des Interviews und wurde entsprechend nicht aufgezeichnet/transkribiert.

vestition dar. Voraussetzung ist aber, dass die Ausgestaltung der Website angemessen umgesetzt wird und dazu müssen die Parteien miteinander kommunizieren. Die Organisationen müssen ihren Kundenanspruch gegenüber ihren EDV-Dienstleister_innen bzw. Verantwortlichen wahrnehmen, anstatt es fälschlicherweise auf ein ehrenamtliches bzw. freiwilliges Engagement abzuwälzen. Aber auch hier gilt ergänzend zu erwähnen, dass kleinere Organisationen oftmals keine Alternative haben und auf ein (digitales) ehrenamtliches Engagement zurückgreifen müssen, wenn sie anschlussfähig sein wollen.

Die Digitalisierung umfasst nicht nur die Internetbewerbung, sondern z. B. auch die Verwaltung des Online-Fundraisings. Hier eröffnet sich die Frage, wie beispielsweise im Zuge des zunehmenden Online-Fundraisings mit sensiblen Spender_innendaten umgegangen wird. Sofern die Aufgabe von „zeitlich befristeten und oft wechselnden" ehrenamtlich bzw. freiwillig Engagierten übernommen wird, könnte dies ein Risiko darstellen. Diese verantwortungsvolle Aufgabe sollte bei der Aufgabenverteilung („Board Governance") entsprechend beachtet und auf die „langfristig" Engagierten übertragen werden.

Eine Organisation hat bei der Auftaktveranstaltung, am 21.06.2017, von einer positiven Adaption des digitalen Trends berichtet. Durch die Reichweite des Internets können große räumliche Entfernungen überwunden werden, was z. B. die Vorstandssitzungen erleichtert: *„[...] und da gibt es eben eine Vorstandssitzung via Skype, das geht auch".*[68] Die Digitalisierung bietet auch neue Chancen, die genutzt werden können. Welche weiteren Chancen oder Risiken durch die zunehmende Digitalisierung entstehen können wird im nächsten Unterpunkt reflektiert.

3.2.4 Auswirkungen der Digitalisierung auf bestehende Trends

Der Trend zur Digitalisierung tangiert außerdem den bereits bestehenden Trend der „Work-Life-Balance" in negativer Art und Weise, sodass für die Gewinnung von ehrenamtlich interessierten Personen neue Herausforderungen unausweichlich sind. Wie

---

[68] I12106: 60. Hinweis: Hier müssen zukünftig die aktuellen Datenschutzbestimmungen stärker berücksichtigt werden.

bereits im Unterpunkt 3.1.1 Gewinnung, Nachfolge und Bindung von Engagierten erwähnt, entsteht eine neue Ambivalenz: Wie soll Kontinuität durch kurzfristiges Engagement gewährleistet werden? Die Eigenforschung der Landesverbände des Paritätischen und anderer Akteur_innen hat zwar ergeben, dass im Zuge von Trends, wie der „Work-Life-Balance", die Intensität der ehrenamtlichen Betätigung, nach Arbeitsbereichen sehr differenziert ausgeprägt ist, jedoch auch eine steigende Tendenz zu befristeten bzw. neuen Formen des freiwilligen Engagements[69] zu verzeichnen ist. Es wird konkret von einem „alten" und einem „neuen" Ehrenamt gesprochen. Hierzu ein Schaubild des Paritätischen Nordrhein-Westfalen:

Merkmale	„Altes" Ehrenamt	„Neues" Ehrenamt
Zugang zum Ehrenamt	■ Einbindung in traditionelle Sozialmilieus ■ Soziale Vererbung des Ehrenamts	■ Persönliche Betroffenheit ■ „Biografische Passung"
Motive	■ Selbstloses Handeln und Fürsorge (Altruismus) ■ Traditionelle Pflicht- und Akzeptanzwerte ■ Hohe Bereitschaft, sich den Vorgaben der Organisation anzupassen	■ Selbstverwirklichung und Selbstfindung ■ Gegenseitigkeit von Nehmen und Geben ■ Partizipation und Selbstbestimmung
Organisatorische Einbindung	■ Weltanschauliche und dauerhafte Bindung an einen Verein oder Verband ■ Hoher Formalisierungsgrad der Regeln und standardisierte Einsatzbedingungen ■ Festgefügte Formen des Verhältnisses zu beruflichen Mitarbeitenden ■ Laientätigkeit ■ Unentgeltlich	■ Vielfältige, zeitlich befristete, pragmatische und tätigkeitsorientierte Engagements in verschiedenen Organisationsformen ■ Gering formalisierte Organisationsstrukturen, Kompetenzentwicklung und Ausbildungsorientierung ■ Semi-Professionalität und Aufwandsentschädigung

Quelle: Paritätischer Nordrhein-Westfalen 2017: 4.

Abbildung 5: Unterscheidung zwischen „altem" und „neuem" Ehrenamt.

Die aus dieser Übersicht erkennbare Entwicklung zu einem befristeten Engagement aufgrund der neuen „biografischen Passung", durch „Selbstbestimmung" und/oder Trends, wie „Work-Life-Balance", stellt den Menschen in den Mittelpunkt und nicht die (ehrenamtliche/hauptamtliche) Arbeit. Darüber hinaus wurde am ersten Verbandstag,

---

[69] Vgl. Paritätischer Baden-Württemberg 2011: 11, vgl. Deutsches Rotes Kreuz 2013: 13, vgl. Röbke in BBE 2014: 34 ff. sowie vgl. Paritätischer Nordrhein-Westfalen 2017: 4.

während eines Pausengespräches, von einem Vorstandsmitglied geschildert, welches Unbehagen ihn belastet, wenn er einen seiner Engagierten um eine zusätzliche Zeitinvestition seines ehrenamtlichen bzw. freiwilligen Engagements bitten würde. Der betreffende Engagierte ist ein junger Familienvater mit einem Vollzeitjob samt zwei bis drei Stunden Arbeitsweg. Es wird das Dilemma nachvollziehbar, dass dieser junge Familienvater neben seiner Arbeit und seinem freiwilligen bzw. ehrenamtlichen Engagement, die übrige Zeit zur eigenen Erholung/Regeneration bzw. mit seiner kleinen Familie verbringen möchte. Diesen in seiner verfügbaren Freizeit bzw. Zeit für private Verpflichtungen zu beschneiden, kann nicht die Lösung sein. Wenn Menschen, ob jung oder alt, die sich heute nicht ehrenamtlich engagieren, als „faul" oder „verantwortungslos" etikettiert werden, ist das ein Trugschluss.

Der Trend der „Work-Life-Balance" kollidiert jedoch in bestimmten Situationen mit dem voranschreitenden Trend der Digitalisierung. Wenn wir bei dem Beispiel des Online-Fundraisings bleiben, müssen sich die Organisationen, insbesondere Selbsthilfeorganisationen, folgende Frage stellen: Inwiefern ist kurzfristiges Engagement in diesem Bereich überhaupt noch möglich und sinnvoll? Für Online-Fundraising müssen bestimmte Softwares erworben und in der Organisation installiert werden. Dazu gehört aber auch eine entsprechende Schulung des Personals zum Umgang mit der Software. Wissen und Kenntnisse sind hier also personengebunden. Neuere technische Erkenntnisse und Zugangsmöglichkeiten erlauben zwar günstige und einfach zu bedienende Softwares, aber auch hier gilt: Wer wird bzw. möchte und/oder darf dafür zuständig sein? Wie sicher ist günstige Freeware? Wie oben angesprochen, können Sicherheitsrisiken bei der Spender_innendatenverwaltung durch häufig fluktuierendes (ehrenamtliches) Personal oder eben qualitativ minderwertige Software entstehen. Die qualitative und sichere Spender_innendatenverwaltung darf nicht unterschätzt werden, da die Folgen von Nichtkonformitäten und Fehlern (z. B. Missbrauch, Vertrauensbruch, Imageverlust, mögliche rechtl. Strafen usw.) sonst auf die Organisation zurückgeführt werden. Verlässt eine zuständige Person (Kündigung, Tod, Krankheit etc.) die Organisation, verliert die Organisation auch das entsprechende Wissen. Bei Organisationen, deren Personal aus Haupt- und Ehrenamtlichen besteht, stellt dies weniger ein Problem dar. Für Organisationen, die ausschließlich aus Ehrenamtlichen bestehen, wird

dies zum Problem, d. h. es wird dem Zufallsprinzip überlassen: Es muss zufällig eine/n Engagierte_n geben, welche/r sich mit dem Thema Online-Fundraising auskennt, welche/r sich zufällig mit der entsprechenden Software auskennt, welche/r zufällig längerfristig in der Organisation bleibt, um diese Software zu bedienen oder eine/n Nachfolger_in einzuweisen sowie zufällig bei der Anwendung sehr motiviert[70] ist. Die Gefahr einer Diskontinuität ist an dieser Stelle sehr hoch. Gerade die Finanzierung gemeinnütziger Organisationen ist ein existenzieller Aspekt, der gewisse Regelmäßigkeiten voraussetzt und nicht allein der soeben geschilderten Zufallskette eines ehrenamtlichen Engagements überlassen werden darf. Bei Hybrid-Organisationen aus Ehrenamtlichen und Hauptamtlichen wird diese Aufgabe häufig von letzteren übernommen. Für rein ehrenamtliche Organisationen ist es daher empfehlenswert, das Fundraising als Aufgabe des Vorstandes zu deklarieren („Board Governance") oder entsprechend ehrenamtlich bzw. freiwillig engagierten Personen zu übertragen, die schon länger in der Organisation tätig sind und worüber eine konkrete Kenntnis besteht, dass diese über einen längeren Zeitraum der Organisation erhalten bleiben[71]. Demnach müssen solche beschriebenen Lösungen genauestens abgewogen werden, um die o. g. möglichen Risiken für die Organisation zu vermeiden. Im nächsten Unterpunkt folgen kurz zwei weitere, individuelle Beispiele zu rechtlichen Sachlagen.

3.2.5 Entwicklungen zu notwendigen rechtlichen Aspekten

Die zunehmende Digitalisierung bedeutet gleichzeitig auch eine Zunahme von rechtlichen Anforderungen. Ab dem 25. Mai 2018 gilt das neue Bundesdatenschutzgesetz

---

[70] Ein häufiger Vorwurf bzw. Kritikpunkt in der Kooperation zwischen ehrenamtlichen und hauptamtlichen Mitarbeiter_innen ist, dass Ehrenamtliche wegen ihrer freien Zeiteinteilung arbeitsmoralisch z. B. weniger die Einhaltung von „Deadlines" berücksichtigen, an die aber wiederum Hauptamtliche zwingend gebunden sind.

[71] Siehe Ausführungen weiter oben zu Organisationsaufbau, Fundraising-Personal und Rahmenbedingungen. „Fundraising als Chefsache" ist als vorherrschende Prämisse in der Fundraising-Fachliteratur zu finden.

(BDSG-neu). Viele Änderungen basieren auf der Einführung der EU-Datenschutzgrundverordnung (EU-DSVGO)[72] und viele Unternehmen engagieren deshalb Datenschutzbeauftrage (DSB). Der Bundesverband Deutscher Stiftungen warnt vor deutlich verschärften Strafandrohungen und dem damit verbundenen, erhöhten Haftungsrisiko für Stiftungsvorstände[73]. Einmal mehr wird der Aufgabenbereich der Vorstandsführung als auch die personelle Komponente gefordert sein. Dies gilt nicht nur für Stiftungen, sondern für alle Organisationsformen bzw. Mitgliedsorganisationen des Paritätischen Thüringen. Eine erste Orientierungsgrundlage ist im Unterpunkt 8.4.1 Handlungsempfehlungen für Mitgliedsorganisationen enthalten.

Anknüpfend an rechtliche Rahmenbedingungen müssen sich im besonderen Maße auch die Betreuungsvereine über ihr Existenzrecht, genauer ihrem Anerkennungsstatus als Betreuungsverein, bewusst sein. Im BGB § 1908f Abs. 1 ist dazu folgende Grundvoraussetzung formuliert:

„(1) Ein rechtsfähiger Verein kann als Betreuungsverein anerkannt werden, wenn er gewährleistet, dass er […] 2. sich planmäßig um die Gewinnung ehrenamtlicher Betreuer bemüht, diese in ihre Aufgaben einführt, fortbildet und sie sowie Bevollmächtigte berät, […]." [74]

Dies bedeutet, dass ein Betreuungsverein nur als ebendieser anerkannt wird, wenn er die o. g. Bedingungen (neben den weiteren im Paragraphen beschriebenen Bestimmungen) erfüllt. Es ist bei den hier erwähnten Beispielen festzustellen, dass je nach Rechtsform der Organisation, Unterschiede und Besonderheiten in der rechtlichen Verantwortung vorliegen, auf die in dieser Studie nicht vollumfänglich eingegangen werden kann. Auffällig ist, dass die gesetzlich-definitorische Verankerung beim Betreuungsverein im Übrigen ein sehr ähnliches System skizziert, wie wir bereits mit dem

---

[72] Vgl. Arbeitsgesetze 2017: 533 ff. und vgl. Intersoft Consulting Services AG 2017: [html].

[73] Vgl. Bundesverband Deutscher Stiftungen 2017: [html]. In Ergänzung dazu sollten sich die Mitgliedsorganisationen darüber bewusst sein, dass auch die Position eines/r Datenschutzbeauftragen mit hoher Verantwortung/Haftung verbunden ist.

[74] Bürgerliches Gesetzbuch 2013: 414 f.

Konzept des Freiwilligenmanagements mehrmals angesprochen haben und welches im nächsten Unterpunkt detaillierter vorgestellt wird.

3.2.6 Freiwilligenmanagement als Konzept für Trends und Entwicklungen

In diesem Abschnitt stellen wir Freiwilligenmanagement als ein geeignetes und anschlussfähiges Konzept an bestehende Herausforderungen als auch an aktuelle Trends und Entwicklungen vor. Zum besseren Verständnis folgt nun ein Schaubild zum oft erwähnten FWM-Konzept und eine prägnante Erläuterung zu dessen Grundsäulen anhand des Lebenszyklus-Modells:

Quelle: Vereinshelden 2018 [html].

Abbildung 6: Lebenszyklus-Modell des Freiwilligenmanagements (Qualifizierung „Strategisches Ehrenamts- und FreiwilligenMANAGEMENT für Vorstandsteams." Die Weichen für die Zukunft stellen).

Wie aus dem Schaubild ersichtlich wird besteht das FWM aus vier Grundsäulen: Das Interesse für ein Engagement, den Einstieg in die Organisation bzw. das Engagementfeld sowie die Entwicklung und die Beendigung des ehrenamtlichen bzw. freiwilligen

Engagements. Jede diese vier Grundsäulen untergliedert sich in jeweils weitere, aufeinander aufbauende Phasen. **Phase 1** stellt das übergeordnete Ziel dar: Die Etablierung einer engagementfreundlichen Organisationskultur innerhalb der Organisation. Diese umfasst die nachfolgend beschriebenen Phasen. **Phase 2** behandelt die Bedarfsanalyse. Wichtig ist hier, vorausschauend zu planen. Wen bzw. wie viele Personen werden für welche Aufgaben in welchen Zeitraum benötigt und welche Kapazitäten können dabei bedient werden? Wesentlicher Unterschied zum Hauptamt ist, dass die Suche nicht erst bei Bedarf per Stellenausschreibung stattfindet, also wenn ein konkreter Mangel besteht, sondern es ist als ein ganzheitlicher Entwicklungsprozess zu verstehen. D. h., die ehrenamtlich bzw. freiwillig Engagierten können jederzeit in die Organisation eintreten und dem Engagementfeld gerechte Aufgaben übernehmen und ihre bereits vorhandenen Kenntnisse und Interessen einbringen. So eignen sich z. B. Social-Media-affine Personen für die Öffentlichkeitsarbeit oder ehemalige Lehrer_innen für Nachhilfeangebote. Darüber hinaus sollen sie „step-by-step" an weitere Prozesse/Aufgaben herangeführt werden. Langfristiges Ziel sollte es sein, mit der Organisation zu „evolvieren". Die **Phase 3** umfasst die Punkte Ansprache, Gewinnung und Aufgabenübertragung. Für eine Ansprache der Interessierten können diverse Methoden angewandt werden. Die klassische und häufigste Methode ist die direkte Ansprache via Mundpropaganda. Es können aber auch Social-Media-Kampagnen eingeleitet, Flyer verteilt, Zeitungsinserate und/oder die Internetbewerbung auf der eigenen Homepage zur Gewinnung genutzt werden. Im Anschluss daran müssen den gewonnenen Interessierten sinnvolle Aufgaben übertragen werden, mit denen sie sich auch identifizieren können. Wer die meiste Zeit nur banale Aufgaben übernehmen muss, wird der Organisation nicht lange erhalten bleiben. Bei der **Phase 4** Orientierung und Einarbeitung müssen geeignete Ansprechpartner_innen zur Verfügung stehen, um die ehrenamtlich bzw. freiwillig Engagierten anzuleiten und an weitere Prozesse heranzuführen. In **Phase 5** wird die Aus- und Weiterbildung thematisiert. Wenn jemand z. B. in einem Betreuungsverein engagiert ist, erscheint es sinnvoll und notwendig, sich zu diversen rechtlichen Aspekten des Betreuungswesens fortzubilden. Im Allgemeinen geht es hier um die erforderlichen Kenntnisse, um mit (aktuellen) Anforderungen angemessen

umgehen zu können. Die vorletzten **Phasen 6 bis 9** umschreiben einen permanent zirkulierenden Kreislauf zur Bindung der gewonnenen ehrenamtlich bzw. freiwillig Engagierten, sofern diese sich nicht für Phase 10, die Beendigung ihres Engagements entscheiden. Bei der Anerkennung und Belohnung geht es nur bedingt um Motivation. Dazu mehr im nächsten Unterpunkt 3.3 Motivation und freiwilliges Engagement. Im Vordergrund steht vielmehr das „wahrgenommen werden" als Person und der Gemeinschaftssinn im Umgang miteinander. Anerkennung und Gemeinschaftssinn sind laut Aussage einer/s Bundesfreiwilligendienstleistenden aus unserem Expert_inneninterviews ausbaufähig:

„Ich denke auch mehr Wertschätzung für die Ehrenamtlichen. Ich kriege es auch in unserem Haus mit, Ehrenamtliche, die sich dann ja doch manchmal ein bisschen benachteiligt fühlen. [...] Wir kriegen zwar unser Dankeschön. Am Ende des Jahres kriegen wir unser Dankeschön, dass wir hier ehrenamtlich tätig sind. Das ist auch schön. Aber ich denke, so etwas müsste man ein bisschen mehr ausbauen oder mal so ein bisschen einen Ausflug mit den Personen so einmal im Jahr, dann noch einmal extra. Das denke ich, dass das wichtig wäre auch für diese für die Ehrenamtlichen." [75]

Es wird ersichtlich, dass neben dem Engagement, die Anerkennung und das Gemeinschaftsgefühl untereinander, wichtige Aspekte für die ehrenamtlich bzw. freiwillig Engagierten sind. Die Fragen, die sich hieraus für die Organisation ergeben sind: Wie erfolgt Anerkennung im Alltag der Engagierten und nicht nur bei Beendigung des Engagements, Jahresfeiern, Jubiläen oder Ehrenamtspreisverleihungen? Wie erfolgt überhaupt Anerkennung und Gemeinschaft für Vorstände innerhalb der Organisationen? Der von der/dem Bundesfreiwilligendienstleistenden vorgestellte Ausflug stellt ein gutes Beispiel dar. Ein Ausflug, z. B. Kegelabend, könnte auch mit einer vorausgehenden Vorstandssitzung verbunden werden oder besser mit allen Vorstandssitzungen, dann erhält der Gemeinschaftssinn mehrere Gelegenheiten und nicht nur zu bestimmten Jahresereignissen. All dies kann bei einer Agenda des FWM bzw. „Board Governance" berücksichtigt werden. Trotzdem muss an dieser Stelle auch die Entwicklung der (Re-

---

[75] I50908: 26.

)Monetarisierung als Anerkennungsform weiterverfolgt werden, beispielsweise im Ausbau von finanziellen Anreizen, wie dem Taschengeld bei den Freiwilligendiensten oder der Kostenerstattung für den Kraftstoffverbrauch mit dem privaten PKW. Die (Selbst-)Evaluation dient der Identifizierung von weiteren, verbesserbaren Aspekten bzw. den Abbau von hinderlichen Aspekten. Die Schaffung von Lern- und Entwicklungsmöglichkeiten reduziert Ängste und andere Bedenken. Beispielsweise ist die in der „Board Governance"[76] umschriebene Idee eines „Vorstandsübungsplatzes" i. V. m. Phase 4 (zuständige Ansprechpartner_innen zur Einarbeitung und Orientierung) eine solche Lern- und Entwicklungsmöglichkeit. Das ist im Besonderen für die ehrenamtliche Vorstandsarbeit von Relevanz, um Bedenken abzubauen, wie ein Nicht-Vorstandsmitglied in einem unserer Expert_inneninterviews berichtet hat:

„Aber es sind auch Unsicherheiten damit aufgekeimt. [...] einerseits, weil ich im Bereich des Vorstandes bisher nicht tätig war. [...] In der operativen Geschichte weiß ich nicht, welche Aufgaben mir zu teil werden. Und wie ich mich auch in den bisherigen Vorstand einfügen kann. Also da hat man natürlich wieder auch diese ganzen gruppendynamischen Unsicherheiten, die damit einhergehen. Man hat eine Platzsuche, die damit einhergeht. Wie viel kann ich mich selber einbringen? Was kann ich sagen? Wo gibt es Kritikpunkte usw.?" [77]

Die Anpassung von Anforderungen und Aufgaben beinhaltet die grundlegende Berücksichtigung der Interessen und Bedürfnisse der Engagierten mit denen der Organisation. Es geht also darum, einen Einklang als auch Synergieeffekte herzustellen. Dies bedeutet auch, dass u. U. in der Organisation neue Positionen geschaffen werden müssen, z. B. im Zuge der Digitalisierung eine/n Datenschutzbeauftragte_n oder für das FWM eine/n Freiwilligenmanager_in. In der letzten **Phase 10** wird der Umgang mit der Beendigung des ehrenamtlichen bzw. freiwilligen Engagements beschrieben. Die ausgeschiedene Person wird für ihr Engagement gewürdigt. Dies geschieht sehr häufig

---

[76] Siehe Abschnitt 8.4.1 Handlungsempfehlungen für Mitgliedsorganisationen: „Board Governance".
[77] I61008: 58.

über eine Bescheinigung über das geleistete Engagement und wird ergänzt durch kleinere Präsente, wie Gutscheine. Der Kontakt zur ausscheidenden Person soll aufrechterhalten werden, damit ein späteres Engagement oder ein weiteres Engagement aufgenommen werden kann. Beispielsweise kann die ausscheidende Person, bei einem Umzug in eine neue Stadt, zu einer Außenstelle oder Einrichtung der Organisation vermittelt werden. Natürlich nur sofern die Person damit einverstanden ist (Datenschutz beachten[78]) und eine Niederlassung der Organisation vor Ort vertreten als auch zugänglich ist (Infrastruktur).

In den einzelnen Prozessphasen gibt es reichlich Gelegenheit, um die Anforderungen der Organisation mit den Talenten, Interessen, Wünschen und Bedürfnissen der Engagierten zu verquicken. Idealerweise sollten hierbei auch bestehende Herausforderungen sowie aktuelle Trends und Entwicklungen via Selbststudium und Fortbildungen einbezogen werden. Die Organisation ist somit in der Lage, zeitnah und flexibel auf (neue) Anforderungen zu reagieren sowie Synergieeffekte zu generieren und zu nutzen. Viele Organisationen besitzen bereits Grundstrukturen und können anhand des FWM-Konzeptes diese weiter ausbauen. Elementar ist, wie an anderer Stelle angesprochen, eine/n verantwortlichen Ansprechpartner_in bzw. eine entsprechende Position in der Organisation zu schaffen, um die reibungslose Umsetzung und Funktionalität des FWM-Konzeptes zu gewährleisten. Aber selbst kleinere Organisationen sind dazu imstande, sich an dem FWM-Konzept zu orientieren. Wenn es den Betreffenden (z. B. finanziell oder personell) nicht möglich ist, eine entsprechende Stelle zu schaffen, sollten sie i. V. m. der erläuterten „Board Governance" darüber nachdenken, es alternativ als Aufgabenbereich des Vorstandes zu definieren. Die in den Prozessphasen und unserer Studie beschriebenen Vorteile des FWM-Konzeptes überwiegen und es lohnt sich also, es in Erwägung zu ziehen. Das FWM fungiert als Scharnier zwischen den Erwartungen der Freiwilligen und den Erwartungen der Organisation. Es gewährleistet eine systematische Förderung und Aufbau der Ehrenamtskultur, die zu den eigenen Werten

---

[78] Es ist empfehlenswert, die Kontaktdaten der Einrichtung an die Person weiterzugegeben, denn umgekehrt könnte es zu datenschutzrechtlichen Komplikationen führen.

und Zielen der Organisation passt.[79] Es regelt die Planung, Organisation, Aus- und Bewertung des ehrenamtlichen bzw. des freiwilligen Engagements. Kurz zusammengefasst regelt es die Betreuung und Begleitung der ehrenamtlich bzw. freiwillig Engagierten sowie die Vermittlung zwischen diesen und den ggf. hauptamtlich angestellten Mitarbeiter_innen[80].

In den bis hier ausgeführten Aspekten zum Thema Ehrenamt können eine Reihe von Spezifika (u. a. Rahmenbedingungen, Herausforderungen, Konzepte, gesellschaftliche Entwicklungen) festgestellt werden, die die Komplexität und Relevanz des FuE-Projektes verdeutlichen. Das Ehrenamt umfasst eine Vielzahl unterschiedlicher, aber über- und ineinandergreifender Themen, deren Eingrenzung ohne Kontextverluste kaum möglich ist. Im anschließenden Abschnitt 3.3 wird daher ein weiterer, bedeutsamer Aspekt ausführlicher untersucht: Motivation. Der Aspekt der Motivation erscheint vor der Auseinandersetzung der soeben beschriebenen Etablierung einer engagementfreundlichen Organisationskultur durch das FWM-Konzept beleuchtungswürdig, z. B. um Demotivatoren zu vermeiden bzw. zu reduzieren.

3.3 Motivation und freiwilliges Engagement

Wie aus späteren Darstellungen der Ergebnisse der qualitativen Expert_inneninterviews hervorgehen wird, nehmen motivierende Aspekte bei der Gewinnung ehrenamtlicher Vorstandsmitglieder offenbar eine herausragende Rolle ein[81]. Die relevante Betrachtung für diesen Bereich gilt der zentralen Fragestellung, welche Motive und Beweggründe eine Person antreiben, Freizeit aufzubringen, um Arbeitsleistung freiwillig bzw. ehrenamtlich und unentgeltlich[82] zu erbringen[83]. Nicht weniger wichtig sind Fra-

---

[79] Vgl. Reifenhäuser et al. 2016: 9.

[80] Vgl. Rosenkranz et al. 2014: 14 und vgl. Reifenhäuser et al. 2016: 11.

[81] Vgl. Abbildung 8 und Der Paritätische Wohlfahrtsverband 2016: 7.

[82] Vgl. Deutscher Paritätischer Gesamtverband 2014a: 5f.

[83] Vgl. Moschner 2002: 1 [pdf].

gen der Formen von Anerkennung und Dank für bestehendes Engagement. In Anbetracht dessen finden Verleihungen zum Ehrenamtspreis statt und es werden Bände gedruckt, in denen die „Gesichter des Ehrenamts" gesondert hervorgehoben werden, um anerkennende Effekte zu verstärken und weiterführende Motivation zu schüren[84]. Doch ist dies mithin überhaupt nötig bzw. ausreichend? Genauer: Welches Maß oder welche Formen der Motivation und Anerkennung braucht es, um einerseits neue ehrenamtliche Vorstände für die Mitgliedsorganisationen zu gewinnen und andererseits bereits bestehenden Vorständen die „nötige" Dankbarkeit entgegenzubringen? Welche Bedeutung nehmen motivierende und anerkennende Aspekte innerhalb dieses Komplexes ein? Oder muss gar gefragt werden, ob überhaupt „motiviert" werden kann?

Um sich diesen Fragen anzunähern, sollen, anhand differenzierter Positionen, ausgehend vom Duktus „Motivation", die Motivlagen ehrenamtlichen Engagements nachgezeichnet werden. Danach werden diese mit Perspektiven aus einigen organisationspsychologischen Theorien zur Zufriedenheit von Mitarbeiter_innen in Verbindung gebracht, um Konsequenzen, einerseits für die Organisationen, andererseits für unsere Leitfadenkonstruktion bzw. Fragebogenentwicklung aufzuzeigen.

Achleitner u. Thommen (2005) bringen an, dass es Aufgabe von Personalmotivation und -honorierung – als Aktivierung oder Erhöhung von Verhaltensbereitschaft[85] – ist, die Entscheidung zum Eintritt potentieller Mitarbeiter_innen positiv zu beeinflussen sowie bestehendes Personal zu binden[86]. Sie bringen an, dass es hierfür aktivierender Maßnahmen und Anreize seitens der Organisationen bedarf[87]. Doch kann dies wirklich funktionieren?

Denn mit Sprenger (2005) kann und muss den Organisationen zunächst geraten werden, nicht dem blinden „Motivations- und Anreizaktionismus"[88] zu verfallen oder dem

---

[84] Vgl. Kaczmarek u. Kotter 2016.

[85] Vgl. Achleitner u. Thommen 2005: 694.

[86] Vgl. ebd.: 691.

[87] Vgl. ebd.: 694.

[88] Vgl. ebd.

„Motivationsmythos" auf den Leim zu gehen. Er lässt den Duktus einer vermeintlich anzupreisenden „Motivationsförderung" in neuem Licht erscheinen. Insofern betont die kritische Position Sprengers die Unmöglichkeit externer Mitarbeitermotivation unter der Annahme, dass (nur) die individuelle und subjektive Bedeutung der Arbeit sinnstiftend und reizvoll wirken kann[89]. So bringt er in Abgrenzung zur kaum hinterfragten „Motivations-, Anreiz- und Belobigungskultur" an, dass im Terminus Motivation nicht mehr als ein Mythos und eine beschönigende Form der Manipulationsverherrlichung steckt, die „Motivations- und Belohnungssüchtige" produziert[90], da sie nur in Erwartung weiterer Anreize handeln. Vielmehr rät er, unter Anwendung der positiven Kraft des negativen Denkens, nicht (mehr) über die Frage, wie Motivation „gefördert" werden könnte, nachzudenken, sondern vielmehr darüber, wie demotivierende Faktoren in der Organisation identifiziert und ausgeschaltet werden könnten, da diese das Engagement der Mitarbeiter_innen behindern[91]. Sein Ansatz mag zunächst befremdlich erscheinen, dennoch ist dessen Pragmatismus nicht zu übersehen. So, wie (Ehe-)Partner_innen nicht genau angeben könnten, worin das grundlegende „Geheimnis" ihrer funktionierenden und glücklichen Beziehung begründet liegt, so könnten sie sehr wohl einige Aspekte anbringen, die sie unterlassen sollten, um diese glückliche Partnerschaft nicht zu gefährden. Ganz ähnlich soll es sich mit der „Motivationsförderung" verhalten, indem demotivierende Aspekte auszuschalten sind. Der Tenor seines Beitrages konstatiert, dass es *„befriedigender und sicher auch langfristig erfolgreicher [sei, Anm. d. Verf.], mit [Mitarbeiter_innen, Anm. d. Verf.] zu arbeiten, die auf der Basis klar vereinbarter Rahmenbedingungen tun, was sie tun – ohne auf weitere Anreize [in Form von (mehr) „Motivation", Anm. d. Verf.] zu warten. Für die das Ergebnis ihrer Arbeit Bedeutung hat und nicht die möglicherweise darauffolgende Belohnung. Die, die etwas tun, weil es ihre Sache ist"*[92].

---

[89] Vgl. Sprenger 2005: 61, 237.

[90] Vgl. ebd.: 107ff., 119ff.

[91] Vgl. ebd.: 205ff.

[92] Ebd.: 120.

Und dazu brauche es verantwortungsfühlende Menschen, die gerne mitmachen, die sich selbst fordern, entwickeln und bestimmen wollen, denn *„gerne mitmachen heißt freiwillig mitmachen"*[93]. Doch durch welche Motivlagen wird dieses „gerne mitmachen" im Rahmen ehrenamtlichen Engagements beeinflusst?

Möchte man nun die Motivlagen ehrenamtlichen Engagements tiefschürfender betrachten, fällt zunächst auf, dass es hierfür keine pauschalen Antworten geben kann. Bereits 2002 stellt Moschner fest, dass bisher nur wenige Untersuchungen zum Komplex vorliegen[94]. Sie nimmt die psychologische Perspektive auf das „Warum"[95] menschlichen Verhaltens in ehrenamtlicher Arbeit ein. Besonders interessiert sie die Frage, inwiefern freiwilliges Engagement zwischen Altruismus und Egoismus zu verorten ist[96]. Eine ganz ähnliche Betrachtung liefert Haumann (2014) für das Bundesministerium für Familie, Senioren, Frauen und Jugend, in dessen Studie die Motive des bürgerschaftlichen Engagements ebenfalls untersucht worden sind.

Dies ist eine komplexe Frage des Menschenbildes, die wiederum von weiteren soziologischen Faktoren beeinflusst wird. So spiegeln sich hier persönliche Wertvorstellungen, individuelle Interessen, Ziele und Lebensperspektiven wider, sodass es letztlich meist zu Mischformen beider Pole kommt. Eine Person kann demnach zwar das Anliegen haben, bedürftigen Mitmenschen in Notlagen zu helfen, verfolgt dabei jedoch ebenfalls eigene Interessen[97].[98] Moschner bringt hierzu an, dass es den „reinen", uneigennützigen Altruismus vermutlich ohnehin nicht geben kann – sie spricht dabei von der belohnenden Qualität altruistischer Motive, ausgelöst durch das gute Gefühl der Hilfe, ein beruhigtes Gewissen oder die Dankbarkeit der Hilfeempfänger_innen, was jedoch nicht immer bewusst reflektiert werden könnte[99]. Man könnte also unterstellen,

---

[93] Ebd.: 113.

[94] Vgl. Moschner 2002: 1 [pdf].

[95] Vgl. Achleitner u. Thommen 2005: 693.

[96] Vgl. Moschner 1ff. [pdf].

[97] Vgl. Küpper u. Bierhoff 1999 zit. nach Moschner 2002: 4 [pdf].

[98] Vgl. Moschner 2002: 4 [pdf].

[99] Vgl. ebd.: 4 [pdf].

dass alles altruistische Handeln zu einem gewissen Teil auch egoistisch geprägt ist. Man tut etwas für andere und merkt nicht, dass man damit auch etwas für sich tut[100]. Der Vergleich von Altruismus und Egoismus ist ohnehin auf einer rein semantischen Ebene mit Vorsicht zu genießen und stets zu reflektieren. Dies wird anhand von Zuordnungsschwierigkeiten einzelner Motive zu beiden Dimensionen erkennbar: So wird beispielsweise das Gefühl, gebraucht zu werden, bei Moschner als egoistisches Motiv betitelt[101], während es bei Haumann der altruistischen Dimension zugeordnet wird[102]. Die Operationalisierung und Interpretationen beider Begriffe bereitet somit Schwierigkeiten. Nicht zuletzt, da die Begriffe „Egoismus" oder „Selbstbezug" allgemein hin negativ konnotiert sind. Dass bei den Erhebungen zu den Motiven bürgerschaftlichen Engagements Aussagen vorliegen, die auf ein vermeintlich überdurchschnittliches Maß altruistischer Motive schließen lassen[103], könnte schlichtweg an sozialer Erwünschtheit liegen. Denn vermutlich gibt es niemanden, der sich gern unterstellen lassen würde, vorwiegend selbstbezogen zu handeln, sei es nun legitim oder nicht. So könnte auch dies bewusst oder unterbewusst in das Antwortverhalten mit einfließen. Moschner empfiehlt daher die Relativierung der Begriffe[104]: Denn die Publikationen bringen an, dass freiwilliges Engagement durch eine Vielzahl verschiedener Motive bedingt ist, sodass eine primäre Motivation i. d. R. nicht bestimmt werden kann[105]. Personen haben also eine ganze Reihe individueller Motive für ihr Engagement, die sich je nach Angehörigkeit zu einer Personengruppe und soziodemografischem Hintergrund akzentuieren[106]. Primär handlungsleitend ist stets eine Kombination altruistischer, also

---

[100] Vgl. Wessels 1994: 107 zit. nach Beher et al. 1999: 111 [pdf] u. zit. nach Moschner 2002: 4 [pdf].

[101] Vgl. Moschner 2002: 7 [pdf].

[102] Vgl. Haumann 2014 in Bundesministerium für Familie, Senioren, Frauen und Jugend 2013: 3, 13 [pdf].

[103] Vgl. ebd.: 10, 17 [pdf].

[104] Vgl. Moschner 2002: 8 [pdf].

[105] Vgl. ebd.: 1,3 [pdf].

[106] Vgl. Haumann 2014 in Bundesministerium für Familie, Senioren, Frauen und Jugend 2013: 3 [pdf].

fremdbezogener und egoistischer, also selbstbezogener Gründe[107]. Eine klare Trennungslinie sei hier nicht zu finden[108]. Die Motivation des Engagements bewegt sich demnach zwischen der persönlichen Frage, inwiefern eine Person nützlich und verantwortlich für andere sein will, oder aber eigene Bedürfnisse befriedigen will[109].

Eine weiterführende Gegenüberstellung der Gründe für fremd- oder selbstbezogene Handlungen im Rahmen freiwilligen Engagements, kann Organisationen bei der Ansprache potentieller neuer Vorstände oder ehrenamtlicher Mitarbeiter_innen einen hilfreichen Orientierungsrahmen bieten[110]:

Bezüglich des Altruismus kann die Norm der sozialen Verantwortung Personen veranlassen, sich verantwortlich für hilfebedürftige Personen zu fühlen[111]. Sie nehmen eine normative Verpflichtung als Aufforderung wahr, sich für die Gesellschaft nützlich zu machen und zu helfen[112]. Daneben könnte das Bedürfnis bestehen, gesellschaftliche Missstände zu verbessern[113]. Auch ein christliches Selbstverständnis, Religiosität und Nächstenliebe könnten handlungsleitend sein[114]. Weiterhin stellt Haumann in seiner Erhebung fest, dass die Freude an der Tätigkeit für andere das meistgenannte und somit dominierende Motiv freiwilligen Engagements ist. Außerdem identifizierte er u. a. den Wunsch, anderen zu helfen, etwas zu bewegen und die Lebensqualität am Wohnort zu verbessern als weitere wichtige altruistische Motive. Andererseits stellt er fest,

---

[107] Vgl. Bierhoff et al. 1995 zit. nach Moschner 2002: 4 [pdf], vgl. Moschner 2002: 1 [pdf].

[108] Vgl. Beher et al. 1999: 110 [pdf].

[109] Vgl. Moschner 2002: 3 [pdf].

[110] Vgl. ebd. [pdf].

[111] Vgl. ebd.: 4 [pdf].

[112] Vgl. Berkowitz u. Daniels 1964 zit. nach Moschner 2002: 5 [pdf].

[113] Vgl. Moschner 2002: 5 [pdf].

[114] Vgl. Küpper u. Bierhoff 1999 zit. nach Moschner 2002: 5 [pdf].

dass religiöse Überzeugungen, Familientraditionen oder eine Sozialisation ins Engagement weniger oft genannt worden sind.[115] Dennoch identifiziert er mehrheitlich „selbstlose" Antriebe und überdurchschnittlich altruistische Neigungen[116].

Demgegenüber stehen einige selbstbezogene Motive freiwilligen Engagements. Mit ihrem Engagement könnten Personen Sinnerfahrungen im Rahmen einer Selbsthilfefunktion suchen. Es könnte ihnen helfen, das eigene Leben zu strukturieren und ihm sinnstiftend eine weiterführende Richtung und Aufgabe zu geben[117].[118] Ebenso könnte das Bedürfnis nach sozialer Eingebundenheit und Zugehörigkeit wirken. Ehrenamtliches Engagement kann helfen, einer übermäßigen Individualisierung in Richtung Anonymität und Vereinsamung entgegenzuwirken und neue soziale Bindungen schaffen[119]. Das freiwillige Engagement würde demnach zur regelmäßigen Pflege sozialer Beziehungen beitragen oder dazu, neue Menschen kennenzulernen und Kontakte herzustellen[120].[121] Prosoziales Engagement könnte von den Engagierten jedoch auch zum Erwerb, zur Anwendung oder Weiternutzung beruflicher Qualifikationen genutzt werden. Gerade für junge Menschen könnte es interessant sein, „biografische Pluspunkte" durch freiwilliges Engagement zu sammeln, Einblicke in Praxisfelder zu erlangen und die eigene Berufsfähigkeit auszuprobieren.[122] So kann der Übergang in die Erwerbstätigkeit erleichtert werden. Für Personen, die sich bereits in der Erwerbsarbeit befinden, könnten sich ebenso „Ersatzkarrieren" herausbilden, in denen sie die eigene Befähigung einsetzen und weiterführend ausbauen können, um neue oder bestehende Kompetenzen einzuüben. Ebenso könnten unbefriedigende Berufslagen kompensiert oder

---

[115] Vgl. Haumann 2014 in Bundesministerium für Familie, Senioren, Frauen und Jugend 2013: 3, 13 [pdf].

[116] Vgl. ebd.: 10, 17.

[117] Vgl. Haumann 2014 in Bundesministerium für Familie, Senioren, Frauen und Jugend 2013: 3 [pdf].

[118] Vgl. Moschner 2002: 5 [pdf].

[119] Vgl. Erlinghagen 2000 zit. nach Moschner 2002: 6 [pdf].

[120] Vgl. Clary et al. 1998 zit. nach Moschner 2002: 6 [pdf], vgl. Haumann 2014 in Bundesministerium für Familie, Senioren, Frauen und Jugend 2013: 3 [pdf].

[121] Vgl. Moschner 2002: 6 [pdf].

[122] Vgl. ebd.: 6 [pdf].

aber Lücken in der Berufsbiografie gefüllt werden. Auch für Rentner_innen kann freiwilliges Engagement ein nützliches oder kompensierendes Betätigungsfeld nach der Berufstätigkeit bieten.[123] So kann das Engagement nicht nur im Rahmen beruflicher (Weiter-)Qualifikation genutzt werden, sondern auch als Wegweiser bei der Suche nach Lerngelegenheiten und -chancen: Neue Perspektiven, Interessen, Neigungen[124] oder neues Wissen können in einem geschützten Rahmen erlangt werden, was ferner zur Selbstverwirklichung, -findung oder -hilfe der Engagierten beitragen kann[125]. Nicht zuletzt kann durch das Engagement auch das menschliche Bedürfnis nach Anerkennung und Stärkung des Selbstwertgefühls befriedigt werden, bedingt durch die Erfolge und dem empfundenen Stolz auf sich und die Tätigkeiten. Letztlich kann es Personen bei der Ausübung freiwilligen Engagements schlichtweg um die Suche nach Spaß und Abenteuer, im Sinne des "Sensation Seeking"[126], gehen.[127] Sie könnten Abwechslung vom Alltag suchen[128]. Grundlegend kann freiwilliges Engagement auch auf dem Reziprozitätsgedanken beruhen, indem ein gegenseitiges Geben und Nehmen betont wird[129]. Es ist die Hoffnung auf ähnliche Hilfe und Unterstützung, wenn man sich selbst auch einmal in einer ähnlich bedürftigen Lage befinden würde[130]. Haumann stellt ferner fest, dass finanzielle Anreize von allen Motiven am seltensten genannt werden und lediglich eine geringe- oder „zusätzliche Begleitrolle" einnehmen. Von denjenigen wenigen Befragten *„fühlt sich immerhin mehr als die Hälfte durch die Zahlungen motiviert, wobei sie diese Motivation allerdings meist als nachrangig schildern"*[131]. Daraus lässt sich mit Haumann schließen, dass eine Monetarisierung des Ehrenamtes generell

---

[123] Vgl. ebd.: 7 [pdf].

[124] Vgl. Haumann 2014 in Bundesministerium für Familie, Senioren, Frauen und Jugend 2013: 3 [pdf].

[125] Vgl. Beher et al. 1999: 110 [pdf].

[126] Vgl. Bierhoff et al. 1995 zit. nach Beher et al. 1999 [pdf] u. zit. nach Moschner 2002: 6 [pdf].

[127] Vgl. Moschner 2002: 7f. [pdf].

[128] Vgl. Haumann 2014 in Bundesministerium für Familie, Senioren, Frauen und Jugend 2013: 3 [pdf].

[129] Vgl. Brandenburg 1995 zit. nach Moschner 2002: 8 [pdf].

[130] Vgl. Schondel u. Boehm 2000: 335 zit. nach Moschner 2002: 8 [pdf].

[131] Haumann 2014 in Bundesministerium für Familie, Senioren, Frauen und Jugend 2013: 17 [pdf].

ISÖ
Institut für
Sozialökologie

nicht unattraktiv wäre.[132] Jene Zahlungen könnten zwar nicht die Zahl der Freiwilligen erhöhen[133], dennoch könnten sie die Bereitschaft erhöhen, *„auch schwierige Verpflich-tungen dauerhaft zu übernehmen"*[134].

Hieraus wird die „Multimotiviertheit"[135] freiwilligen Engagements deutlich. Für eine bessere Verständlichkeit, versuchte Haumann in seiner Erhebung, jene fremd- und selbstbezogenen Motive weiterführend zu systematisieren und in drei Kerngruppen zu verdichten: Er ermittelt, erstens, die vorrangige Verpflichtung durch Pflicht- und Wert-vorstellungen sowie den altruistischen Wunsch, zu helfen und missfallende Dinge zu verändern. Zweitens ermittelt er das handlungsleitende Bedürfnis nach Abwechslung vom Alltag und der Pflege sozialer Kontakte. Und drittens bringt er an, dass Engagierte mit den eigenen Fähigkeiten und Neigungen etwas für eine bestimmte Gruppe oder ein Anliegen tun wollen.[136] Bei weiterer Betrachtung wird ersichtlich, dass eine tiefere oder schärfere Abgrenzung der Motivgruppen kaum möglich ist, denn in allen befragten Teilgruppen fanden sich alle genannten Motive des bürgerschaftlichen Engagements wieder, lediglich mit anderen Gewichtungen[137]. Welche Konsequenz ergibt sich hie-raus?

Wie bereits weiter oben angedeutet wurde, fächern sich altruistische und egoistische Motive in komplexe und höchst individuelle „Motivbündel" auf, welche sukzessiv zum Tragen kommen und sich von Person zu Person unterscheiden[138]. Sie können höchs-tens mittelbar von der Umwelt beeinflusst werden, nicht aber unmittelbar. Die indivi-duellen Bedürfnis- und Motivationsstrukturen sind unterschiedlich ausgestaltet und beinhalten rationale sowie irrationale Elemente. Ebenso beeinflussende Faktoren sind

---

132 Vgl. ebd.: 17, 31 [pdf].

133 Vgl. ebd.: 18 [pdf].

134 Ebd.: 18 [pdf].

135 Vgl. Moschner 2002: 8 [pdf].

136 Vgl. Haumann 2014 in Bundesministerium für Familie, Senioren, Frauen und Jugend 2013: 20 [pdf].

137 Vgl. ebd.: 20f. [pdf].

138 Vgl. ebd.: 13, 19 [pdf], vgl. Moschner 2002: 8 [pdf].

örtliche Abhängigkeiten oder der Grad der persönlichen Identifikation mit den Organisationszielen.[139]

Vor dem Hintergrund dieser Komplexität, können organisationspsychologische „Tools" den Organisationen einige Orientierungspunkte zur angemessenen Gestaltung der Ansprache potentieller ehrenamtlicher Vorstände oder Mitarbeiter_innen liefern. Sie zielen im Ansatz abermals auf die Frage des Menschenbildes. So versuchen Inhaltstheorien der Personalmotivation *„aufzudecken, was im Individuum oder seiner Umgebung ein bestimmtes Verhalten erzeugt und aufrechterhält"*[140]. Vertreter dieser Theorien sind beispielsweise Herzberg, mit seiner Zweifaktoren-Theorie[141], oder aber Maslow mit seiner Bedürfnispyramide[142]. Mit Maslows Bedürfnishierarchie könnte davon ausgegangen werden, dass einige seiner aufgestellten Grundbedürfnisse durch ehrenamtliches Engagement befriedigt werden könnten. Dies betrifft die sozialen Bedürfnisse sowie das Bedürfnis nach Wertschätzung und Selbstverwirklichung[143]. Denn mit Moschner und Haumann wurde bereits konstatiert, dass einige der (selbstbezogenen) Motive bürgerschaftlichen Engagements der Pflege sozialer Beziehungen[144] oder dem Erhalt gesellschaftlicher Anerkennung gelten[145]. Insofern könnte deren Befriedigung den ehrenamtlich Engagierten verhelfen, zum Wachstumsbedürfnis der Selbstverwirklichung „aufzusteigen" und sich selbst vollends zu entfalten[146]. Fragen in der Ansprache potentieller neuer ehrenamtlicher Vorstände oder Mitarbeiter_innen könnten jene Aspekte thematisieren, indem beispielsweise die persönliche Wichtigkeit sozialer Beziehungen durch die Arbeit, Wertschätzung oder gar die Möglichkeit zur Selbstverwirklichung abgefragt werden.

---

[139] Vgl. Achleitner u. Thommen 2005: 692f.

[140] Ebd.

[141] Vgl. Weinert 2004: 197ff.

[142] Vgl. Achleitner u. Thommen 2005: 692f., vgl. Neuberger 1985: 135ff., vgl. Weinert 2004: 191f.

[143] Vgl. Achleitner u. Thommen 2005: 696.

[144] Vgl. Haumann 2014 in Bundesministerium für Familie, Senioren, Frauen und Jugend 2013: 3, 14 [pdf], vgl. Moschner 2002: 6 [pdf].

[145] Vgl. Haumann 2014 in Bundesministerium für Familie, Senioren, Frauen und Jugend 2013: 19 [pdf], vgl. Moschner 2002: 4, 7 [pdf].

[146] Vgl. Achleitner u. Thommen 2005: 696.

Herzberg profiliert in seiner Zweifaktoren-Theorie die Trennung von Arbeitszufriedenheit und Arbeitsunzufriedenheit[147]. Erstere wird durch Motivatoren, als intrinsische- oder Kontentfaktoren, beeinflusst, letztere wird durch Hygienefaktoren, als extrinsische- oder Kontextfaktoren, beeinflusst. Hygienefaktoren oder Frustratoren, wie Lohn, Arbeitsbedingungen oder innerorganisatorische personelle Beziehungen, beziehen sich auf die Rahmenbedingungen bzw. den Kontext der Arbeit. Sind sie erfüllt, führt dies lediglich dazu, dass keine Unzufriedenheit bei den Mitarbeiter_innen vorherrscht, jedoch wirken sie i. d. R. nicht motivierend, selbst wenn sie erfüllt sind. Sie halten die Mitarbeiter_innen „gesund" in der Organisation[148]. Anders gestaltet es sich bei den Motivatoren: Hierbei geht es um den eigentlichen Inhalt der Arbeit selbst. Nur dieser eignet sich nach Herzberg zum Motivationsaufbau.[149] Die persönliche Wichtigkeit beider Dimensionen könnte bei der Ansprache potentieller Engagierter eruiert werden. Einerseits, indem ermittelt wird, welche Erwartungen die Person an die „gesundhaltenden" Rahmenbedingungen des ehrenamtlichen Engagements (Hygienefaktoren) hätte, andererseits welche Begeisterungs- oder Entwicklungsmöglichkeiten durch das Engagement (Motivatoren) als von der Person attraktiv eingeschätzt werden. Die Frage nach den Motivatoren berücksichtigt, welche *Bedürfnisse höherer Ordnung [...] geistig seelisches Wachstum bewirken"*[150]. Hierzu gehören Stimulation, Autonomie und Gefordert-Sein in einer verantwortungsvollen und sinnstiftenden Aufgabe[151]. Insofern könnte auch hier das mit Moschner und Haumann profilierte selbstbezogene Motiv der Suche nach Sinnerfahrungen, im Rahmen des ehrenamtlichen Engagements, identifiziert und entsprechend abgefragt werden[152]. Die „Gretchenfrage" zum Komplex könnte lauten, welche Aspekte den/die Mitarbeiter_in bei der ehrenamtlichen Arbeit in der Organisation stolz machen (würden). So könnten bei Personen Aspekte evoziert

---

[147] Vgl. Schulte-Zurhausen 2002: 104ff., vgl. Weinert 2004: 197.

[148] Vgl. Achleitner u. Thommen 2005: 699.

[149] Vgl. ebd.: 698f.

[150] Achleitner u. Thommen 2005: 699.

[151] Vgl. ebd.

[152] Vgl. Haumann 2014 in Bundesministerium für Familie, Senioren, Frauen und Jugend 2013: 3, 19 [pdf], vgl. Moschner 2002: 5 [pdf].

werden, die Aufschluss darüber geben, was für sie zur persönlichen Zufriedenheit beiträgt.

Es wird erkennbar, dass die Inhaltstheorien, subsumierend gesprochen, davon ausgehen, dass Zufriedenheit zu Leistung führt. Anders als in den Prozesstheorien der Personalmotivation: Hier geht es nicht mehr um das *„was"* von Verhaltenserzeugung, vielmehr wird versucht, zu bestimmen, *„wie ein bestimmtes Verhalten erzeugt, gelenkt erhalten und abgebrochen werden kann"*[153]. Die Denke hier ist nun umgekehrt: Nicht Zufriedenheit führt zu Leistung, sondern Leistung führt zu Zufriedenheit.

Das Weg-Ziel-Modell nach Porter u. Lawler (1968) profiliert ein Menschenbild, das vom rational kalkulierenden Menschen und seinen kognitiven Komponenten ausgeht. Die Person handelt unter Erwartung bestimmter Ergebnisse oder Nutzenerwägungen. Aufgrund einer gegenüber Maslow und Herzberg erweiterten Perspektive, beinhaltet ihr Modell nicht nur psychologische, sondern auch soziologische Variablen, die einander beeinflussen und in Beziehung stehen:[154] Die Anstrengungen und Bemühungen für ein bestimmtes Verhalten hängen vom subjektiven Wert der Belohnung und der Wahrscheinlichkeit des Eintreffens dieser Belohnung ab. Ferner wird sie beeinflusst von den Fähigkeiten und Fertigkeiten der Mitarbeiter_innen sowie seiner/ihrer Rollenwahrnehmung. Das Modell argumentiert multiperspektivisch und berücksichtigt ferner intrinsische und extrinsische Belohnungen. Arbeitsintrinsische Belohnungen resultieren aus der Arbeit selbst und haben Zufriedenheit zur Folge. Hier könnten sich die oben angebrachten fremdbezogenen Motive bürgerschaftlichen Engagements wiederfinden. Zufriedenheit aufgrund von arbeitsextrinsischer Motivation resultiert hingegen durch die wahrgenommene Angemessenheit äußerer Belohnungen.[155] Der Erhalt von Dankbarkeit und gesellschaftlicher Anerkennung könnten hierfür relevante, identifizierte und selbstbezogene Motive sein. Damit die Funktionalität des Modells gewährleistet ist, ist es jedoch erforderlich, dass die Belohnungen von den jeweiligen Mitarbeiter_innen

---

[153] Achleitner u. Thommen 2005: 694.

[154] Vgl. ebd.: 700.

[155] Vgl. ebd.: 700f.

auch hoch bewertet werden. Mitarbeiter_innen muss es möglich sein, durch eigene Anstrengungen sein/ihr Leistungsverhalten zu beeinflussen, damit Zufriedenheit resultieren kann.[156]

Die Ergebnisse der Erhebungen von Moschner und Haumann bestätigen das Modell, indem es profiliert, auch hier „multimotivierte" Variablen verknüpfend zu berücksichtigen. Durch seinen pragmatischen Ansatz gibt es den Personen die „Wahlmöglichkeit", zu entscheiden, was für sie subjektiv als Anreiz oder Belohnung relevant wäre, sodass sich hieraus die Frage nach den Erwartungen potentieller ehrenamtlicher Vorstände oder Mitarbeiter_innen an das Engagement abzeichnet. Bei der Ansprache potentieller neuer Vorstände oder ehrenamtlicher Mitarbeiter_innen ist es demnach essentiell, sich, im Sinne der Kundenorientierung[157], auf individuelle Bedürfnisse und „Motivbündel" der Personen einzustellen[158]. Organisationen müssen sich fragen, was die (potentiell) Engagierten durch ihre Tätigkeit erwarten könnten und ob die Einrichtung die Fähigkeit hat, diese Erwartungen zu erfüllen. Moschner und Weinert sprechen dabei von der Passung[159] zwischen Motivlagen der Menschen und den Möglichkeiten in der Organisation. *„Im Mittelpunkt steht deshalb die Frage, welches die Bedürfnisse der [Mitarbeiter_innen, Anm. d. Verf.] sind und welche Motive zu einem bestimmten Verhalten [...] führen"* [160]. Ihre Ermittlung stünde demnach im Erkenntnisinteresse der Organisationen[161]. Organisationen sollten es sich daher zum Ziel setzen, den Zusammenhang zwischen den Bedürfnissen, Motiven, der Leistung und Mitarbeiter_innenzufriedenheit aufzuzeigen[162] und eine Passung mit organisationsinternen Möglichkeiten herzustellen. Wie bereits unter Abschnitt 3.2.6 zum Freiwilligenmanagement-Konzept erläutert,

---

[156] Vgl. ebd.: 702.

[157] Hier im Sinne des Qualitätsmanagements der ISO 9000: Kundenanforderungen erfüllen und -erwartungen übertreffen (vgl. DIN 2015a: 13).

[158] Vgl. Haumann 2014 in Bundesministerium für Familie, Senioren, Frauen und Jugend 2013: 3 [pdf].

[159] Vgl. Clary et al. 1998 zit. nach Moschner 2002: 9 [pdf], vgl. Weinert 2004: 160f.

[160] Achleitner u. Thommen 2005: 691.

[161] Vgl. ebd.: 694.

[162] Vgl. ebd.: 695.

geht es um eine rücksichtsvolle Ausgestaltung der Erwartungen zwischen ehrenamtlich bzw. freiwillig Engagierten und der Organisation. Dies kann z. B. über eine (schriftliche) Engagementvereinbarung[163] geregelt werden. So sollte es gelingen, sich bei Interessierten insofern zu positionieren, als dass die Personen das Engagement in der Organisation als eine Möglichkeit wahrnehmen, ihre individuellen Bedürfnisse und Motive zu befriedigen[164]. Man könnte also anbringen, dass Organisationen die Motivbefriedigung der Interessierten, als auch potentieller Mitarbeiter_innen als jene Anforderung anerkennen müssen. So könnten die Organisationen, im Rahmen der Öffentlichkeitsarbeit oder der persönlichen Ansprache, jene genannten Instrumente einsetzen, die die individuellen Bedürfnisse und Motive interessierter Personen an ein freiwilliges Engagement thematisieren. Im Ergebnis dieser Kommunikationssituation muss das Versprechen seitens der Organisation hervorgehen, dass sie die Fähigkeit besitzt, jene Bedürfnisse und Motive befriedigen zu können. Denn wenn diese bekannt sind, können sie gezielt angesprochen werden[165]. Wenn in den Organisationen also aktuelle Schwierigkeiten bei der Ansprache oder Gewinnung potentieller neuer Vorstände bestehen, hieße dies im Umkehrschluss, dass sie die Motive und Bedürfnisse der Potentiellen bisher nicht angemessen ansprechen konnten oder angesprochen haben. Es muss ihnen bewusstwerden, dass der schlichte Appell an moralische Verpflichtungen und Nächstenliebe oder aber die „wir brauchen Euch"-Haltung zu kurz greifen, da mit weiteraus komplexeren und ganz individuellen Motivlagen umgegangen werden muss[166]. Organisationen müssen sich insofern attraktiv machen, als dass die Potentiellen gern bereit sind, ihre Motivlagen durch das ehrenamtliche Engagement zu befriedigen. Fehlende nach außen gerichtete Transparenz und Darstellung der Organisationen verkompliziert diesen Prozess.

So wurde während des zweiten Verbandstags des Paritätischen, am 06.04.2018, die Frage nach der zielgruppengerechten Ansprache potentieller ehrenamtlicher Vorstände oder Mitglieder aufgeworfen. Es ging dabei um das Spannungsfeld zwischen

---

[163] Vgl. Matuschek u. Niesyto 2013. 15.

[164] Vgl. Weinert 2004: 197ff.

[165] Vgl. Achleitner u. Thommen 2005: 691.

[166] Vgl. Moschner 2002: 9 [pdf].

der Ansprache eines fokussierten und vordefinierten Personenkreises oder aber um eine Ansprache im Sinne des „Gießkannenprinzips", um „alle" bzw. so viele Personen, wie möglich, zu erreichen. Vor dem Hintergrund der bisherigen Ausführung kann hierzu angebracht werden, dass sich die Organisationen hierfür mehr denn je ihrer Kernkompetenzen, als wettbewerbswirksame Fähigkeiten, bewusstwerden müssen. Sie müssen sich die Fragen stellen, welche Fähigkeiten sie am Markt einzigartig machen, inwiefern diese kopierbar und auf andere Dienstleistungen übertragbar sind. Aufgrund dieser grundlegenden strategischen Analysen, kann es den Organisationen gelingen, sich am Markt zu platzieren und dementsprechend eine oder mehrere Zielgruppen auszuwählen. „Wer sind wir? Wer wollen wir sein? Wer müssen wir sein?" sollten relevante Fragen lauten. Ob sich Organisationen bei der Ansprache auf eine oder mehrere Zielgruppen fokussieren sollten, hängt von den Ergebnissen weiterer strategischer Analysen ab und kann demnach nicht einheitlich oder pauschal beantwortet werden. Beide Varianten bürgen Tücken: Die Ansprache einer Zielgruppe kann den Fokus zu eng setzen, während Ansprache-Kampagnen, die mehrere (zu viele) Zielgruppen fokussieren, ebenso zu viele Ressourcen verschlingen und dennoch fruchtlos bleiben könnten. Hieraus wird die Notwendigkeit und Wichtigkeit für die Organisationen deutlich, tatsächlich eine hinreichende Passung als „goldene Mitte" in diesem Spannungsfeld zu finden. Die oben angebrachten organisationspsychologischen „Tools" können hierfür hilfreich sein.

4 Forschungsdesign und Methodologie

Durch die State-of-the-Art-Analyse ergibt sich bereits ein komplexes Bild des Forschungsfeldes. Um dieser Komplexität gerecht zu werden, entschieden wir uns, das anwendungsbezogene Forschungsdesign als Triangulation und rekursive Schleife zu konzipieren. Flick versteht darunter die Einnahme verschiedener Perspektiven[167] und Kombination verschiedener methodischer Zugänge zu einem Forschungsthema[168], an das wir uns zunächst durch die Theorien-Triangulation[169], ausgehend von diversen Perspektiven und Hypothesen innerhalb der State-of-the-Art-Analyse, angenähert haben. Es ist eine Strategie der Validierung unseres Forschungsvorhabens[170], indem wir außerdem, anhand der Data Triangulation, verschiedene Datenquellen heranzogen[171]. Hiermit stellten wir sicher, dass wir Erkenntnisse aus unterschiedlichen Ebenen gewinnen, die weiterreichen, als es mit nur einem Zugang möglich gewesen wäre[172].

---

[167] Vgl. Flick 2011: 11f.

[168] Vgl. Flick 2008 zit. nach Flick 2016: 225.

[169] Vgl. Denzin 1970: 297 zit. nach Flick 2016: 225.

[170] Vgl. ebd.

[171] Vgl. ebd.

[172] Vgl. Flick 2011: 12.

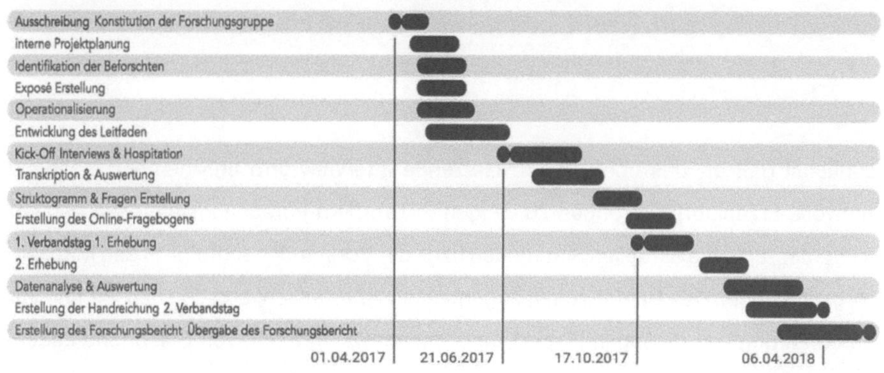

Quelle: Eigene Darstellung.

Abbildung 7: Meilensteine des Arbeitsprozesses und Forschungsdesigns.

Abbildung 7 zeigt die Meilensteine des Forschungsprozesses auf. Es wird erkennbar, dass wir den klassischen Weg vom „Qualitativen" zum „Quantitativen", als Triangulation qualitativer und quantitativer Forschung[173], beschritten haben. Die Ausschreibung des Paritätischen umriss das grundsätzliche Erkenntnis- und Forschungsinteresse in groben Zügen. Nachdem sich das Forschungsteam konstituiert hat, wurden Maßnahmen im Rahmen des Projektmanagements getroffen. Wir planten die gemeinsame Arbeit sowie den internen und externen Austausch mit unseren Betreuenden. Zum Austausch und zur Zirkulation interner Dokumente, nutzten wir die Online-Plattform Meistertask.de. Mit ihr ließen sich Zuständigkeiten definieren sowie Aufgaben zeitstrukturell anordnen. Aufgrund dieser Basis war es uns möglich, in die bereits oben angebrachte State-of-the-Art-Analyse einzusteigen, aus der wir das Exposé sowie den ersten Leitfaden für die anzusetzende qualitative Interviewphase entwickeln konnten.

---

[173] Vgl. Flick 2016: 226.

5 Entwicklung des Leitfadens und Expert_innen-interviews

Zunächst galt es, uns über die anzusetzende Interviewform und dementsprechend sinnvolle Erzählaufforderungen zu einigen[174]. Um dem Forschungsinteresse gerecht zu werden, also die aktuellen Situationen bzgl. der Vorstandsnachfolge in den Mitgliedsorganisationen des Paritätischen angemessen zu erfassen, entschieden wir uns zur Durchführung von (Gruppen-)Expert_inneninterviews im Sinne von Gläser und Laudel (2009). Dabei sollen die Expert_innen zu Wort kommen: Sie können den Forscher_innen durch ihre Involviertheit in Situationen und Prozesse das besondere Wissen rekonstruktiv zugänglich machen[175]. Expert_innen sind also Personen, die etwas über die zu erforschenden Phänomene wissen, da sie selbst in betreffende Prozesse im Forschungsfeld eingebunden sind. In unserer Studie handelt es sich bei den in den qualitativen Interviews befragten Personen vorwiegend um ehrenamtliche Vorstandsmitglieder, als Expert_innen aus den Mitgliedsorganisationen des Paritätischen Thüringen. Ein uns wichtiges Anliegen in der gesamten Erhebungsphase war jedoch die Wahrung einer gewissen Multiperspektivität. Es sollte nicht zu unangemessenen Pre-Selektionen, den interessierten Personenkreis betreffend, kommen. Da aufgrund des Forschungsinteresses ohnehin zu erwarten war, dass sich vorwiegend ehrenamtliche Vorstandsmitglieder beteiligen, riefen wir im Rahmen von Öffentlichkeitsarbeiten dazu auf, dass sich gern auch Nicht-Vorstandmitglieder beteiligen können, damit wir, im Rahmen von Triangulation und der "within-method"[176], ein vielschichtiges Antwortverhalten evozieren. So erschien es uns pragmatisch, dass beispielsweise Nicht-Vorstandsmitglieder über Hinderungsgründe berichten, die sie vom Eintritt in die Vorstandsarbeit abhalten. Wir mussten jedoch eine relativ geringe Beteiligung auf Seiten

---

[174] Vgl. Helfferich 2011: 178.

[175] Vgl. Gläser u. Laudel 2009: 13.

[176] Vgl. Flick 2016: 226f.

der Nicht-Vorstandmitglieder feststellen. Daher fällt auf, dass wir in unseren qualitati-ven Interviews lediglich die Meinungen von einer/m Bundesfreiwilligendienst-Leisten-den sowie von einer/m hauptamtlichen Mitarbeiter_in einholten konnten[177].

Um die inhaltliche Struktur der Erzählungen in einem gewissen Maße zu standardisie-ren und somit die spätere Auswertung zu erleichtern[178], bot sich die Anwendung eines Leitfadens während der Expert_inneninterviews besonders an. So bringt Mayer (2012) an, dass Expert_inneninterviews in der Regel ohnehin mithilfe von Leitfäden mit offe-nen Fragen durchgeführt werden[179]. Der Leitfaden ermöglicht es insbesondere, die durch das Forschungsinteresse relevanten Themen „quer" durch alle Interviews zu ver-folgen[180].

Die Entwicklung und Konstruktion des Leitfadens unserer Studie gestaltete sich als Prozess, im Sinne des SPSS-Prinzips (Sammeln, Prüfen, Sortieren, Subsumieren) nach Helfferich (2011). Es bot sich an, um einerseits das Grundprinzip der Offenheit zu wah-ren, andererseits um *die für das Forschungsinteresse notwendige Strukturierung vor-zugeben [...]*"[181]. Mithilfe dieses Instruments konnte unser theoretisches Vorwissen ex-pliziert werden[182]. In der Sammelphase interessierten uns die Fragen, was wir – aus-gehend von der Ausschreibung der Paritätischen BuntStiftung Thüringen – eigentlich (noch) wissen möchten und müssen. Um diese Fragen einzugrenzen, haben wir es uns zunächst zum Ziel gesetzt, im Sinne des „Brainstormings", so viele Fragen wie möglich zu sammeln.[183] Es entstand ein Katalog als Frageliste mit ca. 30 Items, in denen sich die Erkenntnisse unseres theoretischen Vorwissens widerspiegelten[184]. Dabei ist es essentiell, aufgrund der theoretischen Vorannahmen nicht vorschnelle Rückschlüsse

---

¹⁷⁷ Vgl. Anhang: I50908 und I61008.

¹⁷⁸ Vgl. Helfferich 2011: 180.

¹⁷⁹ Vgl. Mayer 2012: 43

¹⁸⁰ Vgl. ebd.

¹⁸¹ Helfferich 2011: 182.

¹⁸² Vgl. ebd., vgl. Mayer 2012: 43.

¹⁸³ Vgl. Helfferich 2011: 182.

¹⁸⁴ Vgl. ebd.: 184.

zu ziehen – so bringt Helfferich zurecht an, dass alles ganz anders sein kann, als erwartet. Daher dürfen Leitfäden nicht missverstanden werden als Instrument, um Faktenwissen abzufragen oder einen Hypothesentest durchzuführen.[185] Vielmehr verlangt die Maxime, dass Leitfäden *„so offen und flexibel […] wie möglich, [und, Anm. d. Verf.] so strukturiert, wie aufgrund des Forschungsinteresses notwendig"*[186], sind. Der Checklistencharakter[187] eines Leitfadens ist daher stets zu wahren. Deshalb arbeiteten wir in der Prüfphase die Liste unter dem Aspekt der Offenheit und Geeignetheit durch, um sie vor allem drastisch zu reduzieren, sodass nur die wirklich brauchbaren Fragen übrigblieben[188]. Wie der Name bereits vermuten lässt, wurden die verbleibenden Fragen in der Sortierphase sinnvoll, d. h. nach zeitlich-inhaltlicher Abfolge sowie gebündelt geordnet. Wir hielten uns dabei an Helfferichs Empfehlung und kreierten vier Bündel[189]. In der Subsumtionsphase erhielt unser Leitfaden seine besondere (erste) Form, indem wir den geordneten Bündeln nun jeweils eine Erzählaufforderung als Frage und Erzählstimulus zu- und unterordneten. Zur Abfrage der Items, entschieden wir uns gegen Stichworte. Wir arbeiten mit konkret vorformulierten Fragen, die obligatorisch zu stellen waren[190].

Da unter Kapitel 3.3, Motivation und freiwilliges Engagement, bereits mithilfe der Freiwilligencharta des Paritätischen Gesamtverbandes angebracht wurde, dass freiwilliges soziales Engagement *„Raum für die Selbstdefinition der Engagierten schaffen soll"*[191], kann bereits angenommen werden, dass unter den Engagierten ein individuell unterschiedliches Verständnis des Ehrenamtsbegriffs vorliegt. Deshalb widmete sich das erste Item der Frage, welches Verständnis von Ehrenamt und ehrenamtlicher Vorstandsarbeit bei den befragten Personen vorliegt. Durch das zweite Item sollte dem

---

[185] Vgl. ebd.

[186] Ebd.: 181.

[187] Vgl. ebd.: 185.

[188] Vgl. ebd.: 182.

[189] Vgl. ebd.: 185.

[190] Vgl. ebd.

[191] Paritätischer Sachsen 2009: 6 [pdf].

Forschungsinteresse Rechnung getragen werden, indem nach den aktuellen Herausforderungen und Schwierigkeiten bei der Gewinnung von ehrenamtlichen Vorständen in den Organisationen gefragt wurde. Das dritte Item griff die Aspekte auf und fragte, was geschehen müsste, um diesen Herausforderungen angemessen zu begegnen. Vertiefend und daran anknüpfend stellten wir im letzten Item die Frage, welche Rolle die Rechtsform der Organisation in den Konstellationen spielen könnte. Über die Geeignetheit und Angemessenheit des Leitfadens, möglichst alle relevanten und interessierenden Aspekte durch die Fragen zu erheben, waren wir uns unsicher, weshalb wir eine besondere Form des „Kick-Offs", als Start der qualitativen Erhebungsphase unserer Studie wählten.

Die Kick-Off-Veranstaltung unserer Studie fand am 21. Juni des letzten Jahres im Haus der Parität in Neudietendorf statt. Wir konzipierten diese als ein Gruppen-Expert_inneninterview, zu dem, aufgrund von Einladungen und Öffentlichkeitsarbeit, acht Vertreter_innen aus sieben Mitgliedorganisationen des Paritätischen erschienen. Unter ihnen befanden sich sieben ehrenamtliche Vorstandsmitglieder und ein/e Bundesfreiwilligendienstleistende_r. Das Projektteam, d. h. wir Studierenden sowie unsere Betreuenden aus der Ernst-Abbe-Hochschule sowie aus dem Paritätischen selbst, traten den zu interviewenden Personen als Gesamtteam gegenüber, um ihnen die Wichtigkeit und das Anspruchsdenken unseres gemeinsamen Anliegens zu signalisieren. Im angenehm-gediegenen und geschmackvollen Ambiente des Paritätischen konnte dieses Anliegen durch die repräsentative Inszenierung des Paritätischen, als erfolgreiches Unternehmen, weiterhin untermauert werden und den Personen eine angemessene Wertschätzung gegenüber gebracht werden. Die Eröffnung der Veranstaltung übernahmen die Betreuenden unserer Studie, um den Personen einen Vertrauensvorschuss zu signalisieren. Danach wurde das Wort an uns Studierende übergeben. Zunächst gelang uns eine Präsentation als Rahmung des gesamten Forschungsvorhabens unserer Studie. Hiermit konnten wir den Personen das Vorhaben transparent darstellen und das Interesse an einer Mitwirkung zur Beantwortung der Forschungsfrage wecken.

Somit konnte zum oben beschriebenen Leitfaden übergeleitet werden. Die Konzipierung des Kick-Offs als Gruppen-Expert_inneninterview, im Sinne von Przyborski u. Wohlrab-Sahr (2014) und Nentwig-Gesemann[192] (2010) erschien uns im besonderen Maße angebracht, die Geeignetheit und Angemessenheit unseres Leitfadens zu überprüfen und die Grundlage für das weitere Forschungsvorhaben zu schaffen sowie uns auf den „zweiten Königsweg"[193] der empirischen Sozialforschung zu begeben. Besonders interessierte uns im angesetzten Gruppeninterview die Frage, ob die gewählten Erzählstimuli geeignet sind, *„eine Erzählung zu evozieren, in der möglichst viele der interessierenden Aspekte von allein angesprochen werden […]"*[194]. Da die Möglichkeiten der gewählten Interviewform zunächst der effizienten Erfassung verschiedener Einzelmeinungen, unter gesteigerter Kommunikationsbereitschaft[195], dienten, konnte davon ausgegangen werden, dass auch viele interessierende Aspekte angesprochen werden. Es zeigte sich, dass sich die kollektiven Wissensbestände und Orientierungen[196] in der Gruppe tatsächlich beinahe selbstläufig[197] entwickelten, ohne dass wir, als Interviewende, zu stark oder disruptiv eingreifen mussten. Die zu interviewende Gruppe galt, im Sinne des „Group-Thinks", während des Interviews also als Repräsentant_in einer kollektiven Haltung in Bezug auf das Forschungsfeld, die zunächst gemeinsam ausgehandelt wurde. Denn die kollektiven Orientierungen und Wissensbestände entstehen nicht erst im Diskurs, sondern werden durch diesen repräsentiert.[198] Unser Leitfaden hatte dabei die Aufgabe, dieses Kollektiv durch offene Anregungen zu aktivieren und die, für die weitere Forschung relevanten, Themenbereiche zu evozieren. Obgleich wir uns der angebrachten Schwächen der Methode bewusst sind und waren, so lässt sich doch unzweifelhaft anbringen, dass die Überprüfung unseres Leitfadens sowie unsere

---

[192] Vgl. Nentwig-Gesemann in Bock u. Miethe 2010: 259 ff.

[193] Vgl. ebd.: 259.

[194] Helfferich 2011: 185.

[195] Vgl. Nentwig-Gesemann in Bock u. Miethe 2010: 259.

[196] Vgl. Nentwig-Gesemann in Bock u. Miethe 2010: 259, vgl. Przyborski u. Wohlrab-Sahr 2014: 93.

[197] Vgl. Nentwig-Gesemann in Bock u. Miethe 2010: 259, vgl. Przyborski u. Wohlrab-Sahr 2014: 89, 90.

[198] Vgl. Przyborski u. Wohlrab-Sahr 2014: 89, 90.

Intention, durch dieses Gruppen-Expert_inneninterview weitere, für unsere Forschung relevante, Ideen, Hypothesen und Input zu erhalten[199], erfolgreich waren.

So erschien es uns erforderlich, lediglich leichte Änderungen am bestehenden Leitfaden vorzunehmen: Um den zu interviewenden Personen in den nachfolgend angedachten Expert_inneninterviews den Gesprächseinstieg zu erleichtern, erfragten wir zunächst nach ihren persönlichen Zugängen in das Feld. Konkret sollten die Personen erläutern, wie sie zu ihrer (Vorstands-)Tätigkeit in der Organisation gekommen sind und welche speziellen Aufgaben sie haben. In einigen Interviews konnten durch die Ausführungen bereits für das Forschungsinteresse relevante Aspekte gewonnen werden, die weiterführend ausgebaut werden konnten. Die darauffolgenden Hauptfragen zum persönlichen Verständnis von Ehrenamt, welche aktuellen Herausforderungen und Schwierigkeiten bzgl. der Vorstandsnachfolge vorliegen und was geschehen müsste, um diesen beizukommen, behielten wir bei. Um den offenen und zeitlichen Rahmen der Interviews nicht zu sprengen, ersetzten wir die eher abstrakte Frage nach der Bedeutung der Rechtsform, indem wir stattdessen fragten, ob wir etwas vergessen haben, was die Person gern noch selbst ansprechen würde oder was sie sich für die Zukunft wünschen würde. Durch diese Futur-2-Frage erhält die Person im besonderen Maße die Gelegenheit, noch einmal eigene Relevanzen zu setzen[200] und uns somit einen größeren Informationsfundus zur Verfügung zu stellen.

Im Zeitraum vom 10. Juli bis 18. August 2017 folgten weitere zehn Interviews mit Expert_innen des Forschungsfelds auf Grundlage des aktualisierten Leitfadens. Dabei handelte es sich um sechs Einzel-Expert_inneninterviews und vier weitere Gruppen-Expert_inneninterviews, auch im Rahmen regulärer Vorstandssitzungen der Mitgliedsorganisationen. Die Auswahl der zu interviewenden Mitgliedsorganisationen erfolgte in Absprache zwischen den Forscher_innen, dem Paritätischen und den Vorstandsmitgliedern der jeweiligen Mitgliedsorganisationen. Sie wurden durchgeführt von je einer/m Forscher_in. Dabei wurden nicht nur Vorstandsmitglieder interviewt, sondern

---

[199] Vgl. ebd.: 89.

[200] Vgl. Helfferich 2011: 181.

auch ein/e Bundesfreiwilligendienstleistende_r sowie ein/e hauptamtliche/r Mitarbeiter_in einer Organisation, um unserem bereits erwähnten Anliegen der Multiperspektivität Rechnung zu tragen. Im folgenden Abschnitt wird der Analyseprozess der Interviews nachgezeichnet, um davon ausgehend zu zentralen Aussagen der Interviews als Zwischenergebnisse der ersten qualitativen Erhebungsphase überzuleiten.

6 Analyse der Interviews und Entwicklung der Online-Befragung

Zunächst galt es, die gesammelten Audiodateien aller durchgeführten Interviews zu transkribieren. Hierfür zogen wir die Transkriptionsregeln von Kuckartz (2010) sowie teilweise Dresing und Pehl (2011) heran. Das Forschungsinteresse unserer Studie und dessen Zweck legten nahe, dass es für den anzustrebenden Genauigkeitsgrad der Transkripte lediglich notwendig war, die Kommunikationssituation auf einer rein verbalen Ebene zu transkribieren, nicht aber nonverbale Signale der interviewten Personen. Die dadurch resultierenden Informationsverluste sind hinzunehmen und vertretbar[201], da sie später weder unbedingt transkribiert, noch interpretiert werden mussten[202]. Mit Kuckartz' Empfehlung fertigten wir „geglättete" Transkripte an, d. h. lautsprachliche Notationen, Färbungen oder Dialekte wurden nicht mit transkribiert[203], um für die computergestützte Auswertung optimierte Transkripte zu generieren[204]. Aufgrund einer anzustrebenden einfachen Lesbarkeit der Transkripte, wurde eine Übertragung in normales Schriftdeutsch bevorzugt[205]. Angaben, die direkte Rückschlüsse auf Personen oder Organisationen erlaubt haben, wurden durch Platzhalter ersetzt und anonymisiert. Lange und deutliche Pausen in den Erzählungen wurden durch Auslassungspunkte oder Zeitangaben in Klammern gekennzeichnet. Besonders betonte Begriffe sind durch Unterstreichungen markiert worden. Unterbrechungen, Einwürfe oder Lautäußerungen der Personen sind in Klammern gesetzt aufgeführt worden. Sprecherwechsel sind aus optischen Gründen und um eine sinnvolle Untergliederung zu erreichen, jeweils durch neue Absätze ersichtlich.[206]

---

[201] Vgl. Kuckartz 2010: 38 ff.

[202] Vgl. ebd.: 46.

[203] Vgl. ebd.: 43.

[204] Vgl. ebd.: 44.

[205] Vgl. ebd.: 43.

[206] Vgl. ebd.: 44, 47.

Zur Transkription nutzten wir zunächst die Onlineplattform otranscribe.com. Vorteil des kostenlosen Programms ist, dass es keine Installation erfordert und als direkte Anwendung im Internetbrowser nutzbar ist. Später nutzten wir die implementierte Transkriptionsfunktion von MAXQDA. Vorteil hier ist, dass die jeweils zu transkribierende Audiodatei direkt in das Programm und Transkript implementiert wird. Sprecherwechsel werden somit gleichzeitig als Zeitmarke der Audiodatei innerhalb des Transkripts dargestellt, sodass es ermöglicht wird, bei Bedarf im Transkript schnell auf die originale Passage der Audiodatei zu springen.

Die Analyse der Transkripte führten wir mit der Methode der qualitativen Inhaltsanalyse nach Gläser u. Laudel (2009) durch, die durch ihr Vorgehen als Mischform der Grounded Theory und der qualitativen Inhaltsanalyse nach Mayring verstanden werden kann. Als Analyseprogramm verwendeten wir ebenfalls MAXQDA, wodurch die Anwendung der bei Gläser u. Laudel vorgeschlagenen Makros[207] entfällt. Ähnlich wie im theoriegeleiteten Vorgehen nach Mayring, ist es auch bei Gläser u. Laudel erlaubt, dass die theoretischen Vorannahmen die Grundkategorien der Analyse bildeten[208]. Sie sind als eine Art „Suchraster" zur Vorbereitung der sog. Extraktion[209] zu verstehen. Die Extraktion ist das Grundanalyseinstrument nach Gläser u. Laudel. Dabei handelt es sich um eine spezielle Form des Codierens, das auf eine Erweiterung bzw. Ergänzung des bestehenden Kategoriensystems abzielt[210]. Dabei soll ein Zusammenhang zwischen dem den Untersuchungsgegenstand betreffenden existierenden Wissen bzw. den da-

---

[207] Vgl. Gläser u. Laudel 2009: 222 ff.

[208] Vgl. ebd.: 204.

[209] Vgl. ebd.: 206.

[210] Vgl. ebd.: 204 f.

raus abgeleiteten theoretischen Vorüberlegungen sowie unserer qualitativen Erhebung hergestellt werden[211]. Die Position der Information muss dabei nicht berücksichtigt werden[212]. Im Fokus steht lediglich der engere und weitere Kontext der Erzählinformation, nicht aber die Eigenschaften des Textes[213], weshalb hier die Vorteile unserer „geglätteten" Transkripte zum Tragen kommen. Dies ermöglichte ein systematisches und schrittweises Vorgehen während der Analyse[214]. Zu Beginn unserer Analyse bestanden durch unseren Leitfaden sowie unsere State-of-the-Art-Analyse bereits einige vordefinierte Kategorien: Diese bezogen sich auf das Verständnis von Ehrenamt, auf die Organisationsstruktur/Rollen- und Aufgabenwahrnehmung, die Motivation, Herausforderungen und Schwierigkeiten (bzgl. der Vorstandsgewinnung), dem Rekrutierungssystem[215], Interventionen/Handlungsvorschlägen sowie den nationalen und internationalen Aspekten. Diese Grundkategorien waren im gesamten Analyseprozess präsent[216]. Durch die Extraktion sind nun Informationen aus dem qualitativen Material zu ziehen, um dem Ziel der Erweiterung und Ergänzung des, durch die theoretischen Vorannahmen, bestehenden Kategoriensystems Rechnung zu tragen. Dabei fordern Gläser u. Laudel den gleichberechtigten und gleichbehandelnden Einbezug des gesamten Materials, d. h. es mussten alle Texte und Transkripte gelesen und für jeden Absatz entschieden werden, ob relevante Informationen enthalten sind, die extrahiert werden, um sie den Auswertungskategorien zuzuordnen[217]. Hierbei bestand Entscheidungszwang[218], ob die jeweilige Information relevant ist, oder nicht. Im Sinne von Glä-

---

[211] Vgl. ebd.: 204.

[212] Vgl. ebd.

[213] Vgl. ebd.

[214] Vgl. ebd.

[215] Später nannten wir es „Ehrenamtlichen-Rekrutierungsmanagement", ein Begriff, den wir verwendeten, um ein systematisches und strategisches Vorgehen der Organisationen bei der Gewinnung ehrenamtlicher Vorstände zu identifizieren.

[216] Vgl. Gläser u. Laudel 2009: 205.

[217] Vgl. ebd.: 204, 210.

[218] Vgl. ebd.: 212.

ser u. Laudel strebten wir dabei an, alle für das Forschungsinteresse relevanten Informationen zu extrahieren[219]. Durch Rückmeldeschleifen innerhalb der Forschungsgruppe, stellten wir eine angemessene Intercodier-Reliabilität sowie intersubjektive Objektivierung der Interpretationen sicher[220]. Unter Abgrenzung vom Vorgehen nach Mayring, betonen Gläser u. Laudel, dass es durch die Extraktion nur erlaubt ist, bestehende Kategorien zu ergänzen, nicht aber zu entfernen oder zu verwerfen[221]. Hierdurch kann sichergestellt werden, dass keine theoretischen Vorüberlegungen aus der Auswertung verschwinden und wirklich alle Informationen Berücksichtigung finden, auch wenn die empirischen Befunde nicht in das vermeintliche Bild der Theorien passen sollten[222]. In den Transkripten lagen insofern Informationen vor, die durch keine der vordefinierten Kategorien zutreffend beschrieben werden konnten, sodass hierfür neue Kategorien formuliert werden mussten[223]. Denn *„es geht darum, so genau wie möglich zu beschreiben, welche Informationen im Text enthalten sind"* [224]. So wurde unser Kategoriensystem im Extraktionsprozess ständig ergänzt, erweitert und modifiziert[225]. Im Ergebnis der Analyse und des Extraktionsprozesses stand ein Kategoriensystem, das sämtliche im empirischen Material enthaltenen Phänomene enthält[226]. Die Geeignetheit unseres Kategoriensystems wurde bestätigt, da es im Prozess zu keinen Zuordnungs- und Abgrenzungsproblemen kam[227].

---

[219] Vgl. ebd.: 213.

[220] Vgl. ebd.: 206, 212.

[221] Vgl. ebd.: 205, 207.

[222] Vgl. ebd.: 205, 217.

[223] Vgl. ebd.: 217.

[224] Ebd.: 217.

[225] Vgl. ebd.: 208.

[226] Vgl. ebd.: 218.

[227] Vgl. ebd.: 207.

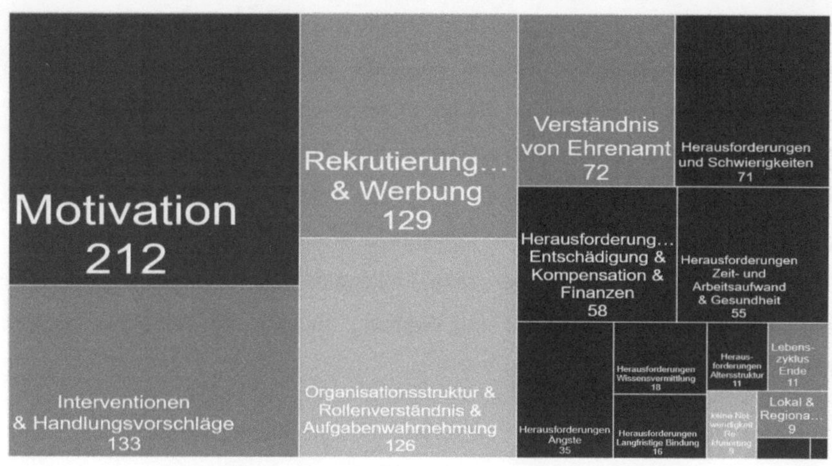

Quelle: Eigene Darstellung.

Abbildung 8: Häufigkeit der Verwendung der MAXQDA Codes.

	keine Notwendigkeit Reskturierung	Neue Gedanken - Lebenszyklus	Interventionen & Handlungsvorschläge	Rekrutierungssystem & Werbung	Herausforderungen und Schwierigkeiten	Herausforderungen Vereinsgröße	Herausforderungen Know-How	Herausforderungen Altersstruktur	Herausforderungen Langfristige Bindung	Herausforderungen Ängste	Herausforderungen (Entschädigung & Kompensation & Finanzen)	Herausforderungen Wissensvermittlung	Herausforderungen (Zeit- und Arbeitsaufwand & Gesundheit)	Lokal & Regionales	Motivation	Organisationsstruktur & Rollenverständnis & Aufgabenwahrnehmung
Neue Gedanken - Lebenszyklus	10															
Interventionen & Handlungsvorschläge	23	18														
Rekrutierungssystem & Werbung	38	21	166													
Herausforderungen und Schwierigkeiten	20	30	129	130												
Herausforderungen Vereinsgröße	0	0	3	7	6											
Herausforderungen Know-How	0	3	3	2	7	0										
Herausforderungen Altersstruktur	11	12	14	45	15	5	0									
Herausforderungen Langfristige Bindung	8	14	46	45	36	4	0	11								
Herausforderungen Ängste	3	7	49	89	53	8	0	17	19							
Herausforderungen (Entschädigung & Kompensation & Finanzen)	10	25	96	100	91	0	6	13	30	27						
Herausforderungen Wissensvermittlung	6	15	61	58	45	0	2	7	12	32	23					
Herausforderungen (Zeit- und Arbeitsaufwand & Gesundheit)	6	22	101	123	90	3	0	20	30	54	75	29				
Lokal & Regionales	7	7	28	57	23	0	0	8	10	15	26	12	18			
Motivation	34	52	197	281	205	11	9	41	59	122	178	94	182	69		
Organisationsstruktur & Rollenverständnis & Aufgabenwahrnehmung	29	41	131	194	144	10	2	27	55	79	115	59	128	41	270	
Verständnis von Ehrenamt	13	30	54	119	80	5	0	11	18	60	80	47	70	28	204	120

Quelle: Eigene Darstellung.

Abbildung 9: Beziehungen zwischen Aussagen aus verschiedenen Themenbereichen.

Abbildung 8 zeigt die Proportionen und Häufigkeiten der vergebenen Codes in MAXQDA. Es wird verdeutlicht, welchen Anteil die jeweiligen Kategorien in den Expert_inneninterviews eingenommen haben. In Abbildung 9 wird die Beziehung zwischen Themenbereichen, gemessen an der relativen Nähe, bzw. Überschneidung der Code-Zuordnungen, visualisiert. Demnach wurden Aussagen zum Thema „Rekrutierung und Werbung" im engem Kontext mit „Interventionen und Handlungsempfehlungen" getätigt. Die Themenbereiche „Lokal-Regionales" stehen hingegen mit dem Thema „Rekrutierungsmanagement und Werbung" in engerem Verhältnis als das Thema „Altersstruktur".

Wie bereits weiter oben angekündigt, sollen nachfolgend einige zentrale und repräsentierende Aussagen der Codes zur Veranschaulichung und Zusammenfassung nachgezeichnet werden, die uns gleichzeitig als Grundlage zur Konstruktion unserer quantitativen Erhebung dienten. Die aus den qualitativen Aussagen quantifizierbaren Items werden daher nachfolgend parallel zu den Analysen dargestellt. Die Reihenfolge der Ausführungen orientiert sich dabei an unserem Leitfaden sowie der späteren Struktur des quantitativen Online-Fragebogens.

6.1 Verständnis von Ehrenamt

Es war festzustellen, dass bei den befragten Personen ein vorwiegend klassisches Verständnis von Ehrenamt und ehrenamtlicher Vorstandsarbeit vorlag, das oftmals Überschneidungen und Parallelen zu motivierenden Aspekten aufwies. Im Gruppen-Expert_inneninterview, im Rahmen des „Kick-Offs" unserer Erhebung, wurde die Bedeutung des Ehrenamts zunächst mit einer persönlichen „Herzenssache"[228] bzw. „Herzensangelegenheit"[229] gleichgesetzt. Dies fand bei den anderen interviewten Personen

---

[228] Vgl. I12106: 7, 16.
[229] Vgl. I12106: 32.

positiven Anklang, weshalb sie sich im Interview mehrmals wiederholend darauf bezogen haben[230]. Ferner sei „Ehrenamt ein Amt, das man innehat und mit Ehre ausführt"[231]. Es wird sprichwörtlich als „Ehren-Amt"[232] wahrgenommen. Mit Herzberg könnten sich hieraus Hinweise auf ein vorwiegend an intrinsischen Motiven orientiertes Verständnis von Ehrenamt ableiten lassen. Man engagiert sich mit dem Herzen und ist stolz, eine ehrenvolle Aufgabe übernehmen und erfüllen zu können. Hierdurch schien auch die Verbindung zum Freiwilligkeitsaspekt ehrenamtlichen Engagements in der Argumentation eine bedeutende Rolle einzunehmen[233]. *„Und freiwillig heißt für mich, ich muss nicht, um meinen Lebensunterhalt zu verdienen, das ist für mich freiwillig und auch im freiwilligen Engagement. Und, ja das verbinde ich also mit Ehrenamt"*[234]. Hierdurch treten zwei weitere Komponenten in die Argumentation der interviewten Personen. Einerseits wurde Freiwilligkeit in beinahe allen Interviews mit Unentgeltlichkeit oder kostenloser Arbeit verbunden[235]. Man engagiere sich ehrenamtlich, ohne etwas Bestimmtes dafür als Gegenleistung zu erwarten[236] oder Forderungen zu stellen[237]. Ein finanzieller Mehrwert dürfe keine Rolle spielen[238]. Andererseits brachten einige interviewte Personen an, dass das klassische Verständnis von Ehrenamt veraltet sei[239]. Sie plädierten, stattdessen die Begrifflichkeiten des bürgerschaftlichen oder freiwilligen Engagements zu wählen[240], was auf ein modernes Verständnis von Ehrenamt schließen lässt. Wie bereits in Abschnitt 3.3 angeführt wurde, könnte der Diskurs über eine mögliche (Re-)Monetarisierung des „modernen" Ehrenamts, durch aktuelle Trends und Entwicklungen, unausweichlich sein. Denn wenn ein Ehrenamt – wie es soeben dargelegt

---

[230] Vgl. I12106: 7, 8, 16, 119.

[231] Vgl. ebd.: 8

[232] Vgl. ebd.: 4, 6.

[233] Vgl. I12106: 34, 153, vgl. I21007: 6, vgl. I40908: 32, 66, vgl. I61008: 25, und vgl. I111808: 12, 18.

[234] I111808: 12, 18.

[235] Vgl. I12106: 6, vgl. I21007: 19, I30708: 12, vgl. I71008: 9, 11, vgl. I91708: 8 und vgl. I111808: 14.

[236] Vgl. I40908: 32, 38.

[237] Vgl. I50908: 9.

[238] Vgl. I61008: 25.

[239] Vgl. I12106: 8 und vgl. I111808: 16.

[240] Vgl. I111808: 12.

wurde – freiwillig und unentgeltlich erbracht werden soll, kann dies auch nur von Menschen ausgehen, die es sich „leisten" können, sich ehrenamtlich zu engagieren, da sie entsprechende Ressourcen zur Verfügung haben[241]. Hieraus leitete eine interviewte Person bereits eine zentrale Herausforderung[242] bei der Gewinnung ehrenamtlicher Vorstände oder Mitarbeiter_innen ab: Sie meinte, sie habe Verständnis dafür, dass junge Menschen schlicht und ergreifend keine Lust mehr haben, sich ehrenamtlich zu engagieren[243], da es *„einfach an die wirtschaftliche Substanz der Person selber"*[244] gehe[245]. Es wird erkenntlich, dass sich das Verständnis von Ehrenamt und ehrenamtlicher Vorstandsarbeit in diesem Spannungsfeld, zwischen Unentgeltlichkeit auf der einen und Kompensationen/Aufwandsentschädigungen auf der anderen Seite, zu bewegen scheint. Ein weiterer auffälliger Gedanke zur Bedeutung des Ehrenamts war seine ermöglichende Struktur: Interviewte Personen gaben an, dass ehrenamtliches Engagement Menschen eine Alternative bietet, die auf den ersten Arbeitsmarkt aufgrund ihrer Biografie oder Beeinträchtigung „keine Chance"[246] hätten. Ferner kann es Menschen nach ihrem Austritt aus dem Berufsleben weiterführenden Sinn geben[247]. Zuletzt wurde von einigen interviewten Personen die Vermutung geäußert, dass es, im Sinne des Reziprozitätsgedankens[248], wahrscheinlicher sei, sich später einmal selbst ehrenamtlich zu engagieren, wenn man bereits persönlich gute Erfahrungen durch das Engagement anderer gemacht hat[249].

Diese Ausführungen wurden als quantifizierbare Statements in den Fragebogen überführt. Innerhalb dieses Komplexes der quantitativen Erhebung, stellten wir uns die

---

[241] Vgl. I61008: 25, 35.

[242] Weitere Herausforderungen und Schwierigkeiten werden in den folgenden Abschnitten benannt.

[243] Vgl. I12106: 16.

[244] I12106: 16.

[245] Vgl. I101708: 35.

[246] Vgl. I12106: 154 und vgl. I81608: 26,

[247] Vgl. I21007: 6.

[248] Vgl. Schondel u. Boehm 2000: 335 zit. nach Moschner 2002: 8 [pdf].

[249] Vgl. I12106: 151, vgl. I21007: 19 und vgl. I61008: 34.

zentrale Frage, wo das Verständnis des Ehrenamts der Mitgliedorganisationen des Paritätischen Thüringen nun tendenziell zu verorten ist. Für die Ermittlung zogen wir hier eine ordinale Skalierung mit fünf Ausprägungen heran, von „stimme voll und ganz zu", über „neutral", bis hin zu „stimme gar nicht zu". Die Statements wurden in fünf Items übersetzt:

1. Ehrenamt heißt vor allem, freiwillig, kostenlos und unentgeltlich zu arbeiten.
2. Ein Ehrenamt ist ein ‚Amt', das man inne hat und in Ehren mit dem Herzen ausführt.
3. Der Begriff des Ehrenamts ist veraltet. Heute sollte vielmehr vom bürgerschaftlichen oder freiwilligen Engagement gesprochen werden.
4. Das Ehrenamt ist eine alternative und ermöglichende Struktur für Menschen, die aufgrund ihrer Biografie einen begrenzten Zugang zum ersten Arbeitsmarkt haben.
5. Positive persönliche Erfahrungen durch ehrenamtliches Engagement erhöht die Wahrscheinlichkeit, sich selbst später einmal ehrenamtlich zu engagieren.

6.2 Organisationsstruktur, Aufgabenwahrnehmung und Rollenverständnis

Die im Leitfaden erfragte aktuelle Situation der Mitgliedorganisationen sowie derzeit vorliegende Herausforderungen und Schwierigkeiten, im Rahmen der Vorstandsnachfolge, brachte eine Vielzahl von Äußerungen hervor, deren Komplexität an dieser Stelle kaum nachgezeichnet werden kann, ohne den Rahmen dieses Kapitels zu sprengen. Die besondere Auffälligkeit dieses Blocks war im Kern die Frage nach einer angemessenen Strukturierung von Prozessen innerhalb der Organisationen, im Rahmen des Managements. Weiterhin erschien es beleuchtungswürdig, herauszufinden, ob zwischen den verschiedenen Aufgabenbereichen innerhalb einer Organisation klar definierte Rollen und Kompetenzen vorliegen und wie diese wahrgenommen werden. So gab eine interviewte Person an, dass es durch ihr Handeln im Vorstand gelungen sei, einer zunächst unstrukturierten Organisation wieder Struktur zu verleihen[250]. Auch eine andere interviewte Person profiliert zwar die gute Strukturierung ihrer Organisation,

---

[250] Vgl. I12106: 4, 34.

brachte aber gleichzeitig an, dass sich ihre Vorstandstätigkeiten stark mit den Aufgabenbereichen der Geschäftsführung vermischen[251]. Es gäbe hier „keine klare Trennungslinie"[252], weshalb eine Person hier keine spezielle Aufgabe im Rahmen ihrer Vorstandstätigkeit für sich sieht[253]. Dies scheint jedoch nicht ungewöhnlich, da bereits mit einer klassischen Organisationstheorie nach Fayol (1929) die „ziel- und missionsumsetzende" Leitungsfunktion des Vorstands und die administrative Verwaltungsfunktion der Geschäftsführung zwar definitorisch voneinander abgegrenzt werden können, es dennoch, aufgrund von Bedeutungsverschiebungen, dazu kommen kann, dass die Leitung nur Verwaltungsaufgaben übernimmt[254]. In anderen rein ehrenamtlichen Organisationen ohne eigene Geschäftsführung erübrigt sich diese Trennung ohnehin. So sieht sich eine andere Person in ihrer Vorstandstätigkeit zurecht im Spannungsfeld zwischen Kreativität und zeitintensiver[255] Bürokratie[256]. Daher nehmen sich manche Vorstandsmitglieder auch als „Mutti"[257] oder „Mädchen für alles"[258] wahr.

Wie kann also die Qualität der Organisationsstrukturierung angemessen eingeschätzt werden? Ist eine Trennung von Haupt- und Ehrenamt aus der Satzung heraus[259] ausreichend? Noch relevanter erscheint die Frage vor dem Hintergrund der enormen Heterogenität der Mitgliedorganisationen des Paritätischen Thüringen. Wie sich später zeigen wird, sind die Mitarbeiter_innenanzahlen sowie Organisationsformen in den Mitgliedorganisationen sehr breit gefächert, was einheitliche Aussagen beinahe unmöglich erscheinen lässt. Um dieser Komplexität Rechnung zu tragen, beabsichtigten wir, durch einige zielgruppenspezifische Items, Aussagen zur Typisierung der Mitgliedsorganisationen des Paritätischen zu ermitteln. Hierzu erfragten wir beispielsweise die

---

[251] Vgl. ebd.: 9, 11, 15.

[252] I30708: 14.

[253] Vgl. I81608: 16.

[254] Vgl. Fayol 1929: 8, 34ff. zit. nach Hoffmann 1976: 71.

[255] Vgl. ebd.: 13.

[256] Vgl. ebd.: 11.

[257] Vgl. ebd.: 24

[258] I50908: 7, I101707: 10.

[259] Vgl. I12106: 106.

Rechtsform oder die Mitarbeiter_innenanzahl der Organisationen. Um die oben aufgeworfene Frage der Wahrnehmung der Rollen und Aufgaben eines ehrenamtlichen Vorstandsmitglieds zu quantifizieren, übersetzten wir die Aussagen in zwei Items mit der bereits bekannten Ordinalskalierung:

1. In unserer Organisation gibt es eine klare Aufgabenverteilung zwischen ehrenamtlichen Vorstandsmitgliedern und Nicht-Vorstandsmitgliedern.
2. Ein ehrenamtliches Vorstandsmitglied soll in unserer Organisation alle alltäglich anfallenden Aufgaben erledigen.

6.3 Motivationale Aspekte

Es wird deutlich, dass Motivationsaspekte, mit 212 vergebenen Codings, offenbar eine herausragende und dominante Rolle im Forschungsfeld einnehmen. Dieser Code wurde im Vergleich zu den anderen Codes überproportional oft vergeben. In dieser Sektion stellte sich uns die Frage, ob sich die in Abschnitt 3.3 festgestellte „Multimotiviertheit" ehrenamtlichen Engagements bzw. ehrenamtlicher Vorstandsarbeit auch in unseren qualitativen Daten widerspiegelt. Ferner interessierte uns, inwiefern Gewichtungen zwischen selbst- und fremdbezogenen Anteilen innerhalb der Aussagen zur Motivation vorliegen könnten. Eine interviewte Person reflektierte hierzu bereits in ihren Ausführungen über das Vorhandensein beider Anteile. Sie würde somit die bei Moschner und Haumann dargestellten Motivbündel, mit individuellen Ausprägungen fremd- aber auch selbstbezogener Motive, bestätigen:

„Also ich möchte etwas […] abgeben von meinem Glück und meinen guten Erfahrungen. Nichtsdestotrotz wollte ich in so eine (.) ja ich wollte für mich auch etwas daraus ziehen. Ich wusste das ganz genau, wenn ich das mache, dann lerne ich. Ich lerne auch für mein Studium dazu. Ich hatte die Hoffnung, dass ich einen neuen Arbeitsbereich dadurch auch kennen lernen kann auch. Und das habe ich letztendlich auch. Deswegen sage ich auch, dass es auf keinen Fall altruistisch gewesen ist von mir, dass ich ins Ehrenamt gegangen bin"[260].

---

[260] I61008: 34.

Hieran lässt sich erkennen, dass die Person in ihrer Vergangenheit bereits selbst gute Erfahrungen oder Hilfe durch ehrenamtliches Engagement anderer erhalten haben könnte. Da sie etwas von ihrem erhaltenen Glück zurückgeben möchte, könnte man vermuten, dass sie am Reziprozitätsgedanken, im Sinne eines gegenseitigen Gebens und Nehmens, festhält. Die Person möchte nun bedürftigen Menschen helfen, da sie sich scheinbar einmal in einer ähnlichen hilfsbedürftigen Position befand. Dennoch reflektiert sie, dass es ihr dabei eben auch um persönliche Belange ging, indem sie erkennt, dass sich ihr durch ihr Engagement auch neue Lerngelegenheiten und -chancen aufgetan haben. Ähnliches gibt eine andere Person an, die ihr Engagement als Gelegenheit sieht, berufliches Wissen, auf der einen, und die persönliche Herzensangelegenheit, auf der anderen Seite, zu verbinden[261]. Eine weitere Person spricht, daran anknüpfend, von einem

„Win-Effekt, […] verbunden mit einem persönlichen Gewinn"[262]. *„Also es hat schon auch einen Eigenwert"*[263], für sich selbst etwas daraus zu ziehen[264]. Dennoch gibt es auch eine andere Person, die anbringt, dass sie nicht immer sofort an den eigenen Nutzen denken muss[265]. Vielmehr möchte man *„einen Beitrag leisten, der gesellschaftliche Relevanz hat, der einen (.) Sinn hat"*[266].

Insofern argumentiert eine Person, dass es den Mitgliedern „ein bisschen" um einen Selbstverwirklichungseffekt gehe. Er werde toleriert und akzeptiert, dennoch wird betont, dass die Vereinsarbeit im Vordergrund stehe und nicht die einzelne Person.[267] Könnte hieraus also gelesen werden, dass die Vereinsarbeit als kollektiv-altruistisches Projekt mehrerer Personen wahrgenommen wird und persönliche oder selbstbezogene Wünsche in den Hintergrund rücken (sollen)?

---

[261] Vgl. I12106: 32.

[262] I91708: 28.

[263] I61008: 25.

[264] Vgl. ebd.

[265] Vgl. I40908: 108.

[266] I61008: 25.

[267] Vgl. I21007: 13f.

Hieraus eröffnet sich die Frage, welche weiteren fremd- und selbstbezogenen Motive in unserer qualitativen Erhebung vorliegen und die Multimotiviertheit der Mitgliedsorganisationen des Paritätischen repräsentieren. Es zeigte sich, dass sich einige der bei Moschner und Haumann erhobenen dominanten Motive auch in einigen Aussagen der bei uns interviewten Personen wiederfinden: So gab eine Person an, dass die Freude, anderen Menschen zu helfen, mit nichts zu vergleichen sei[268]. Andere suchen im Engagement eine sinn- oder verantwortungsvolle Beschäftigung[269]. Sie sind stolz auf sich selbst und die gemeinsame Arbeit mit anderen im Vorstand[270]. Der im Abschnitt 3.3 mit Herzberg beschriebene Begeisterungsmoment durch das ehrenamtliche Engagement könnte hier wiedergefunden werden, da dieser bei den Personen auch als Chance gesehen werden kann, etwas zu entwickeln und durch ihr Engagement in der Organisation Spuren für die Zukunft zu hinterlassen[271]. Sie reflektieren, dass sie durch die Vorstandsarbeit auch zum „Gesicht" der Organisation werden und dadurch öffentlich wahrgenommen werden – daher möchten sie die Organisation nach außen hin repräsentieren[272]. Deswegen bedürfe es einer „gesunden Eitelkeit" und Lust, sich im Vorstand einer Organisation zu engagieren und dadurch auch in der Öffentlichkeit zu stehen[273]. Die Engagierten fühlen dabei eine gewisse Verbundenheit und nehmen die Wichtigkeit sozialer Themen oder Anliegen in der Gesellschaft wahr[274]. Darum sieht eine Person die persönliche Selbstbestätigung als ein Hauptmotiv des freiwilligen Engagements[275]. So könnte vermutet werden, dass engagierte Personen auch ihre individuellen Idealvorstellungen einer solidarischen Gesellschaft bestätigt wissen wollen.

---

[268] Vgl. I12106: 9.

[269] Vgl. I21007: 6, 9, 12, 17, vgl. I30708: 28, vgl. I40908: 32, I50908: 9, vgl. I61008: 25, 29, vgl. I81608: 26, 29 und vgl. I91708: 8, I101708: 16.

[270] Vgl. I21007: 48, 49.

[271] Vgl. I12106: 93.

[272] Vgl. I111808: 4.

[273] Vgl. I81608: 54.

[274] Vgl. ebd.: 23.

[275] Vgl. I21007: 9.

Dies könnte dazu motivieren, „mehr" zu tun[276] ohne dafür eine Gegenleistung zu erwarten[277]. Ein mehrfach genanntes Motiv war dabei, dass sich die Engagierten mit der Organisation, ihren Bestrebungen und Zielen identifizieren[278]. So entsteht ein „Wir-Gefühl" durch die gemeinsame Identifikation, das Wollen und der Kampf um einen bestimmten Zweck[279].

Wie sich in späteren Abschnitten zeigen wird, sehen sich die Personen durch eine mögliche Annahme der Vorstandstätigkeit auch Unsicherheiten gegenübergestellt. So beschrieb eine interviewte Person ihre Unsicherheit, die Vorstandstätigkeit in einem Verein anzunehmen, mit dem sie bereits guten Kontakt hatte. Letztlich entschied sie sich dafür mit den Worten *„na aber gut, mach' ich es halt"*[280]. Dies erscheint insofern interessant, da ihre Intention hier nicht eindeutig erkennbar ist. Es kann vermutet werden, dass sie einerseits tatsächlich eine innere Verpflichtung zur Annahme wahrgenommen hat, sich andererseits aber auch hat „erweichen" oder überreden lassen, die Vorstandstätigkeit anzunehmen, da es ja sonst auch niemand tun würde oder sich niemand anderes finden würde[281]. Auch hier spielt jedoch das Vorhandensein persönlicher Ressourcen, insbesondere genügend verfügbare Zeit, eine entscheidende Rolle, wie „aktiv" man sich in der Organisation engagieren kann[282].

Anhand dieses Überblicks über die erhobenen Motive der Mitgliedsorganisationen, lässt sich also erkennen, dass auch das Engagement einzelner Personen in den Mitgliedsorganisationen des Paritätischen Thüringen tatsächlich multimotiviert zu sein scheint. Prägnante zielgruppenspezifische Ausprägungen der Motive in eine vermeintlich eher selbst- oder fremdbezogene Richtung sind bis dato kaum feststellbar gewesen. Diesem Umstand sollte durch unsere quantitative Erhebung Rechnung getragen

---

[276] Vgl. I11808: 18.

[277] Vgl. I40908: 32, 38.

[278] I12106: 7, 45, 121 und vgl. I40908: 34, I81608: 23, I101708: 16.

[279] Vgl. I40908: 34.

[280] I40908: 24.

[281] Vgl. I40908: 24, 34.

[282] Vgl. I21007: 57.

werden. Daher übersetzten wir die obigen Statements zu den persönlichen Gründen für ehrenamtliches Engagement in die nachfolgend dargestellten Items, abermals mit der bekannten Ordinalskalierung:

1. Da es sonst niemand tut.
2. Um etwas Sinnvolles zu tun zu haben.
3. Um eine verantwortungsvolle Aufgabe zu übernehmen.
4. Um stolz auf mich selbst und die gemeinsame ehrenamtliche Arbeit zu sein.
5. Weil es die Chance ist, etwas zu entwickeln und Spuren für die Zukunft zu hinterlassen.
6. Weil ich den Verein nach außen hin repräsentieren möchte, um öffentlich wahrgenommen zu werden.
7. Um meine Verbundenheit und die Wichtigkeit sozialer Anliegen in der Gesellschaft auszudrücken.
8. Da ich mir gesellschaftliche Vorteile erhoffe.
9. Um mich selbst und meine Idealvorstellungen zu bestätigen.
10. Da ich bereit bin, mehr zu tun.
11. Da ich dafür keine besondere Gegenleistung erwarte.
12. Da ich mich persönlich mit den Bestrebungen und Zielen der Organisation identifiziere.
13. Da es meine zeitlichen Ressourcen erlauben.

Die nachfolgende Tabelle ist der Versuch, die aufgeworfenen motivationalen Aspekte zusammenzufassen und sie den verschiedenen Organisationstypen zuzuordnen.

	beispielhafte Organisationstypen		
	Organisation mit Verbands-Charakter	„kleine" Organisation	„große" Organisation
bewusste, oder unbewusste Motivations-muster	„ich möchte Spuren hinterlassen" oder auch „das Thema betrifft mich selbst"		„ich möchte etwas für andere tun" oder „es könnte einen persönlichen Vorteil für mich geben"
Charakter der Motivationsfaktoren	ggf. Kompensation der eigenen, oder familialen Betroffenheit, mit Wegfall des Grunds endet oftmals auch das Engagement		tendenziell hohes öffentliches Ansehen für Vorstandsmitglieder, mittelbare Erfolge erlebbar
	langjährige Entwicklung, mittelbare Erfolge erlebbar	unmittelbare Erfolge oft zeitnah erlebbar	
Distanz und Haltung	hohe Distanz „wir sind eher in der Vogelperspektive"	geringe Distanz, „nah dran an allen Prozessen"	hohe Distanz zur Kernzielgruppe „Stolz auf die Akteure in unserer Organisation", Engagement als kollektiv-altruistisches Projekt

Quelle: Eigene Darstellung.

Tabelle 1: Unterscheidung nach Mustern in der Motivation.

6.4   Ehrenamtlichen-Rekrutierungsmanagement

Wie bereits zuvor erwähnt wurde, ist das Ehrenamtlichen-Rekrutierungsmanagement ein Code und Begriff, den wir verwendeten, um ein systematisches und strategisches Vorgehen der Organisationen bei der Gewinnung ehrenamtlicher Vorstände oder Mitarbeiter_innen zu identifizieren und im qualitativen Material zu kennzeichnen. Das Anliegen zur Sektion in der qualitativen Erhebung war es, zu ermitteln ob und wenn ja, welche Systematik die Mitgliedsorganisationen zur Ansprache oder Gewinnung ehrenamtlicher Vorstände oder Mitarbeiter_innen nutzen und anwenden. Zunächst wurde angegeben, dass es in einigen Organisationen üblich zu sein scheint, Ehrenamtliche mittels einer demokratischen Gremienwahl mit Nachrücksystem in den Vorstand zu wählen[283]. Das wohl am häufigsten angewandte Instrument zur Gewinnung scheint dabei grundlegend die persönliche, unmittelbare und aktive Ansprache potentieller ehrenamtlicher Vorstände oder Mitarbeiter_innen zu sein[284]. Man müsse *„mit den Leuten persönlich ins Gespräch kommen"* [285]. *„Persönliche Kontaktpflege ist sehr, sehr wichtig"*[286]. Dies entspricht insofern Haumann, indem auch er konstatiert, dass die persönliche Ansprache einer der wichtigsten Kanäle bei der Gewinnung ehrenamtlicher Vorstände sei[287]. Potentielle ehrenamtliche Vorstandsmitglieder oder Mitarbeiter_innen können also scheinbar vorwiegend durch persönliche Kontakte, Empfehlungen, im Sinne einer direkten „Mund-zu-Mund-Propaganda" und Netzwerkarbeit gewonnen werden[288]. Dabei scheint es einigen Organisationen wichtig zu sein, dass die Potentiellen vor allem in das Team und die Arbeitsumgebung passen[289]. Dabei möchten sie ihnen die Möglichkeit bieten, die Organisation kennenzulernen, den Kontakt zu vertiefen und

---

[283] Vgl. I12106: 93, 95, vgl. I40908: 14, 16, 18 und vgl. I71008: 4.

[284] Vgl. I12106: 63f., 82, 83, vgl. I40908: 12, 32, 64, 96, vgl. I50908: 19, vgl. I71008: 4, vgl. I81608: 14, 54, 55 und vgl. I91708: 12, 18, 20, 24.

[285] I40908: 98.

[286] I91708: 12.

[287] Vgl. Haumann 2014 in Bundesministerium für Familie, Senioren, Frauen und Jugend 2013: 30 [pdf].

[288] Vgl. I111808: 39, 51.

[289] Vgl. I21007: 46, vgl. I81608: 55 und vgl. I91708: 20.

in die tatsächlich anfallenden Tätigkeitsgebiete „hereinzuschnuppern"[290]. Andere Organisationen versuchen wiederum, die Potentiellen durch Fort- oder Weiterbildungsangebote an die Organisation zu binden oder aber den persönlichen Bildungsweg der Personen zu begleiten, beispielsweise vom Abitur, über das freiwillige soziale Jahr, bis zum Studium und darüber hinaus[291]. Es wurde außerdem deutlich, dass die Organisationen die Gewinnung neuer ehrenamtlicher Mitarbeiter_innen auch als Möglichkeit wahrnehmen, direkt neue Vorstände zu gewinnen[292]. Ferner könnte deutlich werden, dass Organisationen vorzugsweise bereits bestehende und aktive Mitglieder als potentielle Vorstände in Betracht ziehen[293]. In der Quantifizierung der Statements formulierten wir hierzu eine gegenteilige Aussage als Kontrollfrage. Denn es schien uns interessant und beleuchtungswürdig, weshalb und ob nicht auch Nichtmitglieder in Organisationen als potentielle ehrenamtliche Vorstände in Betracht gezogen werden könnten[294], um einen unbefangenen Blick von außen zu gewährleisten[295]. Ebenso ließ sich eine Spannbreite der möglichen Erwartungen der Organisationen an potentielle ehrenamtliche Vorstände oder Mitarbeiter_innen erkennen: So gaben einerseits einige interviewte Personen an, dass die Potentiellen in den Organisationen zunächst vor allem Gelegenheit erhalten sollen, sich und ihre (beruflichen) Fähigkeiten in neuen Tätigkeitsfeldern auszuprobieren[296]. Andere Organisationen scheinen hingegen zu erwarten, dass ein potentielles ehrenamtliches Vorstandsmitglied oder potentielles ehrenamtliches Mitglied in der Organisation bereits vorhandenes Wissen anwenden[297] und zur Vielfalt des Teams, im Sinne einer Multiprofessionalität, beitragen soll[298]. Denn ein

---

290 Vgl. I40908: 8, 12 und vgl. I111808: 45, 47.

291 Vgl. I12106: 34, 36 und vgl. I40908: 74, 106.

292 Vgl. I40908: 103f.

293 Vgl. I40908: 80, 96, 98, 106 und vgl. I50908: 19.

294 Vgl. I30708: 18.

295 Vgl. I91708: 18, 24.

296 Vgl. I12106: 155 und vgl. I71008: 13.

297 Vgl. I30708: 8, vgl. I71008: 37, vgl. I81608: 17 und vgl. I111808: 47.

298 Vgl. I81608: 21, vgl. I91708: 14, 18, 24 und vgl. I111808: 38, 39, 45, 68.

„personenidentischer" Vorstand führe zur Schwächung der Organisation[299]. Dabei scheinen sie die Personen jedoch noch weiter fördern und unterstützen zu wollen, damit diese im Laufe ihrer Tätigkeiten in der Organisation zu qualitativen Mitarbeiter_innen weiterreifen[300]. Es ist nachvollziehbar, dass dieses „Förderprogramm" der Organisationen Ressourcen bedarf und bei den Personen nicht fruchtlos vorübergehen soll. Daher kann es verständlich sein, dass Organisationen erwarten, dass sich die Potentiellen eine lange Zeit und kontinuierlich in den Organisationen engagieren[301]. Wie sich anhand später darzustellender Herausforderungen und Schwierigkeiten zeigen wird, könnte genau diese Erwartungshaltung zu Unsicherheiten bei den Potentiellen führen. Ebenso oder gerade deshalb scheinen Organisationen auch darauf zu achten, dass die Potentiellen hohe zeitliche Ressourcen zu Verfügung haben[302]. Sofern die Organisationen Öffentlichkeitsarbeit betreiben, gaben einige Personen an, dass sie in dessen Rahmen eher eine möglichst breite Zielgruppe ansprechen wollen[303].

Es wird ersichtlich, dass die Organisationen sehr vielfältige Herangehensweisen haben, neue ehrenamtliche Vorstände oder Mitarbeiter_innen zu gewinnen, was gleichzeitig mit gewissen Erwartungen einherzugehen scheint. Dies ist auch nicht ungewöhnlich, denn vor dem Hintergrund des Abschnitts 3.3 wird offensichtlich, dass auch das Rekrutierungssystem der Organisationen passgenau auf die möglichen Motive der Potentiellen angewendet werden sollte. Ob es sinnvoll ist, eine breite oder genau definierte Zielgruppe anzusprechen, kann dabei ebenfalls nicht einheitlich beantwortet werden. Ein pauschal „passendes" Rekrutierungssystem für alle Organisationen kann es vermutlich nicht geben. In der quantitativen Erhebung zur Sektion sollte jedoch nun herausgestellt werden, welche Vorgehen, im Rahmen der Vorstandsgewinnung, von der Mehrheit der Organisationen als erfolgsträchtig angesehen werden.

---

299 Vgl. I91708: 18.

300 Vgl. I12106: 36 und vgl. I81608: 54.

301 Vgl. I91708: 24,

302 Vgl. I11108: 40.

303 Vgl. I50908: 29, Vgl. I91708: 18, 24.

Wie uns auffiel, war es jedoch nötig, die Frage zur Rekrutierungssystematik auf einer tieferen Ebene anzusetzen. Denn zu unserem Erstaunen gab es auch dem Forschungsinteresse gegenläufige Stimmen: Offenbar gibt es bei den befragten Mitgliedsorganisationen des Paritätischen Thüringen auch einige Vertreter_innen, bei denen die Gewinnung neuer ehrenamtlicher Vorstände oder Mitarbeiter_innen kein Gegenstand der aktuellen Agenda zu sein scheint. So gaben diejenigen Personen an, dass keine Notwendigkeit für eine Gewinnung besteht, da es in der heutigen Zeit kein Thema mehr sei und aktuell keine Handlungsnot bestehe[304]. Eine andere Person gab explizit an, dass in ihrer Organisation aktuell keine Probleme bzgl. einer ehrenamtlichen Vorstandsnachfolge vorliegen[305]. Auch eine weitere Person könne nicht klagen, da sie bisher immer (irgendwie) „Leute" gefunden zu haben scheinen[306]. Ein wirkliches Problem in der Vorstandsnachfolge scheint also bei manchen Organisationen nie vorgelegen zu haben[307]. So wähnen sich manche Organisationen scheinbar in Sicherheit gegenüber möglichen Schwierigkeiten bei der Gewinnung ehrenamtlicher Vorstände oder Mitarbeiter_innen.

Daher war es nötig, für jene Aussagen einen neuen Code zu erstellen, den wir „keine Notwendigkeit für Rekrutierung" nannten. Mit nur insgesamt neun vergebenen Codings ist er wahrlich recht unterrepräsentiert, doch mit Gläser und Laudel wurde bereits die Notwendigkeit angebracht, dass alle Informationen des qualitativen Materials zu berücksichtigen sind. Unter Bezugnahme auf die soeben aufgeführten Statements, entschieden wir uns, innerhalb eines nachfolgenden Abschnitts zu den aktuell vorliegenden Herausforderungen und Schwierigkeiten bei der Gewinnung von Vorständen, mittels einer einfachen dichotomen Nominalskala mit den Ausprägungen „ja" und „nein" zu erfragen, ob in der beantwortenden Organisation tatsächlich Schwierigkeiten bei der Gewinnung von Vorständen vorhanden sind, oder nicht. In dieser Sektion zum

---

[304] Vgl. I12106: 55, 57.

[305] Vgl. I30708: 19f.

[306] Vgl. I40908: 72, 76.

[307] Vgl. I111808: 56.

Thema des Rekrutierungssystems erfragten wir mittels der gleichen Nominalskala zusätzlich, ob die Mitgliedsorganisationen über ein Rekrutierungs-Managementsystem verfügen und ob sie aktive Öffentlichkeitsarbeit oder Werbung betreiben, um potentielle ehrenamtliche Vorstände oder Mitarbeiter_innen zu erreichen. Dabei interessierte uns, welche Rolle die Gewinnung neuer ehrenamtlicher Vorstände oder Mitarbeiter_innen in der Organisation spielt und über welche Kanäle dies geschieht.

Alle in diesem Abschnitt nachgezeichneten Statements zur Nachfolge ehrenamtlicher Vorstände oder Mitarbeiter_innen quantifizierten wir mittels der nachfolgend dargestellten Items. Punkte, die mit einem * gekennzeichnet sind, konnten lediglich mit „ja" oder „nein" beantwortet werden. Die anderen Items konnten mit der bereits beschrieben Ordinalskala beantwortet werden:

1. In unserer Organisation spielt die Rekrutierung neuer ehrenamtlicher Mitarbeiter_innen und potentieller Vorstandsmitglieder eine wichtige Rolle.

2. Unsere Organisation verfügt über ein Rekrutierungs-Managementsystem für neue oder potentielle ehrenamtliche Mitarbeiter_innen und Vorstände. *

3. Nachfolger_innen für die ehrenamtliche Vorstandsnachfolge werden in einer Gremienwahl mit Nachrücksystem demokratisch gewählt. *

4. Ehrenamtliche Vorstandsmitglieder müssen in Frage kommende Vereinsmitglieder aktiv ansprechen, um diese zu animieren, sich für die Vorstandswahl aufzustellen.

5. Potentielle Vorstandsmitglieder werden insbesondere durch persönliche Kontakte, Empfehlungen und Netzwerkarbeit akquiriert.

6. Unserer Organisation ist es wichtig, dass neue ehrenamtliche Vorstandsmitglieder und Mitarbeiter_innen in das Team passen.

7. Bevor jemand ehrenamtliche Vorstandsarbeit in unserer Organisation aufnimmt, bieten wir der Person die Möglichkeit, uns kennenzulernen und ‚reinzuschnuppern'.

8. Unsere Organisation versucht, potentielle ehrenamtliche Mitglieder oder Vorstände durch eine Vielzahl an Bildungsangeboten an den Verein zu binden.

9. Unsere Organisation versucht, vorwiegend über die Mitgliedergewinnung ehrenamtliche Vorstände zu gewinnen.

10. Unsere Organisation bevorzugt bereits bestehende aktive Mitglieder als potentielle ehrenamtliche Vorstandsmitglieder.

11. Unsere Organisation bevorzugt externe Personen bzw. Nichtmitglieder als potentielle ehrenamtliche Vorstandsmitglieder.

12. Das Geschlecht der Person spielt bei der Auswahl neuer potentieller ehrenamtlicher Vereinsvorstände eine Rolle.

13. Neue ehrenamtliche Vorstandsmitglieder sollen vor allem Gelegenheit bekommen, sich auszuprobieren.

14. Neue ehrenamtliche Vorstandsmitglieder sollen in unserer Organisation bereits vorhandenes Wissen anwenden und zur Vielfalt des Teams beitragen können.

15. Unsere Organisation möchte qualitative Mitarbeiter_innen mit einem bestimmten Wissensfundus hervorbringen.

16. Unserer Organisation ist es wichtig, dass sich neue ehrenamtliche Vorstandsmitglieder für eine lange Zeit in unserer Organisation verpflichten / engagieren.

17. Unserer Organisation ist es wichtig, dass potentielle ehrenamtliche Vorstände große zeitliche Ressourcen zur Verfügung haben.

18. Betreibt Ihre Organisation aktive Öffentlichkeitsarbeit / Werbung? *

19. Welche dieser Maßnahmen nutzen Sie für die Öffentlichkeitsarbeit oder Werbung? Nominal: Anzeigen in Zeitungen und Zeitschriften, Internetauftritt, öffentliche Informationsveranstaltungen, Flyer, Fachtagungen, Tag der offenen Tür, Sonstiges – offenes Feld.

20. Unsere Organisation versucht, im Rahmen der Öffentlichkeitsarbeit, eine möglichst breite Zielgruppe anzusprechen.

In der späteren quantitativen Auswertung erscheint es besonders interessant, ein Augenmerk auf jene Organisationen zu legen, welche angeben, dass eine Gewinnung von ehrenamtlichen Vorständen aktuell nicht nötig sei. Denn offenbar scheinen sie über ein Konzept zu verfügen, das ihnen die Gewinnung ehrenamtlicher Vorstände oder Mitarbeiter_innen einfach und selbstverständlich erscheinen lässt:

„Ich finde es eigentlich ganz einfach. Wenn ein Verein lebt und die Vereinsstruktur lebendig ist, also wenn das Pferd nicht sowieso schon totgeritten ist. Also bei einem totgerittenen Pferd, daran merkst du es, dann kriegt man auch keine Leute mehr rein. Eine lebendige Organisation, die auch ein Stück weit sexy ist, und dann auch Leute, die aktiv sind und neue Menschen werben, das war's, dann läuft das Ding" [308].

So soll es uns gelingen, in dieser Sektion der quantitativen Erhebung, jene Faktoren herauszufiltern, die eine Organisation lebendig und attraktiv erscheinen lassen.

6.5 Herausforderungen und Schwierigkeiten

Das abschließende Zitat der letzten Sektion legt nahe, wie vermeintlich „einfach" die Gewinnung ehrenamtlicher Vorstände oder Mitarbeiter_innen doch sein könnte. Dennoch wird durch die Metapher des „totgerittenen Pferds" bereits deutlich, dass dem oftmals nicht so ist. Einige wenige Aussagen mit ähnlicher Bedeutung haben die von uns interviewten Personen angebracht. Wir haben diese mit dem Code „Lebenszyklus Ende" gelabelt und ihn mit insgesamt elf Codings vergeben. Er beschreibt pessimistisch anmutende Aussagen der Personen, die davon sprechen, dass es angesichts der gravierenden Problemlagen der Organisation besser sein könnte, sie aufzulösen:

„[…] es ist wirklich eine Belastung so für uns alle hier. Ich meine, es kommt auch noch dazu, dass ich nebenbei arbeiten gehe, aber das ist ein anderes Problem und das geht einfach nicht. Und ‚in der Organisation' selbst gibt es keinen, der es machen könnte oder machen würde. Es sind ja nur noch acht aktive Mitglieder, also da bringt es sowieso nichts. Irgendwann muss Schluss sein" [309]. *„[…] es geht nicht mehr"* [310].

Ist also tatsächlich damit zu rechnen, *„dass manche Strukturen dann eben auch einfach tot sind"*[311]? Insofern spricht eine Person davon, dass es etwas „Normales" sei, eine

---

[308] I81608: 54.

[309] I71008: 18.

[310] Ebd.: 29.

[311] I81608: 54.

Organisation aufzulösen, da diese nicht auf ewig bestehen müsse. Sie bringt dies mit einem Wandel in der Gesellschaft in Verbindung.[312]

Es kann also festgehalten werden, dass es bei den Mitgliedsorganisationen des Paritätischen Thüringen offenbar Vertreter_innen gibt, denen die Gewinnung neuer Vorstände oder Mitglieder kaum Probleme zu bereiten scheint, wogegen sich andere gegenüber den massiven Problemlagen zur Auflösung der Organisation gezwungen sehen[313]. An dem eben angebrachten Extrembeispiel könnten sich bereits grundlegende Problemlagen erkennen lassen, die die Funktionalität des Organisationssystems beeinträchtigen könnten: Nämlich der sehr niedrige Mitgliederstamm und vor allem geringe zeitliche Ressourcen für das Engagement selbst, was vorwiegend aufgrund hauptamtlicher Berufstätigkeit resultiert. In Aussagen unserer qualitativen Erhebung ermittelten wir eine ganze Reihe von Herausforderungen und Schwierigkeiten im Rahmen der Gewinnung ehrenamtlicher Vorstände oder Mitarbeiter_innen. Es gibt hierzu Aussagen, die auf die Problematik einer ausgewogenen „Work-Life-Balance" zurückzuführen sind, andere problematisieren Rahmenbedingungen in den Organisationen. Um die Aussagen und die Grundkategorie mit Gläser und Laudel zu systematisieren[314] und zu versuchen, den oben angesprochenen möglichen gesellschaftlichen Wandel abzubilden, ergänzten wir den Code „Herausforderungen und Schwierigkeiten" um die jeweilig auffälligen Subcodes, die nachfolgend zusammenfassend nachgezeichnet werden sollen:

Es ergab sich, dass die beiden dominanten Subcodes der Sektion **(finanzielle) Entschädigungen und Kompensationen** sowie einen hohen **Zeit- und Arbeitsaufwand** the-

---

312 Vgl. I12106: 8.

313 Vgl. ebd.: 58.

314 Vgl. Gläser u. Laudel 2009: 207.

90

matisierten. Die Personen gaben an, dass freiwilliges Engagement einen Mehraufwand darstelle, der leicht zu Überlastung und Überforderung führen kann[315], da es andere Tätigkeiten des Alltags oder Freizeitaktivitäten übermäßig stark einschränke[316]. So sprach eine interviewte Person davon, dass sie oftmals erst am Abend nach Beendigung ihrer hauptamtlichen Tätigkeit noch dringende Geschäfte im Rahmen ihrer ehrenamtlichen Vorstandstätigkeit erledigen müsse und daher weniger Zeit mit der Familie verbringen könne[317]. Dies in Kombination mit dem bereits beschriebenen Charakteristikum der Unentgeltlichkeit könnte bei den Potentiellen mit einem ausnutzenden Charakter des freiwilligen Engagements assoziiert werden und daher abschreckend wirken[318]. Einige Personen plädieren daher, dass mindestens angemessene Aufwandsentschädigungen gezahlt werden müssen[319]. Es untermauert die These, dass sich Engagierte ihre Tätigkeit nicht nur aus finanzieller Sicht, sondern auch aus zeitlicher Sicht „leisten" können müssen.

Weiterhin berichten die interviewten Personen über **Ängste und Unsicherheiten**, die für sie mit der Annahme einer ehrenamtlichen Vorstandstätigkeit einhergehen könnten. Dabei stand die Unsicherheit vor der Übernahme von (zu viel) Verantwortung in einem Feld mit hohen Anforderungen im Vordergrund[320]. Eine Person war der Meinung, dass gerade jüngere Menschen zunehmend keine Verantwortung mehr übernehmen wollen[321]. Dabei wurden auch Unsicherheiten bzgl. möglicher Haftungsfragen angesprochen[322], da man auch für die Sachen, die in der Organisation passieren, geradestehen

---

[315] Vgl. I12106: 6, 12, 13, 16, vgl. I21007: 16, 30, 57, vgl. I30708: 24, 26, vgl. I40908: 58, vgl. I50908: 15, vgl. I71008: 18, vgl. I81608: 42, vgl. I91708: 12, 14, 22, I101708: 16, 66, 68 und vgl. I111808: 38, 40, 42 f., 45.

[316] Vgl. I21007: 4, vgl. I30708: 30, vgl. I40908: 18, vgl. I81608: 51 und vgl. I101708: 37.

[317] Vgl. I101708: 16, 37.

[318] Vgl. I12106: 36 und vgl. I111808: 18.

[319] Vgl. I12106: 21, 31.

[320] Vgl. I12106: 17, 19, 24, vgl. I40908: 48, 58, vgl. I50908: 9, 13, 15, vgl. I61008: 57, vgl. I81608: 31, 37, 40, 72 und vgl. I111808: 45.

[321] Vgl. I81608: 37, 39.

[322] Vgl. I12106: 32, 122, 131, vgl. I40908: 48 und vgl. I111808: 36.

müsse[323]. Dies zu durchschauen, verunsichert und setzt **Wissen und Know-How** voraus[324], das bei den Personen oftmals nicht vorliegt. Und *„wenn ich kein Wissen habe, mache ich auch keinen Chef. Ich will mich ja nicht blamieren auf Deutsch gesagt"* [325]. *„[…] das schreckt natürlich ab"*[326]. Lautet das Motto also tatsächlich *„[…] weiß ich nicht, will ich nicht"* [327]? Die ggf. vorhandene Möglichkeit, sich selbst und seine Fähigkeiten innerhalb des ehrenamtlichen Engagements einmal „auszuprobieren", rückt somit scheinbar in illusorische Ferne. Daher könnte auch die, mit der Vorstandstätigkeit möglicherweise einhergehende, öffentliche Wahrnehmung abschrecken. Aufgrund der angesprochenen möglichen Überforderungen durch freiwilliges Engagement, könnten Personen befürchten, den Aufgaben und Anforderungen in der Organisation – auch aus gesundheitlichen Gründen – nicht gerecht zu werden[328]. Sie wissen nicht, auf was sie sich überhaupt einlassen würden[329]. Daher sieht eine Person die **Wissensvermittlung** an die Potentiellen als eine große Herausforderung und Schwierigkeit, da sie der Meinung ist, dass sich in den Organisationen nicht genügend Zeit genommen werde, die Potentiellen an das Arbeitsfeld heranzuführen[330]. Erhalten die Potentiellen in den Organisationen also zu wenig Möglichkeiten, sich weiterzubilden oder neues Wissens anzueignen?

Aussagen bzgl. möglicher Ängste und Unsicherheiten gingen auch mit der Thematisierung der **langfristigen Bindung** mit der Organisation einher. Die Vermutung einer Person lautete, dass junge Menschen nicht nur keine Verantwortung mehr übernehmen wollen, sondern sich auch nicht binden wollen[331]. Freiwilliges Engagement

---

[323] Vgl. I40908: 48.

[324] Vgl. I71008: 37.

[325] I12106: 16.

[326] Ebd.

[327] I50908: 15.

[328] Vgl. I21007: 36, 39.

[329] Vgl. I91798: 12 und vgl. I111808: 47.

[330] Vgl. I12106: 15, 16, vgl. I61008: 57, 63, vgl. I71008: 42, vgl. I81608: 54, 74 und vgl. I91708: 14, 18.

[331] Vgl. I12106: 57, vgl. I40908: 24, vgl. I71008: 24 und vgl. I81608: 39 f., 54.

scheint nicht in die Lebensentwürfe junger Menschen zu passen[332] – so klagt eine interviewte Person über die fehlende Kontinuität und Fluktuation temporär Engagierter in ihrer Organisation[333]. Bei ihnen sei die Haltung verbreitet, erst einmal das eigene Leben genießen zu wollen[334] und sich – im Sinne des „neuen Ehrenamts"[335] lediglich temporär zu engagieren[336]. Kurzfristigkeit sei für eine Vorstandstätigkeit jedoch unvorteilhaft, da es Zeit brauche, sich angemessen in das Feld einzuarbeiten[337]. Es sei erwähnt, dass die Vorstände hier möglicherweise einem Vorurteil oder Missverständnis auf den Leim gehen. Denn wie eingangs im Stand der Forschung mit Alscher u. Priller[338] konstatiert, ist es für junge Menschen heute, aufgrund gesellschaftlicher Trends und Entwicklungen, schlicht kaum noch möglich, sich zusätzlich freiwillig zu engagieren. Daher müsste ggf. angenommen werden, dass sich junge Menschen weniger binden „wollen", da sie sich tatsächlich auch weniger binden „können".

Ebenso sollen auch strukturelle Probleme der Organisationen zu Herausforderungen und Schwierigkeiten in der Vorstandsnachfolge führen: So wurde auch die **Altersstruktur** einiger Organisationen als Begründung herangezogen[339]. Manche Organisationen scheinen also schlichtweg „überaltert" zu sein. Die Nachwuchsarbeit sei auf der Strecke geblieben[340]. Ferner sind Personen der Meinung, dass ihre **Organisationen strukturell zu klein** seien[341]. Es könnte vermutet werden, dass sie zu wenig personelle Ressourcen zur Verfügung haben, um angemessene Ansprache-Kampagnen zu planen und umzusetzen.

---

[332] Vgl. I81608: 52.

[333] Vgl. I101708: 16, 25, 114.

[334] Vgl. I81608: 40.

[335] Vgl. Moschner 2002: 2f. [pdf] sowie Abschnitt 3.2.4.

[336] Vgl. I12106: 8.

[337] Vgl. I91708: 24.

[338] Alscher u. Priller in Destatis u. WZB 2016: 388.

[339] Vgl. I71008: 15, 16 f. und vgl. I81608: 37.

[340] Vgl. I81608: 49, 51.

[341] Vgl. I81608: 31, 35.

Zuletzt sind Schwierigkeiten in Bezug auf **finanzielle Aspekte** angesprochen worden. Organisationen klagen über fehlende finanzielle Ressourcen, Unterstützung und Förderung[342]. Eine Person warnt, dass man aufpassen müsse, dass der Staat das Engagement nicht ausnutzt[343]. Liegt hier auch ein Aspekt des bereits angesprochenen gesellschaftlichen Wandels begründet? So vermuten einige befragte Personen, dass freiwilliges Engagement heute in der Gesellschaft nicht mehr hinreichend angesehen und (finanziell) wertgeschätzt wird[344]. Fühlen sich Personen durch unentgeltliches freiwilliges Engagement tatsächlich nicht mehr „gesättigt"[345]? Denn auch „Taschengelder" werden von Engagierten als Wertschätzung wahrgenommen[346]. Die Bereitschaft, eine ehrenamtliche Tätigkeit ohne finanzielle Gegenleistung anzunehmen, wird hingegen als gering eingeschätzt[347]. Dank und gesellschaftliche Anerkennung scheinen daher allein als Kompensation nicht (mehr) ausreichend zu sein. Denn *„[…] wer macht heute gerne kostenlos was"*[348]? Menschen scheinen also lieber für (ausreichend) Geld zu arbeiten, sodass dies auch für das Engagement gelten könnte. Dennoch klagen Organisationen über schlechte Zahlungsmoral und hohe Wartezeiten auf Fördermittel[349]. Sie seien nicht ausreichend[350] und zu aufwendig zu beantragen[351]. Man komme sich vor, wie ein Bettler, der dem Geld hinterherrennen müsse[352]. Jedoch müsse harte Arbeit auch angemessen entlohnt werden[353]. Nicht einmal persönliche Aufwendungen scheinen angemessen kompensiert werden zu können[354]. Angemerkt sei hier, dass es sich bei den beschriebenen Kritikpunkten eigentlich nicht um ein ehrenamtliches, sondern

---

[342] Vgl. I21007: 67, vgl. I30708: 28, vgl. I50908: 25, vgl. I71008: 21, 27 und vgl. I101708: 16, 35.

[343] Vgl. I111808: 18.

[344] Vgl. I50908: 25 und vgl. I71008: 31.

[345] Vgl. I71008: 35.

[346] Vgl. I50908: 30-33.

[347] Vgl. I71008: 22f.

[348] I21007: 19.

[349] Vgl. I101708: 18

[350] Vgl. I12106: 112-114, vgl. I30708: 28 und vgl. I101708: 33, 35

[351] Vgl. I101708: 29, 49.

[352] Vgl. ebd.: 49-53.

[353] Vgl. ebd.: 55-57.

[354] Vgl. I12106: 16, I101708: 35, 38.

eher um ein politisches Problem handelt. Es muss also ein politisches Engagement erfolgen, alles andere ist nicht zielführend und verpufft fruchtlos. Eine entsprechende Erörterung zur (Re-)Politisierung ist unter dem Unterpunkt 8.4.1 Handlungsempfehlungen für Mitgliedsorganisationen zu finden.

Alle dargestellten Statements zu möglichen Herausforderungen und Schwierigkeiten, bei der Gewinnung neuer Vorstände, übersetzten wir in folgende quantifizierbare Items mit der bekannten Ordinalskalierung:

Herausforderungen und Schwierigkeiten liegen vor,…

1. Weil ehrenamtliche Arbeit im Allgemeinen in der Gesellschaft nicht mehr hinreichend angesehen und wertgeschätzt wird.

2. Weil ehrenamtliche Arbeit im Allgemeinen in der Gesellschaft mit einem ausnutzenden Charakter assoziiert wird.

3. Weil ehrenamtliche Arbeit einen Mehraufwand darstellt und potentiell zu Überlastung führt.

4. Weil ehrenamtliche Arbeit andere Tätigkeiten des Lebens im unverhältnismäßigen Ausmaß einschränkt.

5. Weil Menschen die Übernahme von (zu viel) Verantwortung scheuen.

6. Weil Menschen ungern öffentlich wahrgenommen werden wollen.

7. Weil Menschen befürchten, den Anforderungen und Aufgaben des Arbeitsfeldes nicht gerecht werden zu können.

8. Weil Menschen nicht abschätzen können, auf was sie sich da einlassen würden.

9. Weil Menschen durch neue rechtliche Lagen oder Haftungsfragen verunsichert werden.

10. Weil Menschen in unserer Organisation nur schwer die Möglichkeit erhalten, sich weiterbilden zu können und sich neues Wissen anzueignen.

11. Da unsere Organisation strukturell zu klein ist.

12. Da sich vor allem junge Menschen nicht langfristig binden können und wollen.

13. Da die ehrenamtlichen Vorstandsmitglieder unserer Organisation überaltert sind.

14. Da potentielle ehrenamtliche Vorstände oder Mitarbeiter_innen nicht das nötige Know-How bzw. die nötige Qualifikation vorweisen können.

15. Finanzielle Aspekte bereiten Schwierigkeiten,...

16. Da Dank und gesellschaftliche Anerkennung allein als Kompensation nicht (mehr) ausreichend sind.

17. Da Menschen lieber für (genug) Geld arbeiten wollen.

18. Da persönliche Aufwendungen der ehrenamtlichen Mitglieder und Vereinsvorstände nicht hinreichend kompensiert werden (können).

19. Fördermittel sind nicht ausreichend,...

20. Da sie zu aufwendig zu beantragen sind.

21. Da Kostenträger schlicht zu wenig zahlen.

22. Da eine schlechte Zahlungsmoral seitens der Kostenträger vorliegt.

Um keine Unterstellungen vorzunehmen, hatten die Personen in der quantitativen Erhebung zunächst die Möglichkeit, auszuwählen, ob in ihrer Organisation aktuelle Herausforderungen und Schwierigkeiten bei der Gewinnung ehrenamtlicher Vorstände vorliegen, oder nicht. Sofern sie „nein" wählten, hatten sie die Möglichkeit, zu wählen, welche der oben genannten Items zumindest zukünftig Schwierigkeiten bereiten könnten.

Die aktuellen Situationen in den Mitgliedsorganisationen des Paritätischen sind nunmehr hinreichend beschrieben. Die soeben dargestellten Herausforderungen und Schwierigkeiten können mit Herzberg und Sprenger als Faktoren gelesen werden, die potentiell zu Unzufriedenheit und mithin zu Demotivation bei den Mitarbeiter_innen führen könnten. In den später darzustellenden Handreichungen soll daher insbesondere herausgestellt werden, wie diese demotivierenden Faktoren ausgeschaltet werden könnten.

6.6   Interventionen und Handlungsvorschläge

Die letzte Sektion knüpft direkt an die genannten Herausforderungen und Schwierigkeiten an. Dies war bereits in der Konzeption des Leitfadens angedacht, indem die interviewten Personen beschreiben sollten, wie den Schwierigkeiten beigekommen werden könnte.

Die Personen sprachen zunächst abstrahiert davon, dass die Attraktivität der Organisationen erhöht werden müsse, um neue ehrenamtliche Vorstände oder Mitarbeiter_innen zu gewinnen[355]. Um dies zu erreichen, müssen sich die Organisationen verstärkt und immer wieder nach außen hin sichtbar machen[356] – dabei sollten vor allem neue Medien, wie ein attraktiver Internetauftritt[357], genutzt werden. Die strategische Ausrichtung, Visionen und Ziele können dabei profiliert werden, um Identifikationsangebote nach außen zu tragen[358]. Dabei könnten die Engagierten die Angebote im wahrsten Sinne äußerlich repräsentieren, beispielsweise durch Kleidungsstücke[359]. Dies könnte gleichzeitig genutzt werden, um die Wichtigkeit freiwilligen Engagements noch weiter in die öffentliche Wahrnehmung zu rücken: Denn Stimmen sprachen davon, dass durch eine verbesserte Wahrnehmung freiwilligen Engagements in der Öffentlichkeit, als „Kitt der Gesellschaft", auch die verbesserungswürdige Wertschätzungs- und Anerkennungskultur in der Organisation ausgebaut werden könne[360].

„Es müssen manchmal nur nette Worte sein oder (..) ein kleines, nettes Gespräch mit einem Käffchen am Rande, wo man einfach mal gesagt bekommt: Schön, dass du da bist. Schön, dass du uns hilfst. Es muss nichts Großes manchmal, denke ich, einfach sein, sondern einfach so die kleinen Dinge auch mal so zwischendurch"[361].

Ein erster Schritt könne dabei der Ausbau der öffentlichen Darstellung von Best-Practice-Beispielen, auch im Rahmen des Paritätischen Ehrenamtstages, sein[362]. So könne es letztlich gelingen, sich auch in politischen Räumen intensiver darzustellen[363]. Insofern sei es nötig, beispielsweise die Rechtsform des Vereins besser zu nutzen und *„mit*

---

[355] Vgl. I81608: 54 und vgl. I91708: 18.

[356] Vgl. I50908: 25 und vgl. I91708: 24, I111808: 4.

[357] Vgl. I40908: 88.

[358] Vgl. I40908: 90 und vgl. I81608: 73.

[359] Vgl. I71007: 27.

[360] Vgl. I50908: 25, vgl. I81608: 73 und vgl. I101708: 47, 48f.

[361] I50908: 29.

[362] Vgl. I81608: 73.

[363] Vgl. I101708: 47, 53.

den eigenen Pfunden [zu, Anm. d. Verf.] wuchern"[364]. Es gäbe Zwecke, für die man die Rechtsform des Vereins brauche[365].

Ferner würde angesprochen, dass es den Organisationen gelinge müsse, ein „Anreizsystem"[366] zu etablieren, dass die Gewinnung ehrenamtlicher Vorstände oder Mitarbeiter_innen vereinfachen könne. Dabei sollen durchaus auch die persönlichen Vorteile profiliert werden, die den Personen durch das freiwillige Engagement zuteilwerden könnten[367]. Wie jedoch bereits aus Abschnitt 3.3 bekannt ist, muss dabei eine angemessene Passung, zwischen „Angebot und Nachfrage", also zwischen den möglichen Motiven der Potentiellen und den „Motivbefriedigungsangeboten" der Organisationen, hergestellt werden. Das vorgestellte Konzept des Freiwilligenmanagements erfüllt diese Anforderungen. Ebenso wären einige Impulse der „Board Governance" hierfür geeignet.

Wenn sich in den Organisationen potentielle Vorstände finden, müssen diese durch Management- und Begleitstrukturen[368] Schritt für Schritt an ihre Tätigkeit herangeführt werden, um ihr Feld kennenzulernen. Dabei sei ein „ins kalte Wasser werfen" zu vermeiden, da genau dies verunsichern und überfordern könne.[369] Aufklärungsarbeit solle daher bei den Potentiellen zur Beruhigung beitragen. Das Arbeitsfeld müsse als offen, transparent und nachvollziehbar wahrgenommen werden.[370] Ein „Hineinrutschen" in das Feld und die Vorstandstätigkeit könne über Praktika, dem Bundesfreiwilligendienst o. ä. erleichtert werden[371]. Eine Person schlägt ferner die Einführung von Patenschaften zwischen Vorstandsmitgliedern und Einrichtungen in den Organisationen vor,

---

[364] I40908: 88.

[365] Vgl. I12106: 115 und vgl. I81608: 72.

[366] Vgl. I91708: 20.

[367] Vgl. I50908: 29 und vgl. I91708: 18

[368] Vgl. I12106: 34 und vgl. I81608: 42-46.

[369] Vgl. I81608: 42-46.

[370] Vgl. I50908: 21, vgl. I61008: 59, 61 und vgl. I91708: 18.

[371] Vgl. I21007: 47, 51 und vgl. I40908: 106, 120.

damit die Vorstandstätigkeit mit einem Einblick in die operativen Arbeitsfelder gekoppelt wird und der Bezug zur Praxis hergestellt werden könne. Denn die Einarbeitung geschehe im Prozess.[372] Letztlich soll es darum gehen, dass die Personen die Vorstandstätigkeit mit einem bestimmten Wissensfundus beginnen könnten[373], *„Damit man als potentielle Ehrenamtliche oder Ehrenamtlicher im Vorstand ein genaues Bild davon hat […]"*[374]. Das bereits vorgestellte FWM-Konzept mit entsprechenden Ehrenamtskoordinator_innen in den Organisationen könnte für die genannten Punkte zuständig sein.

Um den Aufbau des Wissensfundus' zu erleichtern, wünschen sich manche Personen (mehr) Unterstützung durch den Paritätischen[375]. Er solle es ihnen ermöglichen, sich bei „kostenlosen" Fort- und Weiterbildungen – auch in Form von Reisen – neue Qualifikationen anzueignen[376]. Außerdem solle er eine Plattform schaffen, die die Vernetzungs- oder Netzwerkpflege zwischen den Mitgliedorganisationen vereinfacht sowie um Wissen oder Ressourcen austauschen können[377].

Auch organisationsintern sollen regelmäßige Supervisionen oder interne Fachweiterbildungen stattfinden, um neue Ideen zu finden oder neue strategische Optionen zu besprechen[378].

Weiterhin könnten einige Personen davon sprechen, dass sich freiwilliges Engagement wieder „lohnen" müsse – auch auf finanzieller Ebene. Für die Engagierten sollten (zumindest) Aufwandsentschädigungen bereitgehalten werden, um Aufwendungen,

---

[372] Vgl. I91708: 22, 24.

[373] Vgl. I111808: 47.

[374] I61008: 63.

[375] Vgl. I81608: 73 und vgl. I101708: 47.

[376] Vgl. I81608: 74, vgl. I91708: 18 und vgl. I101708: 71.

[377] Vgl. I40908: 110, vgl. I81608: 75, vgl. I91708: 14 und vgl. I101708: 47. 49.

[378] Vgl. I12106: 105 und vgl. I61008: 39, 61.

wie Fahrtkosten, zu kompensieren[379]. Freiwilliges Engagement darf nicht mehr mit einem „Ausnutzungscharakter" assoziiert werden. So solle es gelingen, das Image des freiwilligen Engagements aufzuwerten. Auch für die Organisationen sei es nötig, mehr finanzielle Unterstützungen zu erhalten. Ebenso müsse die Akquise von Fördermitteln versimpelt werden – hier sei es nötig, die Beantragung zu vereinfachen und Wartezeiten auf jene Fördermittel zu verkürzen.[380] Sofern es gelänge, die angesprochene verbesserte Wahrnehmung des freiwilligen Engagements in der Öffentlichkeit zu etablieren, könnten jene Aspekte in den politischen Diskurs getragen und umgesetzt werden.

Eine Person profilierte die Wichtigkeit der Kontinuität des freiwilligen Engagements, die essentiell sei, um Prozesse im Arbeitsfeld besser zu kennen und einschätzen zu können[381]. Damit steht sie im Widerspruch zu einer gegenteiligen Tendenz, die eher die „Projektisierung" freiwilligen Engagements oder der ehrenamtlichen Vorstandstätigkeit profiliert: Denn einige Personen schlugen vor, die Vorstandsarbeit als Projektarbeit[382], mit konkreten, übersichtlichen und vor allem als eine abbrechbare Tätigkeit[383] anzubieten. Hier dürfen keine Aufgaben gestellt werden, die vom Umfang überfordern[384]. Der Aufwand müsse sich in Grenzen halten[385]. Insofern plädierten die Personen, dass für jene umfangreichen und großen Aufgaben hauptamtliche Mitarbeiter_innen oder Geschäftsführer_innen eingesetzt werden sollen[386], die das Ehrenamt fördern und unterstützen[387]. Die Grenze zwischen Haupt- und Ehrenamt solle neu austariert

---

[379] Vgl. I101708: 47 und vgl. I91708: 20.

[380] Vgl. I101708: 47 und vgl. I111808: 10, 71.

[381] Vgl. I91708: 24.

[382] Vgl. I101708: 62 und vgl. I111808: 53f.

[383] Vgl. I40908: 80, 88

[384] Vgl. I21007: 45.

[385] Vgl. I91708: 20.

[386] Vgl. I30708: 26.

[387] Vgl. I81608: 72.

werden, um eine sinnvolle Balance zu finden[388]. Eine angemessene Trennung von Rollen und Kompetenzen sei hier ebenfalls sinnvoll[389], um Verantwortung zu teilen und übersichtlich zu gestalten[390]. Im Stand der Forschung wurde hierzu bereits „Board Governance" (Vorstandsführung) als geeignete Maßnahme präsentiert. Dabei wurde ebenso festgestellt, dass Positionen, wie Freiwilligenmanager_innen (Personalführung) oder ein/e Datenschutzbeauftragte (DSGVO – Haftung) nicht mit geringerer Verantwortung einhergehen. Hierdurch kann das von den Interviewpartner_innen geforderte Argument, auch für diese Positionen, vorzugsweise hauptamtliche Mitarbeiter_innen einzustellen, bekräftigt werden. Außerdem kann es auch als ein „stummer Hilfeschrei" interpretiert werden, denn bestimmte Aufgaben können nicht nur vom Ehrenamt bewältigt werden. Anders betrachtet: Eine Organisation mit einer/m „ehrenamtlichen Geschäftsführer_in" ist unrealistisch und genauso verhält es sich mit bestimmten Positionen, die mit hohen Anforderungen verbunden sind.

Zuletzt forderten einige Personen, dass es nötig sei, gemeinsame gesellige Aktivitäten in den Organisationen, wie Ausflüge oder gemeinsame Abende, auszubauen[391], wie es bereits bei den Prozessphasen des FWM-Konzeptes aufgegriffen und genauer erläutert wurde.

Abermals übersetzten wir alle soeben genannten Aspekte zu Interventionen und Handlungsvorschlägen in Bezug auf die genannten Herausforderungen und Schwierigkeiten in die nachfolgenden Items mit der bekannten ordinalen Skalierung:

1. Um mehr ehrenamtliche Mitarbeiter_innen und potentielle Vorstände zu akquirieren, muss die Attraktivität unserer Organisation erhöht werden.
   Um die Attraktivität unserer Organisation zu erhöhen,…
2. Sollten wir uns immer wieder / intensiver nach außen hin sichtbar machen.
3. Sollte die Wichtigkeit und das Verständnis ehrenamtlicher Arbeit mehr ihr die öffentliche Wahrnehmung gerückt werden.

---

[388] Vgl. I91708: 18 und vgl. I101708: 71.

[389] Vgl. I91708: 18.

[390] Vgl. I12106: 19

[391] Vgl. I40908: 98, 101 f. und vgl. I50908: 25.

4. Sollte unsere Organisation ein adäquates Anreizsystem schaffen.

5. Sollten die persönlichen Vorteile, die man durch ehrenamtliche Arbeit erhalten kann, nach außen hin profiliert werden.

6. Sollte der Paritätische unsere Organisation intensiver unterstützen.

7. Sollte der Paritätische (weiterhin) Best-Practice-Beispiele vorstellen und entsprechend würdigen.

8. Sollte unsere Organisation die Möglichkeit erhalten, sich auch politisch mehr im überregionalen Bereich darzustellen.

9. Sollte unsere Organisation die Möglichkeit erhalten, sich auch politisch mehr im regional / lokalen Bereich darzustellen.

10. Sollte unsere Organisation ein gesellschaftliches Identifikationsangebot schaffen.

11. Sollte unsere Organisation die Außenwirkung des Vereins optimaler / besser nutzen.

12. Sollte die Dankeskultur auch bis in den politischen Bereich ausgebaut werden.

13. Sollten finanzielle Ausgleiche bzw. Aufwandsentschädigungen für persönliche Aufwendungen als neue Form der Wertschätzung für die Ehrenamtlichen ausgebaut werden.

14. Sollten mehr finanzielle Unterstützungen von öffentlicher Hand akquiriert werden (können).

15. Sollte die Beantragung finanzieller Unterstützungen von öffentlicher Hand vereinfacht werden.

16. Sollten die Wartezeiten auf finanzielle Unterstützungen von öffentlicher Hand erheblich reduziert werden.

17. Sollte die Organisation eine angemessene Aufklärungsarbeit anbieten, um mögliche Unsicherheiten und Ängste von potentiellen ehrenamtlichen Mitarbeiter_innen und Vorständen aufzugreifen.

18. Sollten die Organisationen Unterstützung in Sachen (kostenloser) Weiterbildungs- und Qualifikationsmöglichkeiten erhalten.

19. Sollten Patenschaften zwischen Vorstandsmitgliedern und einzelnen Einrichtungsbereichen geschaffen werden, um eine gegenseitige Einsichtnahme in die verschiedenen Arbeitsfelder aller Ehrenamtlichen zu ermöglichen.

20. Sollten Strukturen des Kennenlernens, der Heranführung und Einarbeitung geschaffen und ausgebaut werden, sodass eine ehrenamtliche Vorstandstätigkeit nahtlos und mit einem bestimmten Wissensfundus aufgenommen werden kann.

21. Sollte eine unabhängige Vernetzungs- und Vermittlungsstruktur aufgebaut werden, sodass sich Organisationen gegenseitig helfen können.

22. Sollten Stellen oder Projekte angeboten werden, die ein konkretes Handlungsfeld mit einer terminierten, zeitlich begrenzten und abbrechbaren Tätigkeiten mit klar definiertem Ziel bieten.

23. Sollten regelmäßige Supervisionen stattfinden.

24. Sollte die Grenze zwischen Ehrenamt und Hauptamt neu austariert werden, um eine sinnvolle Balance für ein kooperatives Verhältnis zu finden.

25. Sollten gemeinsame Aktivitäten zur Stärkung der Bindung aller ehrenamtlichen Mitglieder gefördert werden.

26. Sollten ehrenamtliche Mitglieder die Möglichkeit erhalten, die Organisation äußerlich zu repräsentieren, beispielsweise durch Kleidungsstücke.

27. Sollten potentielle ehrenamtliche Vorstände – sofern diese hauptamtlich tätig sind – von ihren Arbeitgeber_innen entsprechende zeitliche Ressourcen erhalten, um einer ehrenamtlichen Vorstandstätigkeit vereinfacht nachgehen zu können.

28. Sollten im Rahmen der Einführung von Managementstrukturen Freiwilligenmanager_innen oder Ehrenamtskoordinator_innen eingesetzt werden, um die genannten Punkte zu gewährleisten.

Die Analyse der qualitativen Erhebung und ihre Überführung in die quantitative Erhebung sind umfassend dargelegt worden. Die nachfolgende Tabelle ist der Versuch, jene qualitativ genannten Aspekte übersichtlich zusammenzufassen.

	beispielhafte Organisationstypen		
	Organisation mit Verbands-Charakter	„kleine" Organisation	„große" Organisation
Chancen und Risiken	geringere oder keine Personalverantwortung (da keine oder wenige Mitarbeiter) und geringeres Bilanzvolumen		hohe Personalverantwortung (viele Mitarbeiter) und hohes Bilanzvolumen
Motivation	Erfolge und individuellen Bedarf bei Adressaten erlebbar machen und transparent kommunizieren		Hemmschwellen und Ängste abbauen
Arbeitsteilung, Rollenwahrnehmung	„Mädchen für alles" tendenziell vielfältige Aufgaben und erschwerte, oder keine Arbeitsteilung mit hauptamtlichen Akteuren, Überforderungspotential		tendenziell eine Aufgabe, sowie Arbeitsteilung mit hauptamtlichen Akteuren „da braucht es Management und Führungsqualität"
Ressourcen in der Organisation	tendenziell gering		tendenziell hoch
Bekanntheit und Außenwirkung	tendenziell sehr spezifische Bekanntheit	geringe oder spezifische Bekanntheit	hohe allgemeine Bekanntheit

Quelle: Eigene Darstellung.

Tabelle 2: Unterscheidung der Herausforderungen für Vorstandsmitglieder in den jeweiligen Organisationstypen.

6.7 Angedachte Strukturierung des Online-Fragebogens

In diesem nächsten Schritt galt es, die bis dato noch unsortierten Items in eine logische Reihenfolge zu bringen, die unseren Zielen angemessen ist.

Es galt zu klären, wie wir heterogene Organisation sinnvoll befragen können und dabei der von uns als essentiell erachteten Multiperspektivität Rechnung zu tragen.

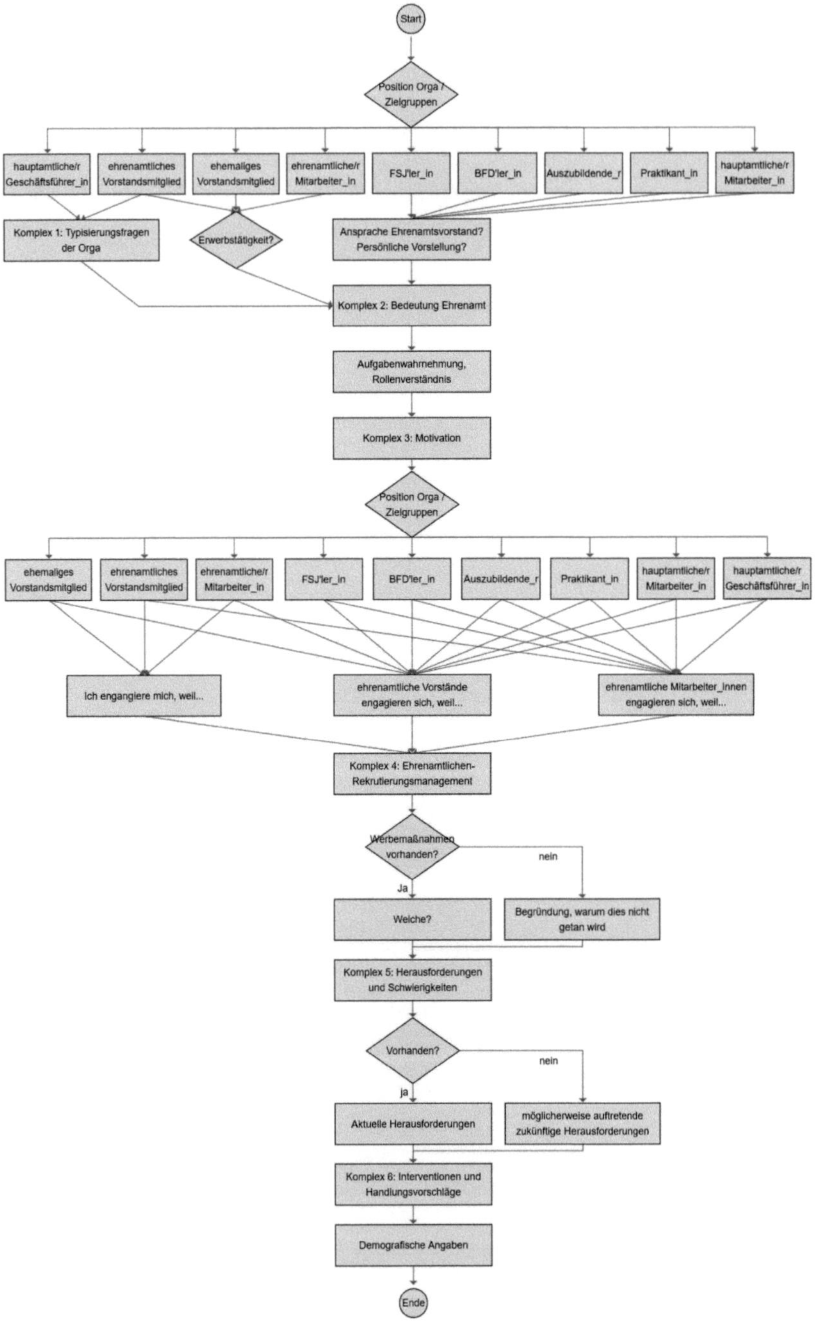

Quelle: Eigene Darstellung.

Abbildung 10: Struktogramm der quantitativen Online-Befragung.

Das Struktogramm zeigt das Ergebnis des Strukturierungsprozesses. Um eine spätere multiperspektive und zielgruppengerechte Auswertung vorzunehmen, schalteten wir zu Beginn der Befragung eine Abfrage, in der sich die Beantwortenden den möglichen Positionen in den Organisationen zuordnen sollten. Es wird ersichtlich, dass sich durch diese Auswahl die zu beantwortenden Fragen verändern. So gab es einige Komplexe, die von allen befragten Personen gleichermaßen zu beantworten waren, andere – wie beispielsweise die Typisierungsfragen der Organisation – waren hingegen sinnvoller-weise nur von den hauptamtlichen Geschäftsführer_innen und den ehrenamtlichen Vorstandsmitgliedern zu beantworten. Im Gegenzug wurden andere Zielgruppen, wie Bundesfreiwilligendienstleistende oder Praktikant_innen gefragt, ob sie innerhalb der Organisationen bereits bzgl. einer möglichen Vorstandstätigkeit angesprochen wur-den und inwiefern sie es sich vorstellen könnten, eine solche Tätigkeit auch tatsächlich anzunehmen.[392]

Die zielgruppenspezifische Beantwortung des Fragebogens beeinflusste insbeson-dere die Fragenstruktur zum dritten Komplex der Motivationsfragen. Hier interessierte insbesondere eine zielgruppenspezifische Abgrenzung von Selbst- und Fremdbild in Bezug auf die Motive des freiwilligen Engagements. Jede beantwortende Person hatte den Motivationskomplex zum diesem Zweck zwei Mal, jedoch mit unterschiedlichen Bezügen, zu beantworten. Ein ehrenamtliches Vorstandsmitglied hatte dabei die Per-spektive auf sich selbst („ich engagiere mich, weil…") sowie auf die ehrenamtlichen Mitarbeiter_innen zu richten („ehrenamtliche Mitarbeiter_innen engagieren sich, weil…"). Hingegen galt es beispielsweise für die hauptamtlichen Geschäftsführer_in-nen, die Perspektive auf ehrenamtliche Vorstände („ehrenamtliche Vorstände engagie-ren sich, weil…") sowie auch hier auf ehrenamtliche Mitarbeiter_innen zu beziehen.

Die darauffolgenden Beantwortungsschritte geschahen nach dem oben beschriebe-nen Schema und bedürfen keiner weiteren Kommentierung. Es stellte sich nunmehr

---

[392] Diese Zielgruppen haben nicht an unserer Online-Umfrage teilgenommen bzw. wurden nicht er-reicht. In bestimmten, nachfolgenden Abschnitten und dem Unterpunkt 8.4.2 Handlungsempfeh-lungen für den Paritätischen Thüringen wurde dies reflexiv berücksichtigt.

die Frage, wie und auf welchem Weg eine Umsetzung und Implementierung des konzipierten Fragebogens geschehen könne.

6.8 Erstellung und Distribution des quantitativen Online-Fragebogens

Nach Gesprächen zwischen dem Paritätischen Thüringen und dem Forschungsteam war zunächst noch nicht ganz klar, auf welchem Weg der Fragebogen an die einzelnen Mitgliedsorganisationen herangetragen werden sollte. Es wurden verschiedene Varianten vorgeschlagen und diskutiert. Die Vorschläge betrachteten die Möglichkeiten und Grenzen eines möglichen E-Mailings via der internen Hausverteilung des Paritätischen sowie die Webseite oder Briefverteilung des Paritätischen. Eine externe elektronische Variante kam erst später ins Gespräch.

Hierbei stellten sich schon erste Probleme ein. Der Paritätische Thüringen selbst besitzt keine eigens implementierte Plattform, um Fragebögen über E-Mail zu verteilen, es sei denn, Fragebögen würden innerhalb eines E-Mail Anhangs verschickt, um elektronisch oder ausgedruckt händisch ausgefüllt zu werden, um dann wieder per Mail oder Brief zurückgeschickt zu werden. Dies hätte zusätzliche Hürden für die Beantwortung gestellt, sich höchstwahrscheinlich negativ auf die Rücklaufquote ausgewirkt und neue Fragen für die Auswertung und Anonymität aufgeworfen.

Auf der hauseigenen Internetpräsenz gibt es ebenfalls keine integrierte Einbindung für Fragebögen oder andere Arten der Befragung. Eine Integration einer solchen Plattform auf der hauseigenen Internetpräsenz des Paritätischen Thüringen würde Zeit, Geldmittel und enge Zusammenarbeit mit der Rechtsabteilung bedürfen. Ein zügiger Beginn der Befragung wäre mit dieser Methode nicht sofort und vermutlich auch nicht zeitnah möglich gewesen.

Ähnliche Probleme wären auch durch die Befragung über einen Briefverteiler aufgetreten. Hierbei wäre die Frage gewesen, wer die Serienbriefe erstellt, druckt, und verteilt. Druckt die Forschungsgruppe oder der Paritätische die Briefe? Oder hätte hierbei ein externes, professionelles Befragungsinstitut mit eigener Verteilung eingeschaltet werden sollen? Hierbei hätte sich auch die Frage gestellt, in welchem Namen die Briefe hätten versendet werden sollen und an wen. Die Probleme, die sich bei der Variante via E-Mail gestellt haben, bestünden hier auch weiterhin, zum Beispiel, dass die Befragung mit Papier durchgeführt wird und somit ausgedruckt und zurückgesendet werden müsste. Diese würde die Teilnehmer_innen auch wieder vor eine Hürde stellen.

Aus diesen Problemstellungen und dem konkreten Blick auf die Fragebogenverteilung, stellt sich die Frage, auf welchem Wege eine effektive Verteilung des Fragebogens stattfinden könnte. Und dies ohne, dass die vorher genannten Problemen auftreten würden.

Die vorher genannten Gründe werfen die Frage nach einer alternativen Form auf, um die Fragebögen angemessen an die Nutzer_innen heranzutragen. So wurde eine elektronische Fragenbogenvariante gewählt. Die Hürden der Brief- und Papierfragebögen konnten somit umgangen werden. Die Wahl fiel schnell auf die Plattform Typeform[393], aufgrund positiver Vorkenntnisse und Erfahrungen von Hrn. Prof. Dr. Michael Opielka. Dieser hatte Typeform schon erfolgreich in anderen Projekten verwendet.

Die konzipierten Items der analysierten Codes konnten nun anhand des dargestellten Struktogramms und der angedachten Fragenstruktur online in die Plattform eingepflegt und übersetzt werden, um den Fragebogen in seiner Endform zu erstellen. Nun konnten weiterführende Distributionsmaßnahmen beginnen.

6.8.1 Distribution

Die Grundfrage einer sinnvollen Distribution des Fragebogens lautete für uns, wie wir einerseits der Heterogenität der Organisationen gerecht werden und andererseits multiperspektive Antworten ermöglichen. Ebenso galt es, den Zugang zum Fragebogen möglichst einfach zu gestalten. Konkret musste die Frage beantworten werden, wie und auf welchem Weg die Fragebögen in die Organisationen gelangen und welche Personen ihn beantworten sollen. Durch die Möglichkeiten von Typeform konnten diese Fragen zuverlässig beantwortet werden.

---

[393] www.typeform.com

Wie sich bereits anhand des Struktogramms des Fragbogens erahnen lässt, entschieden wir uns, den Fragebogen nicht nur an die Vorstände der Mitgliedorganisationen zu verteilen. Vielmehr erachteten wir es als wichtig, eine vielschichtige Perspektive zu erhalten. Durch die Vorstandsperspektive allein hätten uns wichtige zusätzliche Sichtweisen verloren gehen können. Das Meinungsbild wäre einseitig gewesen. So entschieden wir uns bewusst dafür, dass die Befragung in den jeweiligen Organisationen an alle Mitarbeiter_innen gestreut werden sollte, um komplexere Antworten zu erhalten. Dies verkomplizierte den Distributionsprozess jedoch erheblich. Typeform ermöglicht es, den Fragebogen via Link direkt in einem Internetbrowser zu öffnen und nach Eingabe eines Passworts zu bearbeiten. Der E-Mail-Verteiler des Paritätischen konnte genutzt werden, um die Links und Passwörter an die Organisationen zu senden. Wer die entsprechende Mail in den Organisationen letztlich erhielt und wie die Person damit umging, entzog sich unserem Einflussbereich. Gleiches gilt für die beabsichtigte interne Verteilung des Fragebogens an die Mitarbeiter_innen in den Organisationen, wozu zu Beginn eines jeden Fragebogens explizit aufgerufen wurde. Wir sind uns darüber bewusst, dass dieses Vorgehen und unser Wunsch nach Multiperspektivität zu Gewichtungsproblemen in der Auswertung führen kann, da die jeweilig organisationsinterne Verteilung der Fragebögen für uns nicht kontrollierbar war. So ist es für uns aus Gründen der Anonymität nicht nachvollziehbar gewesen, festzustellen, wie viele beantwortete Fragebögen aus derselben und wie viele aus unterschiedlichen Organisationen rückliefen. Die Gewichtung kann daher insofern aus dem Gleichgewicht geraten, als dass ein möglicherweise homogenes Meinungsbild einer großen Organisation mit hoher Mitarbeiter_innenanzahl stärker ins Gewicht fällt, als das Meinungsbild einer kleinen Organisation mit geringem Mitarbeiter_innenstamm. Um den gewünschten heterogenen Perspektiven Rechnung zu tragen, war dies ein Kompromiss, den wir bereit waren einzugehen. Es zeigt jedoch die Notwendigkeit, den verschiedenen Organisationsgrößen in der Auswertung besonderes Augenmerk zu widmen.

6.8.2 Anonymität

Der Fragebogen war als eine anonyme Befragung angedacht. Hierbei sollte die Anonymität der Mitgliedsorganisationen gewahrt werden, um auch solchen Antworten Raum zu bieten, die nicht positiv für den eigenen Verein oder den Paritätischen sind. Dieses Dilemma, der sozialen Erwünschtheit von Antworten der Mitgliedsorganisationen, sollte durch die Anonymisierung unterbunden werden. Durch Typeform und einem Fragebogendesign, das keinerlei Rückschlüsse auf die ausfüllende Person zulässt, konnte auch dieser gesetzten Anforderung an unser Forschungsdesign im Hinblick auf die Anonymität Rechnung getragen werden.

6.8.3 Logik- und Programmiersprache

Typeform selbst bietet eine Plattform, durch welche man einen Fragebogen programmieren und öffentlich zugänglich machen kann. Dabei wird ein Zuschneiden des Fragebogens auf die einzelnen Zielgruppen ermöglicht. Ein Überspringen bzw. Ausblenden von Fragen, die für bestimmte Parteien irrelevant wären, kann dadurch ebenso ermöglicht werden. Dies kann durch die in Typeform integrierte Logiksprache und die damit programmierten Logiksprünge erreicht werden. Diese Logiksprache ermöglicht es, durch Angaben von bestimmten Bedingungen, die Abfolge von Fragen zu beeinflussen. Ehrenamtliche Vorstände erhielten daher zum Teil andere Fragen als hauptamtliche Mitarbeiter_innen. Dadurch konnte ein weitaus komplexes Fragebogendesign in komprimierter Form an die Mitgliedsorganisationen herangetragen werden.

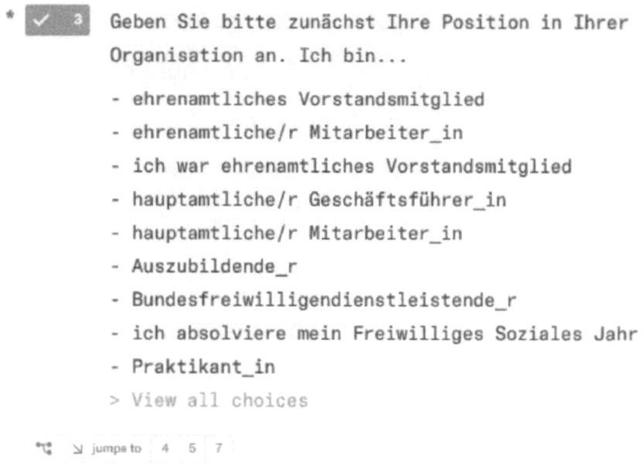

Quelle: Eigener Screenshot von Typeform.

Abbildung 11: Implementierung des Fragebogendesigns in Typeform.

Wie die Abbildung zeigt, springt man (jump to - in der Abbildung) je nachdem, welche Position man in der Organisation angegeben hat, zu einem anderen Frageblock im Fragebogen. Damit wurde der Forschungsgruppe die Möglichkeit eröffnet, einen weitaus komplexeren Fragebogen zu gestalten, als zu Beginn angedacht war.

6.8.4 Probleme und Barrierefreiheit

Auch Typeform bringt hierbei seine Probleme mit sich, neben solchen einfach lösbaren, wie der Einarbeitung in den Umgang mit der Plattform, gab es auch solche, die schwieriger abzustellen waren. Die Website lief ab der Hälfte der eingegebenen Fragen unter der Last des Umfangs instabil. Dies führte zu erhöhten Ladezeiten in der Programmierumgebung, die dadurch sogar teilweise den Browser zum Abstürzen brachte. Auch war die Website während der Erstellungsphase für zwei bis drei Tage nicht erreichbar, was aber insgesamt nicht stark ins Gewicht gefallen ist.

Andere Probleme gab es in der Zugänglichkeit für Menschen, die durch körperliche Einschränkungen Probleme haben, an dieser Umfrage teilzunehmen. Hierzu zählen vor allen Menschen mit Sehbehinderungen. Auch wenn es während der Erstellung des Fragebogens Rücksprachen und auch direkten Kontakt mit Menschen mit Sehbehinderungen gab, um den Fragebogen barrierefrei zu gestalten, so konnte doch diesem Wunsch nur im geringen Maße entgegenkommen werden. Die Plattform und die Typen der Fragen, wie Skalen oder „Multiple Choice" können nur schwer in Geräte übertragen werden, welche auf einem Brailledisplay angezeigt werden können, wenn sie dies überhaupt tun. Auch konnten wir nur teilweise Rücksicht auf eine einfache Sprache nehmen. Dies ist der Komplexität der Fragestellungen geschuldet und der kurzen Zeit, in dem die Fragekomplexe erstellt und auf den Fragebogen übertragen wurden. Aus diesem Grund wurde von uns die Kontaktaufnahme durch eine alternative E-Mail-Adresse ermöglicht. Bei dieser E-Mail-Adresse konnten Hilfestellungen für Betreffende, z. B. für das Ausfüllen des Online-Fragebogens angefragt, telefonisch vereinbart und beansprucht werden. Diese Option wurde nicht genutzt, wie im Unterpunkt 2.2 angedeutet wurde.

7 Analyse der quantitativen Erhebung

Um die Erhebung vorzubereiten, wurde nach einer erfolgreichen internen Testphase des Fragebogens ein Pretest geschaltet. Hierdurch wurde einigen Nutzer_innen die Möglichkeit eingeräumt, den Fragebogen erstmalig auszufüllen und Rückmeldungen zu geben. So konnten mögliche Fehler ausfindig gemacht und bereinigt werden. Dieser Pretest lief vom 01.10.2017 bis zum 15.10.2017. Im Nachgang konnten dadurch einige Begrifflichkeiten simplifiziert und weitere notwendige Erläuterungen eingepflegt werden.

Die erste quantitative Erhebungsphase fand im Zeitraum vom 17.10.2017 bis 28.11.2017 statt, eine weitere Erhebungsphase wurde im Zeitraum zwischen dem 05.12.2017 bis 28.12.2017 durchgeführt, um die Beteiligung zu erhöhen. Die Mitgliedsorganisationen wurden über die quantitative Erhebung durch den Newsletter des Paritätischen Thüringen, eine E-Mail vom Landesgeschäftsführer Hr. Werner, sowie durch direkte Werbung im Rahmen des ersten Verbandstages des Paritätischen Thüringen informiert und um Beteiligung gebeten. Den Newsletter erhielten nicht nur ausgewählte Vertreter_innen der Organisationen, sondern auch die Mitglieder der jeweiligen Organisationen, welche z. B. an Bildungsangeboten der BuntStiftung teilgenommen haben, oder durch organisationsinterne Weiterleitung von dem FuE-Projekt erfahren haben. Ob und in welchem Umfang diese interne Weiterleitung bei den jeweiligen Organisationen erfolgte, ist für uns nicht nachvollziehbar. Die durchschnittliche Beantwortungsdauer von 22:28 Minuten entspricht in etwa der Ankündigung[394]. In der Einladungsmail bzw. dem Newsletter-Artikel wurde ein voraussichtlicher Zeitbedarf von dreißig Minuten angegeben, wie es im Pretest vorab in etwa ermittelt wurde.

---

[394] Hierbei ist allerdings zu erwähnen, dass Abbrüche der Online-Befragung die durchschnittliche Bearbeitungszeit nach unten verfälscht haben.

Wie nachfolgend dargestellt, bietet Typeform selbst, durch seine implementierten Funktionen, die Möglichkeit, einfache Auswertungen der Daten vorzunehmen. Die weiterführende Auswertung wird dadurch ermöglicht, dass die beantworteten Fragen direkt in einer in SPSS einlesbaren .xlsx oder .csv Datei downloadbar sind.

	Bitte geben	Was ist die	Other	Geben Sie	Sind Sie en	Sind Sie vo	Ich kann es	Wie viele <	Wi
36bbd1	Zukunft	e.V.		ehrenamtlic	ich bin nich			5	
4d4698	Zukunft	e.V.		ehrenamtlic	ich bin erwe			8	
200719	zukunft								
f98a61	ZUKUNFT								
36ad4fa	ZUKUNFT								
1361a	Zukunft	e.V.		ehrenamtlic	ich bin nich			20	
4b736f7	zukunft								
aa87db	Zukunft	e.V.		ehrenamtlic	ich bin nich			0	
7fb8f8e	christoph.k								
03202fc	Zukunft	e.V.		ehrenamtlic	ich bin erwe			2	
2719bf5	Zukunft	e.V.		ehrenamtlic	ich bin erwe				
570942	Zukunft	e.V.		ehrenamtlic	ich bin erwe			5	
0f85a9c	Zukunft	e.V.		ehrenamtlic	ich bin erwe			2	
21d6as	Zukunft	e.V.		hauptamtlic				4	

Quelle: Eigene Erhebung.

Abbildung 12: Ausschnitt aus der .xlsx Datei mit den erstellten Rohdaten.

Zudem bietet Typeform ebenso die Möglichkeit, die erhobenen Items als deskriptive Statistiken auszugeben, um die Auswertungsarbeiten zu erleichtern.

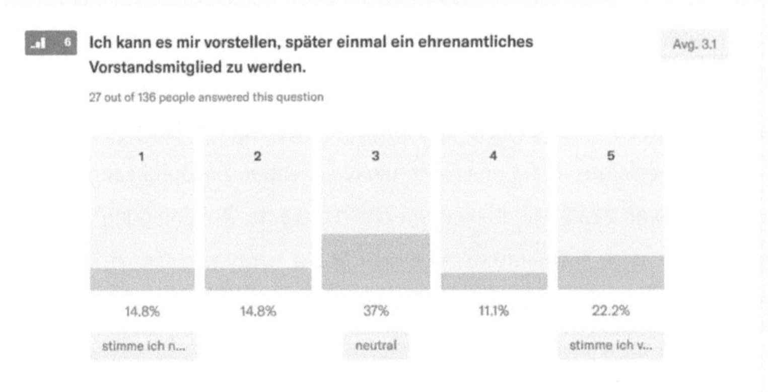

Quelle: Eigene Erhebung.

Abbildung 13: Darstellung einer deskriptiven Statistik in Typeform.

Grundsätzlich ist von einer relativ hohen Reichweite der genannten Informationskanäle auszugehen, sodass ca. 345 Mitgliedsorganisationen die Möglichkeit hatten, Kenntnis vom Projekt und der Online-Befragung zu haben. Die Online-Befragung wurde von 296 Personen aufgerufen (siehe Abbildung 14). In 136 Fällen wurde die Befragung komplett abgeschlossen, wobei unklar bleibt, ob z. T. mehrere Personen zusammen die Befragung durchgeführt haben. Von diesen 136 Fällen waren 22 nicht verwertbar. Diese waren in den meisten Fällen schlicht auf falsch eingebende Passwörter, die einen direkt an das Ende des Fragebogens bringen und den Fragebogen sofort beenden, aber auch auf die Nutzung von Tablets und Smartphones, die nicht mit dem Aufbau der Typeform-Internetseite kompatibel sind, zurückzuführen. Nur um hier zwei mögliche Gründe für die 22 nicht verwertbaren Fragebögen zu nennen.

Key stats

All Devices	PC & Laptops	Smartphones	Tablets	Other

Responses	Total visits	Unique visits	Completion rate	Average time to complete
136	423	296	45.9%	22:28

Quelle: Screenshot der in Typeform implementierten Auswertungsmöglichkeit.

Abbildung 14: Typeform-Auswertung der Online-Befragung.

Demnach beträgt die Rücklaufquote, gemessen an der Anzahl der Organisationen, maximal 39 %. Da es möglich ist, dass mehrere Mitglieder einer Organisation die Befragung durchgeführt haben, liegt der tatsächliche Anteil der erreichten Organisationen gegebenenfalls unter diesem Wert. Da Ankündigungen, beginnend mit der Verleihung des Ehrenamtspreises am 19.05.2017, persönliche Ansprachen von Funktionsträger_innen, sowie eine Gesamtdauer der quantitativen Erhebungsphase von insgesamt 65 Tagen nahelegen, dass das FuE-Projekt gut beworben und vom Paritätischen Thüringen angemessen kommuniziert wurde, bleiben Interpretationsspielräume, um die relativ geringe Beteiligung zu erklären. Da 46 % der Teilnehmer_innen die Befragung abgeschlossen haben (siehe Abbildung 14) liegt die Vermutung nahe, dass entweder

zu viele Fragen aufgenommen wurden, oder dass die Art der Fragen keine „Passung"
zur/zum Antwortenden erzeugt haben.

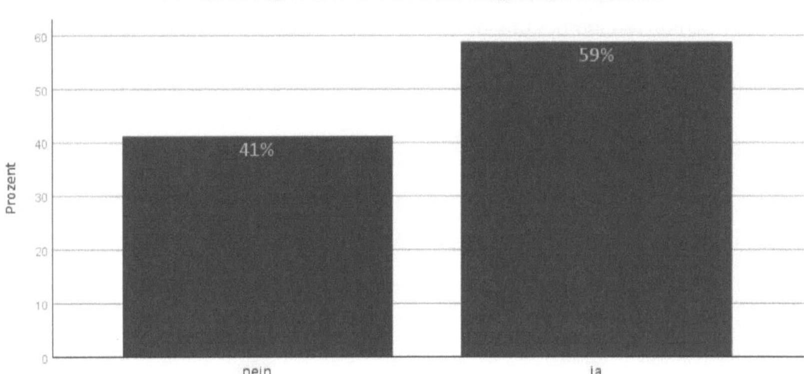

Quelle: Eigene Erhebung. N = 114.

Abbildung 15: Herausforderungen in der Rekrutierung.

Die freien Anmerkungen am Ende der Befragung (siehe Anhang) bestätigen diesen
Verdacht zum Teil, was einen Grund für die relativ hohe Anzahl an Abbrüchen der Befragung erklären könnte. Ein zweiter Grund könnte darin bestehen, dass 41 % der Befragten angegeben haben, keine Probleme bei der Rekrutierung neuer ehrenamtlicher
Vorstandsmitglieder oder Mitarbeiter_innen zu haben (siehe Abbildung 15). Diesen
Wert können wir nicht direkt auf die Gesamtheit übertragen, da unsere Befragung keine
repräsentative Stichprobe darstellt. Wenn wir die Befragung jedoch als ungefähres Ab-
bild der Meinungen und Situationen von Mitgliedsorganisationen des Paritätischen betrachten, so lässt sich annehmen, dass auch in der Gesamtheit etwa die Hälfte der
Organisationen keine Herausforderungen bei der Gewinnung von Vorstandsnachfol-
ger_innen sehen und sich von der Kommunikation des Paritätischen zum Thema des
FuE-Projekts nicht angesprochen gefühlt haben. Es ist auch möglich, dass einige Mitgliedsorganisationen eher weniger freiwillig bzw. ehrenamtlich Engagierte in ihrer Or-

ganisation haben und die jeweiligen Vorstände durch ehemalige hauptamtlich Angestellte besetzt sind, die bei einem Ausscheiden oder Leitungswechsel traditionell in
den Vorstand nachrücken. Auch diese Organisationen sind daher gegebenenfalls nicht
auf das FuE-Projekt aufmerksam geworden. Weiterhin haben 59 von 114 Teilneh-
mer_innen angegeben, hauptamtlich als Mitarbeiter_in, oder Geschäftsführer_in in ihrer Organisation tätig zu sein, was 52 % der Teilnehmer_innen entspricht (siehe Abbildung 16).

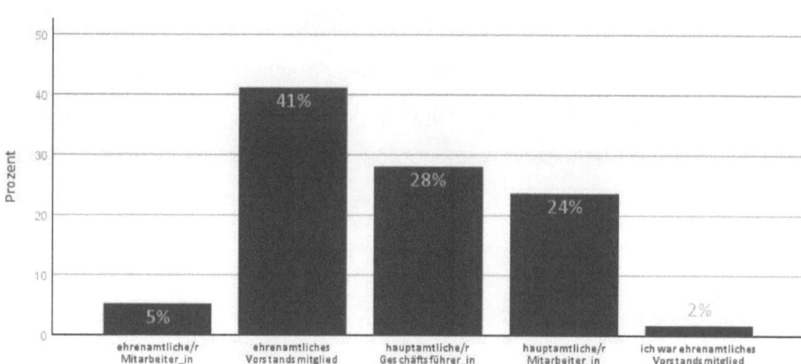

Quelle: Eigene Erhebung. N = 114.

Abbildung 16: Position der Teilnehmer_innen.

Demnach wird die Perspektive auf die Herausforderungen zur Vorstandsgewinnung,
sowie der Wahrnehmung von ehrenamtlichem Engagement insgesamt, stark von dieser Gruppe geprägt. Wie weiter oben ausgeführt, hatten wir die Befragung so konstru-
iert, dass wir die Meinungsbilder über ein weites Spektrum der Rollen von freiwillig
Engagierten erheben und betrachten können. Eine Erklärung dafür, dass wir einige Personengruppen nicht, bzw. in geringem Umfang erreicht haben, könnte darin gesehen
werden, dass die Einladung zur Teilnahme an der Online-Befragung einen Personenkreis im Vorstand der Organisationen erreicht hat und diese Personen die Einladung
nicht weitergereicht haben an ehrenamtliche Mitarbeiter_innen. Von ehrenamtlichen

Mitarbeiter_innen ohne Leitungsfunktion und insbesondere von Freiwilligendienstleistenden im Freiwilligen sozialen oder ökologischen Jahr, also tendenziell jüngeren Personengruppen, hat an der Umfrage niemand teilgenommen. Daher ist es uns nicht möglich, das Meinungsbild durch deren Perspektive differenzierter abzubilden. In der Regel liegen dem Paritätischen Thüringen allgemeine Kontakt-E-Mail-Adressen vor, welche üblicherweise die Leitungsebene erreichen, oder es werden, insbesondere in Vereinen ohne hauptamtliche Mitarbeiter_innen, oft direkt Mitglieder des Vorstands erreicht. In den folgenden Abschnitten betrachten wir das genaue Meinungsbild hinsichtlich der Facetten und Aspekte, welche wir durch die Analyse der quantitativen Erhebung als besonders relevant identifiziert haben. Im letzten Teil des vorliegenden Berichtes gehen wir unter anderem auf die Validität des Forschungsdesigns, die Auswahl der Fragen, sowie Besonderheiten des Zugangs kritisch ein. Im Anhang dieses Berichts befindet sich eine Methodendokumentation, Tabellen zur Übersicht über Variablen- und Wertbeschriftungen, sowie alle deskriptiven Statistiken und ausgewählte statistische Darstellungen.

7.1 Betrachtung des Verständnisses von Ehrenamt und Motivationsfaktoren

Anknüpfend an die Erkenntnisse zum Verständnis von Ehrenamt und Motivationsfaktoren, wie wir sie in den Abschnitten 3.3, 6.1 sowie 6.3 erörtert haben, wurden entsprechende Frage-Sets und Items zu diesen Aspekten in die quantitative Fragestellung aufgenommen. Damit tragen wir der großen Bedeutung des Themenbereichs Motivation in den qualitativen Elementen unserer Forschung Rechnung. Im Folgenden betrachten wir die Ergebnisse der Meinungsbilder und zeichnen zusammenfassend ein allgemeines Bild davon, welches Verständnis die Vertreter_innen der Mitgliedsorganisationen des Paritätischen Thüringen von Ehrenamt zu haben scheinen und wie sie die Motive der freiwilligen Akteur_innen einordnen. Weiterhin versuchen wir, diese Annahmen im Zusammenhang mit den Herausforderungen bei der Suche und Gewinnung ehrenamtlicher Mitarbeiter_innen im Allgemeinen und ehrenamtlicher Vorstandsmitglieder im

Besonderen zu interpretieren. Um gegebenenfalls Differenzen zwischen den verschiedenen Positionen der Antwortenden zu erkennen, haben wir die Fragen zum Komplex Motivation und Verständnis von Ehrenamt in der deskriptiven Statistik nach den Rollen ehrenamtliche/r Mitarbeiter_in, ehrenamtliches oder ehemaliges ehrenamtliches Vorstandsmitglied, hauptamtliche/r Geschäftsführer_in und hauptamtliche/r Mitarbeiter_in mittels SPSS aufgefächert.

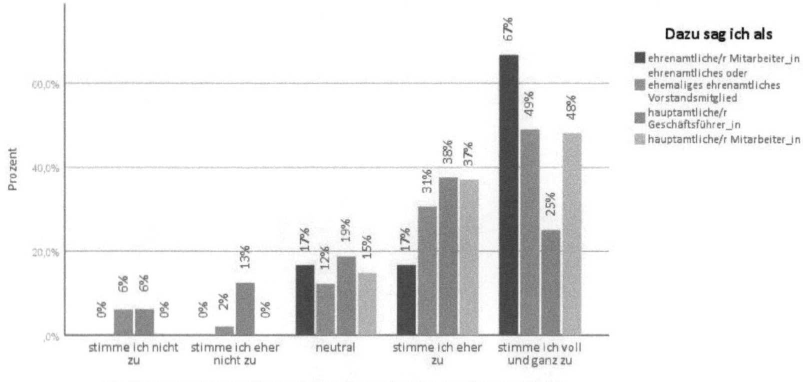

Quelle: Eigene Erhebung. N = 114.

Abbildung 17: Meinungen zum Verständnis von Ehrenamt.

Wie in Abbildung 17 deutlich wird, votierte eine Mehrheit der Befragten bei der Aussage „ein Ehrenamt ist ein `Amt`, das man inne hat und in Ehren mit dem Herzen ausführt" mit „stimme ich eher zu" oder „stimme ich voll und ganz zu". Demnach scheint ein relativer Konsens darüber zu bestehen, dass ein hohes Maß an intrinsischer Motivation bezüglich des Engagements bei den Akteur_innen besteht. Die Gruppe der hauptamtlichen Geschäftsführer_innen weicht hier hinsichtlich der Verteilung etwas ab, da auch 12 % mit „stimme ich eher nicht zu" bzw. „stimme ich nicht zu" geantwortet haben, was als pragmatischeres Verständnis bezüglich des ehrenamtlichen Engagements interpretiert werden könnte. Dieses relativ klare Meinungsbild zur Interpretation des Ehrenamts als „Herzenssache" bestätigt zunächst die Annahme, dass innerhalb

eines „Motivbündels", wie es im Abschnitt 6.3 beschrieben ist, die persönliche Identifikation mit dem Organisationsthema und eine stärker altruistisch geprägte Einstellung, eine zentrale Rolle spielt. Die Annahme, dass es sich beim freiwilligen Engagement also um ein kollektiv-altruistisches Projekt handle, bei dem man einen gesellschaftlich relevanten Beitrag leisten will[395], scheint zunächst bestätigt. Dies wird auch durch eine signifikante Korrelation mit den Antworten auf die Aussage „Ehrenamt heißt vor allem, freiwillig, kostenlos und unentgeltlich zu arbeiten" bestätigt (siehe Abbildung 18).

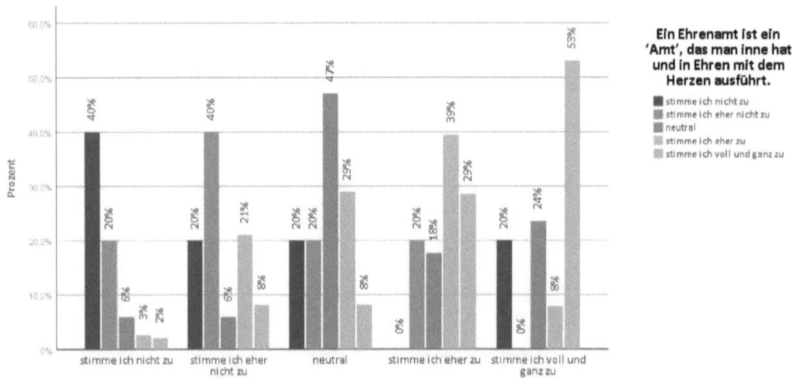

Quelle: Eigene Erhebung. N = 114.

Abbildung 18: Zusammenhang zwischen Ehrenamt als „Herzenssache" und der Erwartung, freiwillig und unentgeltlich zu arbeiten.

Demnach stimmen 53 % der Befragten, die der Aussage, „Ehrenamt heißt vor allem, freiwillig, kostenlos und unentgeltlich zu arbeiten", voll zustimmen, auch der Aussage, dass das Ehrenamt Herzenssache sei, voll zu. Auf der anderen Seite stimmen jedoch 40 % derjenigen Befragten, die hier einer Aussage nicht zustimmen, auch der anderen nicht zu. In absoluten Zahlen betrachtet, handelt es sich hier zwar nur um eine kleine Personengruppe, dennoch sollte ihr Meinungsbild nicht vernachlässigt werden.

---

[395] Siehe Abschnitt 6.3.

Resultierend aus dem Meinungsbild zu diesen beiden Aussagen ließe sich folgende Ableitung formulieren: Je höher die intrinsische Motivation zum freiwilligen Engagement ausgeprägt ist und Ehrenamt als „Ehrensache" verstanden wird, desto weniger könnte ein finanzieller Aspekt in erster Linie mit der Tätigkeit in Verbindung gebracht werden, da fremdbezogene Motive überwiegen könnten. Diese Erkenntnis ermöglicht einen Rückschluss auf die Herausforderungen bei der Gewinnung von ehrenamtlichen Vorstandsmitgliedern. Wenn also in der Ansprache-Situation festzustellen ist, dass ein potentiell zu rekrutierendes Vorstandsmitglied vorwiegend intrinsisch motiviert argumentiert, könnte, vor dem Hintergrund der Komplexität der Motivbündel, davon ausgegangen werden, dass finanzielle Motive als Anreiz für die Person in den Hintergrund getreten sind, da für sie aktuell ausreichend finanzielle Ressourcen zur Verfügung stehen könnten. Deshalb wäre sie zu diesem Zeitpunkt wahrscheinlich nicht über finanzielle Anreize für eine Vorstandtätigkeit aktivierbar, da erkennbar und zu erwarten ist, dass die Person aktuell eher fremdbezogene Motive befriedigen möchte. Die weitere Ansprache-Situation sollte daher auf jene fremdbezogenen Aspekte gelenkt werden.

Im Gegensatz dazu argumentieren die wenigen Personen, die im freiwilligen Engagement weder eine „Herzenssache", noch unentgeltliche Arbeit sehen, wahrscheinlich vorwiegend motivational selbstbezogen. Es könnte angenommen werden, dass diese doppelte Negativargumentation auf einer inneren Enttäuschung oder Unsicherheit beruht. Eventuell haben diese Personen bemerkt, dass sie es sich aktuell nicht mehr „leisten" können, also unzureichende Ressourcen vorhanden sind, um sich freiwillig zu engagieren. Dies könnte auf aufgekommene finanzielle oder zeitliche Schwierigkeiten zurückzuführen sein, was zu Unzufriedenheit und mithin zu Demotivation führen könnte sowie dazu, dass die Person auch letztlich den „Herzensaspekt" des freiwilligen Engagements nicht mehr teilen kann. Mit Sprenger wurde in Abschnitt 3.3 jedoch angebracht, dass es ebenso essentiell sein kann, jene demotivierenden Faktoren zu unterbinden. In der Ansprache-Situation gilt es daher, sensibel zu erörtern, welche selbstbezogenen Motive für die Person aktuell relevant erscheinen. Die betreffenden Personen könnten insofern wohl eher mit finanziellen Ausgleichsleistungen akti-

viert/reaktiviert werden, was mit Herzberg als weiterführender Hygienefaktor für freiwilliges Engagement verstanden werden könnte. Insofern könnte sich hierin auch Haumanns Feststellung widerspiegeln: Finanzielle Anreize werden am seltensten genannt – vor dem Hintergrund des soeben angebrachten kann jedoch davon ausgegangen werden, dass eine Monetarisierung des Ehrenamts generell nicht unattraktiv ist[396].

Das beschriebene Verhältnis von Motiven und personalen Ressourcen könnte anhand des nachfolgenden einfachen Kontinuums (Abbildung 19) dargestellt werden:

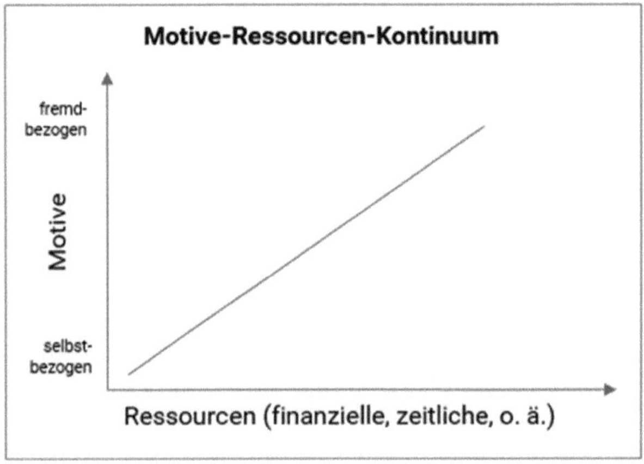

Quelle: Eigene Darstellung.

Abbildung 19: Motive-Ressourcen-Kontinuum.

Passend zu diesem Verständnis von freiwilligem Engagement besteht, wie in der nachfolgenden Abbildung 20 ersichtlich ist, ein relativ klares Meinungsbild zu der Aussage: „Das Ehrenamt ist eine Alternative für Menschen, die einen begrenzten Zugang zum ersten Arbeitsmarkt haben", indem dieser Aussage überwiegend „eher nicht" und „nicht" zugestimmt wurde. Ein gegenläufiges Ergebnis würde hingegen nahelegen,

---

[396] Vgl. Haumann 2014 in Bundesministerium für Familie, Senioren, Frauen und Jugend 2013: 17 [pdf].

dass ein relativ pragmatisches Verständnis zum freiwilligen Engagement als „Ersatztätigkeit" zur Erwerbsarbeit bestünde und somit dem zuvor beschriebenen korrelativen Zusammenhang widersprechen.

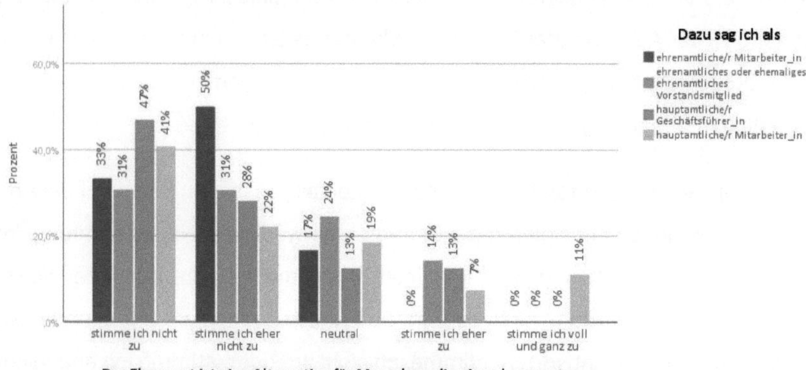

Quelle: Eigene Erhebung. N = 114.

Abbildung 20: Ehrenamt als Alternative zur Erwerbsarbeit.

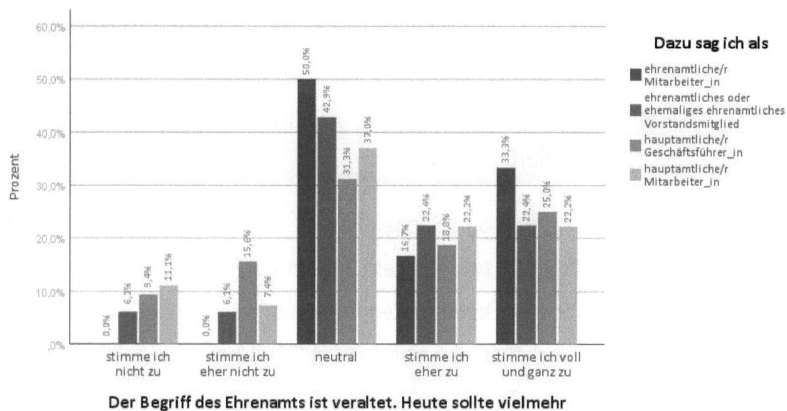

Quelle: Eigene Erhebung. N = 114.

Abbildung 21: Weiterentwicklung des Begriffsverständnises von freiwilligem Engagement.

So kann hiermit ebenso festgestellt werden, dass das in Abschnitt 6.1 tendenziell klassisch-traditionelle Verständnis des Ehrenamts relativ deutlich von der Mehrheit der Befragten gestützt wird. Aufgrund dessen, dass das Verständnis von Ehrenamt in der Gruppe der Beforschten in unserer Studie diesem Verständnis zuzuordnen ist, fällt die Zustimmung zu der Aussage „der Begriff des Ehrenamts ist veraltet. Heute sollte vielmehr vom bürgerlichen Engagement oder freiwilligem Engagement gesprochen werden" verhältnismäßig gering aus (siehe Abbildung 21).

Die Standardabweichung ist relativ hoch und die meisten Aussagen fielen auf die Antwort „neutral". Demnach antizipieren die Befragten entweder die Neuausrichtung, im Sinne einer Professionalisierung des freiwilligen Engagements, nicht, oder aber sie sehen sich von dieser Entwicklung nicht berührt. Da keine Aussagen von ehrenamtlichen Mitarbeiter_innen auf die Antworten „stimme ich nicht zu" oder „stimme ich eher nicht zu" fiel, scheint diese Gruppe der Befragten stärker einer sprachlichen Weiterentwicklung, sowie einer Verschiebung des Selbstverständnisses, mit stärkerer Betonung auf die bürgerschaftliche Rolle des Engagements, zuzustimmen. Da diese Aussage mit keiner weiteren Aussage oder mit Faktoren zur Beschreibung der Organisationstypen, wie Anzahl der ehrenamtlichen Akteur_innen, der Anzahl der Handlungsfelder oder ähnlichen Variablen korreliert, ist kein Einfluss erkennbar, wonach die Betrachtungen der Antwortenden eher persönlicher Interpretation zu unterliegen scheinen als einem Diskurs innerhalb der Organisation.

Auch zu den persönlichen, bzw. demografischen Faktoren, wie dem Lebensalter, oder der Erwerbssituation der Befragten, besteht kein Zusammenhang. Die Positionen zu diesem Aspekt sind also nicht einer bestimmten Personengruppe zuzuordnen. Gegebenenfalls wird unter „bürgerschaftlichen Engagement" stärker eine politische Ausrichtung des Engagements verstanden, von dieser sich die Vertreter_innen der überwiegend sozial engagierten Mitgliedsorganisationen des Paritätischen Thüringen scheinbar nicht angesprochen fühlen. Dabei ist gerade dies in Zukunft von immer höherer Bedeutung, was auch in unserer Studie durch Aussagen zu Veränderungen auf politischer Ebene zur Stärkung von freiwilligem Engagement betont wurde. Denn wie in Absatz 6.6 zur qualitativen Analyse der Interventionen und Handlungsvorschlägen dargestellt wurde, scheinen sich einige Akteur_innen auch eine stärkere Profilierung des Engagements auf politischer Ebene zu wünschen. Zugleich scheint sich dieses Thema jedoch nicht auf der Agenda der Mehrheit der befragten Organisationen zu befinden. Auf die Rekrutierung von Vorstandsmitgliedern hat diese Facette der Wahrnehmung von freiwilligem Engagement keinen unmittelbaren Einfluss. Den Gesamtkontext des „Images des Ehrenamts" betrachtend, könnte dieser Aspekt die gesamtgesellschaftliche Rolle und Wahrnehmung des Engagements jedoch indirekt beeinflussen. Denn wenn Engagement stärker als politische und zivilgesellschaftliche Kraft, im Sinne der Dritt-Sektor-Theorie, wahrgenommen werden würde, kann gegebenenfalls auch die dringende Notwendigkeit dieser Nichtregierungsorganisationen als Säule oder „Kitt der Gesellschaft" erkannt werden. Im Abschnitt 8.1.1 gehen wir deshalb auf Interventionsangebote aufbauend auf diesen Erkenntnissen ein.

Entsprechend der Ausführungen zur Rolle der Motivation als zentraler Aspekt bei den Herausforderungen zur Gewinnung von Freiwilligen für die Vorstandsarbeit, wie wir sie im Abschnitt 6.3 geschildert haben, waren im Online-Fragebogen Aussagen zu den persönlichen Gründen für ein ehrenamtliches Engagement der Befragten enthalten. Sie wurden insbesondere im Hinblick auf mögliche Tendenzen in Richtung fremd- oder selbstbezogener Motive untersucht.

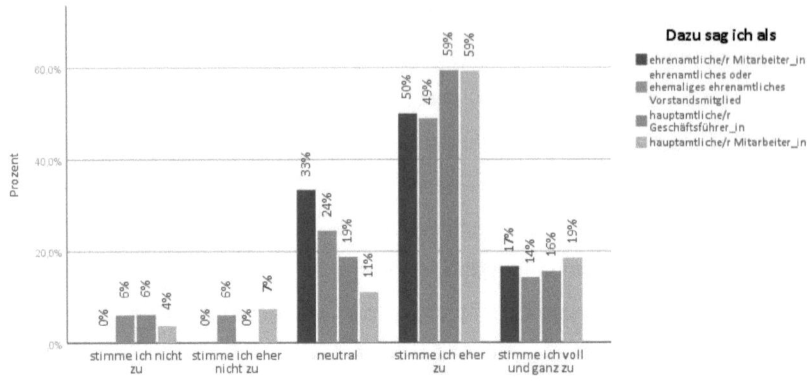

Quelle: Eigene Erhebung. N = 114.

Abbildung 22: Stolz auf meine Tätigkeit als Grund für ehrenamtliches Engagement.

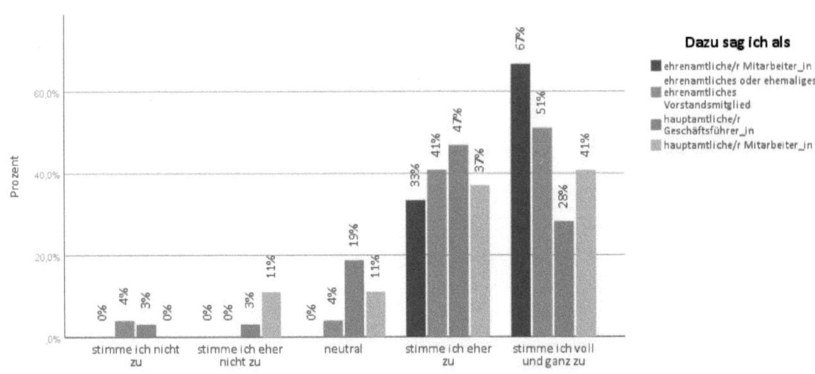

Quelle: Eigene Erhebung. N = 114.

Abbildung 23: Die Chance, Spuren zu hinterlassen als Grund für ehrenamtliches Engagement.

Wie in Abbildung 22 und Abbildung 23 ersichtlich ist, wurde der Aussage „um stolz auf mich selbst und die gemeinsame ehrenamtliche Arbeit zu sein" als persönlicher Grund für ehrenamtliches Engagement relativ gleichmäßig von allen Befragten, unabhängig von ihrer Rolle in der Organisation, überwiegend „eher" zugestimmt. Ebenso deutlich wurde der Aussage, „weil es die Chance ist, etwas zu entwickeln und Spuren für die Zukunft zu hinterlassen", als Grund für persönliches Engagement mit „stimme ich eher zu" und „stimme ich voll und ganz zu" zugestimmt.

Abbildung 22 erschwert jedoch die Interpretation, da hier ungücklicherweise ein mehr-dimensionales Item erstellt und abgefragt wurde. Streng genommen kann es ein Un-terschied sein, ob eine Person (nur) stolz auf sich selbst und ihre Leistungen ist oder aber dieser Stolz auch auf das „kollektiv-altruistische"[397] Projekt freiwilligen Engage-ments projiziert wird. Eine präzise Abgrenzung ist hier somit nur schwer möglich, da die beantwortenden Personen das Item unterschiedlich verstanden haben könnten. Sofern man die letzte Möglichkeit in den Hintergrund rückt, ist der Stolz auf sich selbst, als selbstbelohnendes Gefühl, das durch das Engagement erzeugt wird, als deutlich selbstbezogenes Motiv einzustufen.

Ähnliche Interpretationsschwierigkeiten wirft Abbildung 23 auf. Eine Person kann das Motiv haben, etwas zu entwickeln und Spuren für die Zukunft zu hinterlassen. Dies könnte zwar als Motiv mit Selbstbezug gelesen werden, indem angenommen wird, Per-sonen nehmen das Engagement als Chance zur (Selbst-)Entwicklung wahr. Personen könnten also selbstbezogen Spuren in der Organisation hinterlassen wollen. Eventuell wollen sie ein Vermächtnis schaffen, das, im Sinne des Ewigkeitscharakters, noch lange an sie erinnert. Andererseits könnte sich das Motiv, Spuren für die Zukunft zu hinterlassen, gleichzeitig auf fremdbezogene Aspekte beziehen, indem die Personen eine Verbesserung gesellschaftlicher Bedingungen als Spur für die Zukunft deuteten.

Anhand dieser Meinungsbilder bestätigt sich – zumindest mit selbstkritischer Anmer-kung – die These, dass die Bereitschaft zu freiwilligem Engagement auch von Faktoren hinsichtlich selbstbezogener Motive hinsichtlich eigener Bestätigung geprägt ist. Auch

---

[397] Siehe Abschnitt 6.3.

einem vermeintlich altruistischen Motiv kann ein (unbewusstes) selbstbezogenes Motiv vorgeschaltet sein[398]. Dies erscheint auch als völlig legitim, bestätigt aber unseren kritischen Standpunkt, bezüglich des Verständnisses von Ehrenamt als überwiegend altruistisch motiviertes Betätigungsfeld.

Die Auffassungen, dass sich mittels persönlichem Engagement die Verbundenheit und Wichtigkeit sozialer Anliegen in der Gesellschaft niederschlagen, sowie dass die Identifikation mit den Bestrebungen und Zielen der Organisation einen persönlichen Grund zur Ausführung eines ehrenamtlichen Engagements repräsentieren, wird ebenfalls mit großer Zustimmung bestätigt (siehe Abbildung 24 und Abbildung 25).

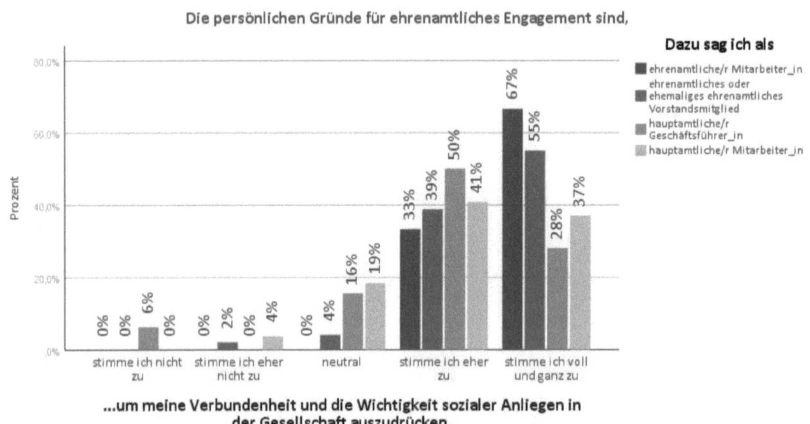

Quelle: Eigene Erhebung. N = 114.

Abbildung 24: Verbundenheit mit sozialen Anliegen der Gesellschaft als Grund für ehrenamtliches Engagement.

---

[398] Vgl. Moschner 2002: 4 [pdf].

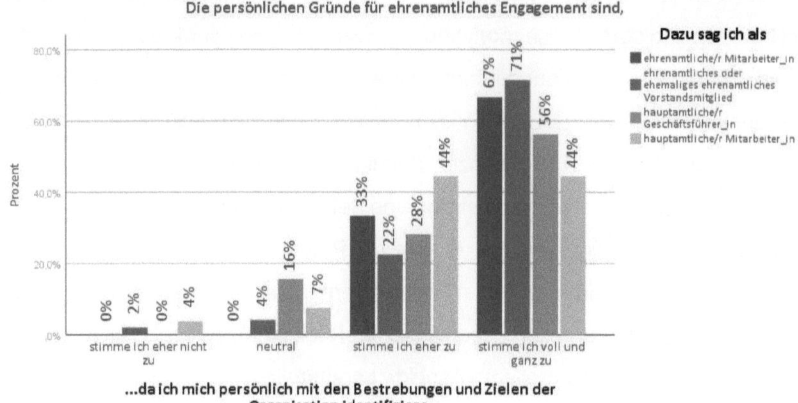

Quelle: Eigene Erhebung. N = 114.

Abbildung 25: Identifikation mit Zielen der Organisation als persönlicher Grund für ehrenamtliches Engagement.

Offensichtlich wird genau hier der eben benannte Dualismus fremd- und selbstbezogener Motive innerhalb des „Motivbündels"[399] widergespiegelt. Zum einen, nehmen persönlich-selbstbezogene Bedürfnisse einen wesentlichen, wenn auch unbewussten, Stellenwert ein, zum anderen identifizieren sich die befragten Personen stark mit den Organisationszielen und deren gesellschaftlicher Bedeutung. Beide Aspekte sollten erfüllt sein, damit die Engagierten zufrieden im Arbeitsfeld sind. Demnach könnten Organisationsinhalte und entsprechende Themen als Projektionsfläche herhalten, die es den Akteur_innen und Potentiellen ermöglichen, ihre individuellen selbst- und fremdbezogenen Motive, vor dem Hintergrund eines gesellschaftlich relevanten Beitrags, zu befriedigen[400]. Authentizität und hohe Identifikation bei den Engagierten vorausgesetzt, ist die Wahrscheinlichkeit, dass diese Motive befriedigt werden relativ hoch, was das Engagement in einer Organisation mit einem sozialen Handlungsfeld wiederum attraktiv erscheinen lässt. Diese Erkenntnis verdeutlicht, dass Organisationen, um ihre

---

[399] Vgl. Abschnitt 3.3.

[400] Vgl. ebd.

Attraktivität zu erhöhen, diese Verbindung erkennen und im Rahmen ihrer Mitglieder-werbung betonen und somit diese motivationalen Bedürfnisse der Akteur_innen bedie-nen sollten. Für die Organisationen könnte die Aufgabe nun lauten, ihre spezifischen organisationskulturellen Aspekte, wie Vision, Mission und Leitbilder, aber auch ihre wettbewerbswirksamen Kernkompetenzen, deduktiv in quantifizierbare Items zu über-setzen, um so – beispielsweise durch eine kleine Befragung auf der Website – gezielt zu erheben und zu evaluieren, welche Motive die Potentiellen aber auch der beste-hende Mitarbeiter_innenstamm mit dem Engagement in der Organisation befriedigen wollen. Dieses Vorgehen kann den Organisationen Rückschlüsse bzgl. der Angemes-senheit ihrer organisationskulturelleren Aspekte bereitstellen. Denn das, was die Orga-nisationen durch ihre Evaluationen erheben und messen, sollte dem, wofür sie stehen (wollen), nicht widersprechen. Es kann ihnen insofern gelingen, ihren Zweck, Mission und Vision zu verifizieren und zu validieren[401], um eine optimale Passung der Möglich-keiten der Organisation an die zu befriedigenden Motive der Potentiellen herzustellen und potentiell demotivierende Faktoren abzubauen. Dies könnten sich die Organisati-onen zur Zielstellung setzen.

---

[401] Hier im Sinne des Qualitätsmanagements der ISO 9001: Verifizieren ist ein Abgleich mit den retro-spektiv festgelegten Zielen. Validieren ist der Abgleich mit der zukünftig beabsichtigten Nutzung (vgl. DIN 2015b: 40).

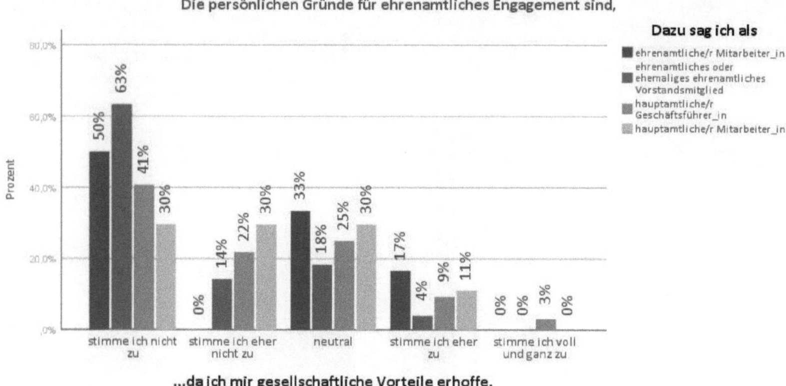

Quelle: Eigene Erhebung. N = 114.

Abbildung 26: Hoffnung auf persönliche Vorteile, als Grund für ehrenamtliches Engagement.

Da die Hoffnung auf persönliche Vorteile durch ehrenamtliches Engagement tendenziell als Motiv eher abgelehnt wird (siehe Abbildung 26) scheint die Ansprache, bzw. Betonung dieser Aspekte zumindest nicht direkt und offen als empfehlenswert. Insofern besteht die Möglichkeit, dass mit diesem Item sozial erwünschte Antworten evoziert worden sind. Andererseits scheint es die aufgestellte These zu bestätigen, dass im kollektiv-altruistischen Projekt des freiwilligen Engagements, persönliche Vorteile in den Hintergrund treten sollen[402]. Hinsichtlich zu befriedigender Motive der Mitglieder und potentieller ehrenamtlicher Vorstände oder Mitarbeiter_innen scheint also ein Narrativ und „Mindset" für die jeweilige Organisation förderlich zu sein, dass die Erfolge, Rolle und Repräsentanz des Themas in der Gesellschaft auf subtile, aber intuitiv verständliche Art widerspiegelt.

---

[402] Vgl. Abschnitt 6.3.

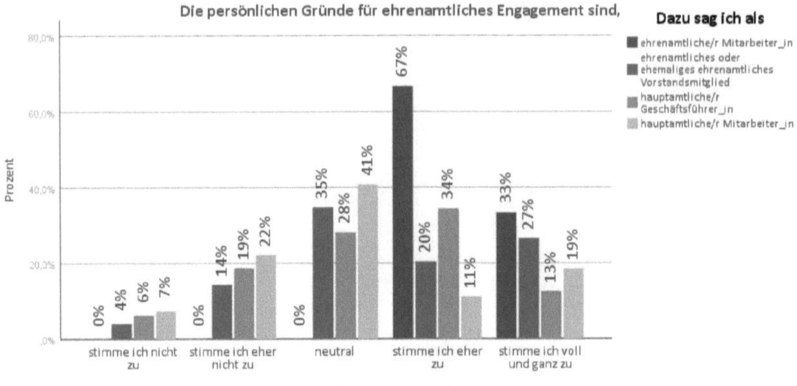

Quelle: Eigene Erhebung. N = 114.

Abbildung 27: Zeitliche Ressourcen als persönlicher Grund für ehrenamtliches Engagement.

Eine recht pragmatische Sicht auf freiwilliges Engagement wurde in der qualitativen Erhebung bzgl. zur Verfügung stehender zeitlicher Ressourcen geteilt[403]. Die These, dass es sich die Engagierten nicht nur finanziell, sondern auch zeitlich „leisten" können müssen, sich zu engagieren, könnte durch die Betrachtung von Abbildung 27 bestätigt werden. Die größte Zustimmung findet sich auf Seiten der ehrenamtlichen Mitarbeiter_innen, da diese von diesem Aspekt wohl am ehesten tangiert werden. Auch ca. 46 % der ehrenamtlichen Vorstände stimmten der Aussagen zu, dennoch findet sich hier ein relativer Anteil der Personengruppe, der sich in der Frage unsicher ist bzw. nicht zustimmt. So scheint es zwar einen kleinen Anteil der Gruppe zu geben, die genügend zeitliche Ressourcen zur Verfügung haben, ihrer Vorstandstätigkeit nachzugehen, die neutralen und zustimmenden Antworten könnten jedoch insofern interpretiert werden, als dass auch hier ein Zeitdefizit wahrgenommen wird.

Insofern kann es nötig sein, den empfundenen Zeitmangel ehrenamtlicher Vorstände und Mitarbeiter_innen aufzufangen, da dieser Zustand andernfalls zu Unzufriedenheit

---

[403] Vgl. Abschnitt 6.5.

und Demotivation bei den Personen führen kann. Dies könnte durch ein zeitlich struk-turiertes und vor allem nicht belastendes Tätigkeitsprofil erreicht werden. Die Enga-gierten sollten sich nicht gezwungen sehen, im Nachgang ihres Erwerbsarbeitstags noch dringende Geschäfte der Vorstandstätigkeit erledigen zu müssen, da dieser Zu-stand zu Überforderung und Überlastung führen kann. Dies könnte insofern für die be-reits angesprochene „Projektisierung" ehrenamtlichen Engagements, im Rahmen der „Board Governance" sprechen. Folglich könnte es zur Entlastung einzelner Mitarbei-ter_innen führen, da Aufgabenverantwortungen sinnvoll „auf mehrere Schultern" auf-geteilt werden könnten.

7.2 Rechtliche Rahmenbedingungen des ehrenamtlichen Engagements

Wie Abbildung 28 zu entnehmen ist, sind 98 % der befragten Organisationen eingetra-gene Vereine. Dies bedeutet, dass entsprechende Vorschriften aus dem Bürgerlichen Gesetzbuch (BGB) zum Vereinsrecht gelten. Für alle Tätigkeitsfelder der ehrenamtli-chen Tätigkeit in Vereinen gilt: *„[...] unentgeltliches freiwilliges Engagement [...] [findet, Anm. d. Verf.] in einem gesetzlichen Rahmen statt, der dem Engagierten Schutz und Si-cherheit in der Ausübung seiner Tätigkeit bieten soll."* [404]

---

[404] Schlaugat 2010: 55

Quelle: Eigene Erhebung. N = 114.

Abbildung 28: Was ist die Rechtsform Ihrer Organisation?

Dieser gesetzliche Rahmen zum allgemeinen Haftungsschutz ist im BGB ab den §§ 30ff. mit diversen Bestimmungen geregelt. Die Vermutung, dass das persönlichen Haftungsrisiko eine Rolle spielt bei der Abwägung eine Position in ehrenamtlicher Vorstandschaft, wurde durch qualitative Aussagen beim zweiten Verbandstag bestätigt. Weiterhin wurde folgende qualitative Aussage im freien Textfeld des Online-Fragebogen formuliert:

„Im Übrigen stellt eine e.V.-getragene Organisation mit unserer finanziellen und Personellen [sic] Verantwortung (demnächst 4,0 Mio. Erträge) ein zu hohes/nicht verantwortbares Risiko für einen ehrenamtlichen Vorstand dar. Insofern ist der Formwechsel zur gGmbH unumgänglich." [405]

Diese Aussage beschreibt die Größenordnung des Verantwortungsbereiches eines Vorstandsmitgliedes in einem Verein ausdrücklich und impliziert bereits einen Lösungsansatz, auf den wir weiter unten eingehen werden. Dass Haftungsfragen und

---

[405] Rückmeldung im offenen Textfeld unserer Online-Befragung 2017.

rechtliche Bedingungen als Hemmnisse zur Übernahme von Vorstandsverantwortung betrachtet werden, wird auch im Meinungsbild, siehe Abbildung 29, bestätigt.

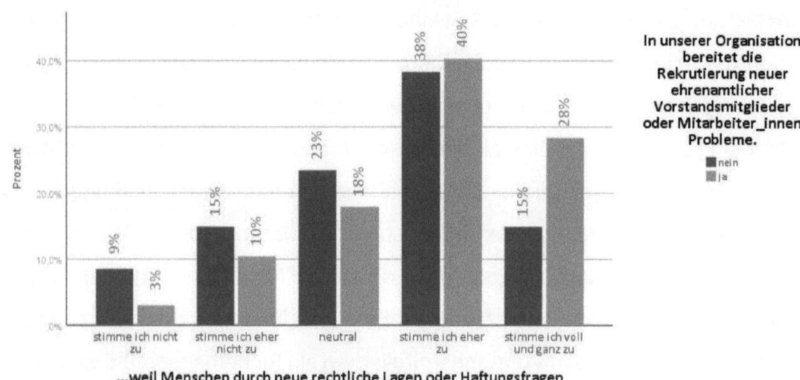

Quelle: Eigene Erhebung. N = 114.

Abbildung 29: Aussagen zur Verunsicherung durch Haftungsfragen.

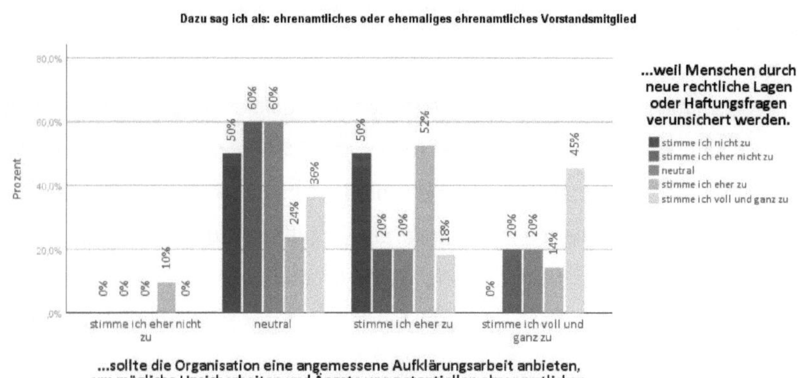

Quelle: Eigene Erhebung. N = 114.

Abbildung 30: Meinungen von ehemaligen und aktiven Vorstandsmitgliedern zur Aufklärungsarbeit.

So bestätigen die Personen, welche angegeben haben, Probleme bei der Gewinnung ehrenamtlicher Vorstandsmitglieder zu haben, mit 69 %, dass sie eine Ursache darin sehen, dass die Menschen sich durch rechtliche Lagen und Haftungsfragen verunsichert fühlen. Auch eine knappe Mehrheit von 52 % der Befragten, welche angegeben haben, aktuell keine Probleme bei der Gewinnung von Vorstandsmitgliedern zu haben, können sich vorstellen, dass die Ursache dafür in unklaren rechtlichen Lagen und Haftungsfragen liegen könnte. Aufklärungsarbeit wird demnach mehrheitlich befürwortet (siehe Abbildung 30). Insbesondere aktive und ehemalige Vorstandsmitglieder haben erkannt, dass in Konsequenz aus dieser Erkenntnis, die intensive Aufklärungsarbeit der potentiellen Vorstandsmitglieder erforderlich ist. Beim zweiten Verbandstag wurde durch mehrere Aussagen betont, dass die persönliche Ebene und der Aufbau von gegenseitigem Vertrauen und Erfahrungsaustausch innerhalb des Vorstands besonders wichtig sind, um neuen Vorstandsmitgliedern ein Sicherheitsgefühl, sowie die Seriosität der Tätigkeiten zu vermitteln. Weiterhin wurde auf Besonderheiten in der Vereinssatzung hinsichtlich der Vollständigkeit und Rechtssicherheit der Haftungsregelungen hingewiesen. Dazu sei angemerkt, dass ein vielfältiges Weiterbildungs- und Beratungsangebot durch den Paritätischen zu diesen Themen besteht. Grundsätzlich ist im BGB § 31 Abschnitt a) eine wesentliche Regelung zur Schadensersatzpflicht enthalten:

„(1) Sind Organmitglieder oder besondere Vertreter unentgeltlich tätig oder erhalten sie für ihre Tätigkeit eine Vergütung, die 720 Euro jährlich nicht übersteigt, haften sie dem Verein für einen bei der Wahrnehmung ihrer Pflichten verursachten Schaden nur bei Vorliegen von Vorsatz oder grober Fahrlässigkeit. Satz 1 gilt auch für die Haftung gegenüber den Mitgliedern des Vereins. Ist streitig, ob ein Organmitglied oder ein besonderer Vertreter einen Schaden vorsätzlich oder grob fahrlässig verursacht hat, trägt der Verein oder das Vereinsmitglied die Beweislast. (2) Sind Organmitglieder oder besondere Vertreter nach Absatz 1 Satz 1 einem anderen zum Ersatz eines Schadens verpflichtet, den

sie bei der Wahrnehmung ihrer Pflichten verursacht haben, so können sie von dem Verein die Befreiung von der Verbindlichkeit verlangen. Satz 1 gilt nicht, wenn der Schaden vorsätzlich oder grob fahrlässig verursacht wurde." [406]

Weiterhin sind zumindest bei mehreren Mitgliedern im Vorstand, alle Mitglieder für die gesamten Angelegenheiten des Vereins zuständig (§ 26 Absatz I BGB, § 27 Absatz II BGB) und haften als Gesamtschuldner (§ 421 Absatz II 2 BGB). Es ist möglich, in der Vereinssatzung eine Haftungsfreistellung auch für grobe Fahrlässigkeit festzulegen, was aber nicht zwingend dienlich erscheint, da der Verein gegenüber den Vorstandsmitgliedern eine Sorgfaltspflicht bei der Ausübung ihrer Ämter erwarten darf und im Schadensfall ohnehin die Möglichkeit hat, den Vorstand zu entlasten. Demnach erscheinen die Risiken der Haftung als durchaus kalkulierbar. Um den Herausforderungen bezüglich der rechtlichen Rahmenbedingungen zu begegnen, scheint es logisch, dass diese eine wesentliche Rolle innerhalb der Weiterbildungsangebote spielen sollten. Insbesondere für Vorstandsmitglieder wird laut unserer Online-Befragung eine spezifische Fortbildung gewünscht. Auf die Frage nach der konkreten Begründung, inwiefern sich die Antwortenden von ihrer Organisation unterstützt und vorbereitet fühlen, ein Ehrenamt auszuführen, wurde geantwortet: *„Es gab bisher keine direkte Weiterbildung für Vorstände".* Eine weitere Aussage bestätigt dies: *„Weiterbildungen sollten mehr auf Mitarbeiter spezialisiert werden und Befragungen dazu durchgeführt werden".* Die Angebote durch den Paritätischen werden dazu positiv bewertet: *„Die Unterstützung des paritätischen Wohlfahrtsverbandes ist uns sehr wichtig. Er ist ein verlässlicher Partner und wir sind dankbar dort Hilfen für die Bewältigung unserer Aufgaben im Vorstand zu bekommen."*[407] Im Abschnitt 8.4.2 wird die Zufriedenheit mit Angeboten des Paritätischen Thüringen in Verbindung mit Möglichkeiten der Interventionen auf Verbandsebene thematisiert.

---

[406] Bürgerliches Gesetzbuch 2013: 9f.

[407] Rückmeldung im offenen Textfeld unserer Online-Befragung 2017.

7.3 Einfluss der Organisationsstruktur

Im vorhergehenden Abschnitt wurde die Bedeutung der Haftung und Verantwortungs-verteilung und die daraus resultierenden Faktoren für die Gewinnung von Vorstands-mitgliedern analysiert. Daran anschließend betrachten wir in diesem Abschnitt For-schungsfragen, welche Rückschlüsse zwischen Aspekten der Organisationsstruktur und den Herausforderungen der Mitgliedergewinnung zulassen. Die Organisations-strukturen der Mitgliedsorganisationen des Paritätischen Thüringen sind außeror-dentlich breit gefächert. Das Spektrum reicht von Organisationen mit unter zehn frei-willigen, die mindestens zwei Stunden je Woche aktiv sind, ohne hauptamtliche Mitar-beiter_innen, bis hin zu Organisationen mit über 500 hauptamtlichen und bis zu 280 ehrenamtlichen Mitarbeiter_innen. Weiterhin ist der Aktionsradius der Organisationen, beschrieben durch die Anzahl der Einrichtungen, die Anzahl der Handlungsfelder, so-wie die Einteilung in lokale, regionale und überregionale Aktivitäten, sehr unterschied-lich (siehe Abbildung 56 und Abbildung 59 im Anhang).

Die jeweiligen Organisationen lassen sich also hinsichtlich ihres Aktionsradius', bezüg-lich der Handlungsfelder oder der Themenvielfalt nur bedingt unterscheiden. So fällt eine klare Typisierung mit entsprechend eindeutiger Einordnung sehr schwer, weshalb wir im Folgenden „drei beispielhafte" Organisationstrukturen beschreiben und auch später zur Unterscheidung der diversen Herausforderungen und spezifischen Interven-tionsansätze anwenden. Wohlwissend, dass es Überschneidungen und Mischformen, bis hin zu Ausnahmesituationen, gibt. Den Adressat_innen dieser Studie soll es aber ermöglicht werden, Strukturen, bzw. Aspekte ihrer eigenen Organisation in dieser Viel-falt zu verorten und den entsprechenden Interventionsangeboten zuzuordnen.

Tabelle 3 visualisiert die Unterscheidung der beispielhaften Organisationstypen be-züglich der Aspekte **1. Zusammensetzung der Akteur_innen**, also die Anzahl der Ak-teur_innen und das Verhältnis zwischen haupt- und ehrenamtlichen Akteur_innen. **2. Anzahl der abgrenzbaren Einrichtungen,** also wie viele abgeschlossenen Einrich-tungen, z. B. Kindertagesstätten eine Organisation betreibt. Je nach Arbeitsfeld kann auch eine „große" Organisation „keine" Einrichtung haben, wenn diese z. B. zugehende

Hospizarbeit betreibt. **3. Anzahl der Arbeitsfelder** beschreibt die Vielfalt der Themen, bzw. Merkmale der Adressat_innen, in welcher eine Organisation tätig ist. So können „große" Organisationen, z. B. Einrichtungen der Behindertenhilfe betreiben, zugleich aber auch Kindertagesstätten, sowie Pflegedienste unterhalten, diese zeichnen sich somit tendenziell durch das Vorhalten von Angeboten als soziale Dienstleistungen und Entgeltfinanzierung aus. Wohingegen „kleine" Organisationen und „Organisationen mit Verbandscharakter" i. d. R. Aktivitäten in einem Arbeitsfeld bezüglich einer spezifischen Zielgruppe betreiben, z. B. Landesverbände mit Schwerpunktthema bezüglich eines Persönlichkeitsmerkmals. Eine „kleine" Organisation kann aber auch auf ein Thema spezialisiert sein, z. B. Schuldnerberatung oder Geburtshilfe. Für alle Organisationstypen gilt, dass der **5. Wirkungskreis** je nach Ausrichtung auf ein Thema, oder einer Personengruppe sowohl lokaler, regionaler oder überregionaler Natur sein kann. Die Unterschiede zwischen „Organisationen mit Verbandscharakter" und „kleinen" Organisation scheint gering zu sein. Da wir aber unterschiedliche Motive (siehe Abschnitt 6.3) und Herausforderungen (siehe Abschnitt 6.5) konstatieren konnten und sich demnach unterschiedliche Interventionsangebote (siehe Abschnitt 8.4.1) ergeben, führen wir hier diese Differenzierung an dieser Stelle ein.

	beispielhafte Organisationstypen		
	Organisation mit Verbands-Charakter	„kleine" Organisation	„große" Organisation
Zusammensetzung der Akteure	Organisation mit weniger als 40 ehrenamtlichen Akteuren und **weniger als 5 oder keine** hauptamtlich Mitarbeitenden		Organisation mit mehr als 40 ehrenamtlichen Akteuren und **überwiegend** hauptamtlich Mitarbeitenden
Anzahl der abgrenzbaren Einrichtungen	keine eigene Einrichtung	bis zu drei Einrichtungen	mehr als drei Einrichtungen
Arbeitsfelder	ein Arbeitsfeld		mehr als ein Arbeitsfeld
Wirkungskreis	lokal, regional oder überregional		

Quelle: Eigene Darstellung

Tabelle 3: Charakterisierung von beispielhaften Organisationstypen

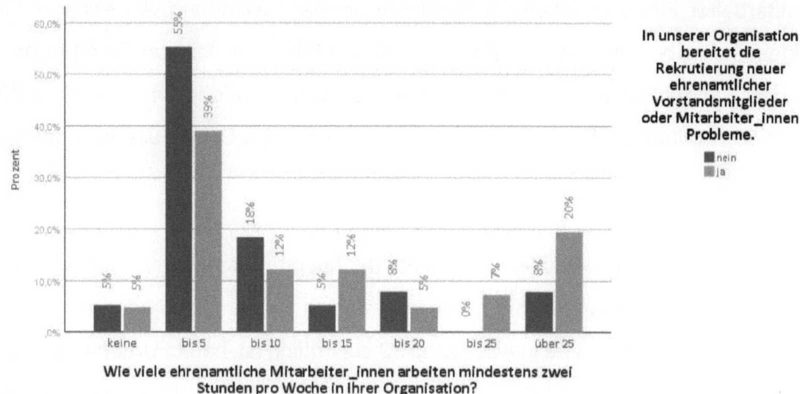

Quelle: Eigene Erhebung. N= 79.

Abbildung 31: Anzahl der ehrenamtlichen Akteur_innen in Bezug zu Problemen bei der Rekrutierung ehrenamtlicher Akteur_innen.

Auf Basis der Organisationstypen haben wir im Meinungsbild versucht, Zusammenhänge zwischen den Merkmalen der Organisationstruktur entsprechend unserer Unterscheidungskriterien und den Rekrutierungsproblemen zu ermitteln. Aufbauend auf der These von Breuer: *„So nehmen beispielsweise größere Vereine Probleme der Bindung und Gewinnung von ehrenamtlichen Funktionsträgern als signifikant größer wahr als sehr kleine Vereine [...]"* [408], haben wir versucht, die Einflussfaktoren herauszuarbeiten. Für Mitgliedsorganisationen des Paritätischen Thüringen lagen solche Daten bisher nicht vor. Wie in Abbildung 31 zu erkennen ist, kann die Aussage von Breuer nicht allgemeingültig untermauert werden, denn es besteht laut unserer Erhebung keine signifikante Korrelation zwischen der Anzahl der ehrenamtlichen Mitarbeiter_innen und den Problemen bei der Rekrutierung ehrenamtlicher Akteur_innen. Festzustellen ist jedoch, dass bei Organisationen mit bis zu fünf ehrenamtlichen Mitarbeiter_innen, eine Mehrheit der Befragten angegeben hat, keine Probleme bei der Gewinnung ehrenamtlicher Akteur_innen zu haben, während bei Organisationen mit mehr als 20 ehrenamt-

---

[408] Breuer 2013: 1.

lichen Mitarbeiter_innen mehrheitlich Probleme bei der Gewinnung von ehrenamtlichen Akteur_innen benannt worden sind. Somit kann folgender, leichter Trend formuliert werden: Tendenziell sehen Vertreter_innen von Organisationen mit mehr als 20 ehrenamtlichen Mitarbeiter_innen häufiger Probleme bei der Gewinnung ehrenamtlicher Akteur_innen.

Auch ein Zusammenhang zwischen der Anzahl der hauptamtlichen Mitarbeiter_innen und den Problemen bei der Gewinnung ehrenamtlicher Akteur_innen kann nicht eindeutig beschrieben werden. Wie in Abbildung 32 ersichtlich ist, haben Organisationen, die den Typen „Organisation mit Verbandscharakter", bzw. „kleine" Organisation zuzuordnen sind, da sie keine oder wenige hauptamtliche Mitarbeiter_innen haben, nur geringfügig größere Probleme bei der Rekrutierung von ehrenamtlichen Akteur_innen. Auf Basis der quantitativen Daten lässt sich demnach nur ein geringer Zusammenhang zwischen Faktoren der Organisationsstruktur und den Schwierigkeiten bei der Rekrutierung herstellen. Die qualitativen Aussagen, sowie die Interaktionen währen der Verbandstage legen jedoch nahe, dass es bezüglich der Ursachen und Herausforderungen Unterschiede hinsichtlich der Organisationsstruktur gibt.

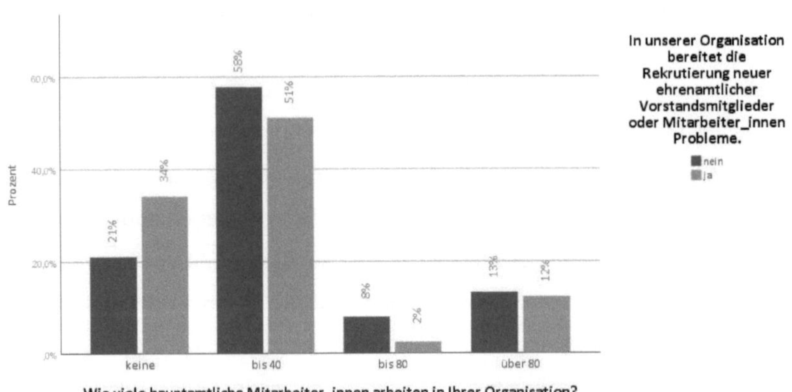

Quelle: Eigene Erhebung. N = 79.

Abbildung 32: Anzahl der hauptamtlichen Mitarbeiter_innen im Verhältnis zu Problemen bei der Gewinnung ehrenamtlicher Akteur_innen.

So beschreiben Vertreter_innen von „großen" Organisationen pragmatische Herausforderungen, wie Termin-Konflikte, da ehrenamtliche Vorstandsmitglieder aufgrund ihrer eigenen beruflichen Verpflichtung nicht zu Arbeitszeiten der hauptamtliche Mitarbeiter_innen erreichbar sind. Aber auch Hemmnisse bezüglich der Aufnahme einer Vorstandstätigkeit aufgrund von Haftungsrisiken und Ängsten werden beschrieben.

„Kooperation von haupt- und ehrenamtlichen Führungskräften kann gleichermaßen einen Gewinn als auch ein Hindernis für eine Organisation darstellen, je nachdem wie gut die Zusammenarbeit gelingt. Voneinander abweichende Wahrnehmungen der Organisation und ihrer Umwelt können zu unterschiedlichen Zielsetzungen und damit auch zu Reibungsflächen zwischen den beiden Statusgruppen beitragen." [409]

Auf Basis dieser Annahme und der qualitativen Aussagen wurde in der Online-Befragung ein Meinungsbild zum Verhältnis zwischen den ehrenamtlichen und hauptamtlichen Akteur_innen erhoben. Wie in Abbildung 33 ersichtlich, haben 47 % der Befragten „stimme ich eher zu", oder „stimme ich voll und ganz zu" angegeben auf die Frage: „sollte die Grenze zwischen Ehrenamt und Hauptamt neu austariert werden, um eine sinnvolle Balance für ein kooperatives Verhältnis zu finden." Die Abgrenzung zwischen haupt- und ehrenamtlicher Tätigkeit kann dabei grundsätzlich in folgende drei Dimensionen unterschieden werden: **Tätigkeitsbezogen** – demnach haben haupt- und ehrenamtliche Akteur_innen unterschiedliche Aufgaben. **Zeitbezogen** – die Tätigkeiten finden zu unterschiedlichen Zeiten statt, oder **räumlich** – wonach die haupt- und ehrenamtlichen Akteur_innen an unterschiedlichen Orten tätig sind.[410]

---

[409] Ebd.: 59.

[410] Vgl. Schumacher 2015: 59 zit. nach Schumacher in Bundesministerium für Familie, Senioren, Frauen und Jugend 2015: 29 [pdf].

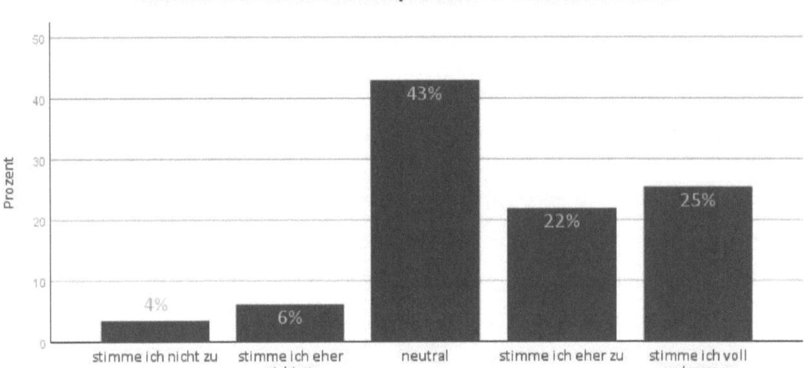

Quelle: Eigene Erhebung. N = 114.

Abbildung 33: Abgrenzung und Balance zwischen Ehrenamt und Hauptamt.

Auf die Vorstandstätigkeit übertragen, werden anhand dieser Dimensionen bereits die Herausforderungen deutlich. Nicht selten ist die räumliche Distanz bereits eine Herausforderung für die Zusammenarbeit der Akteur_innen, da für persönliche Treffen und Abstimmungen relativ weite Wege und entsprechende Kosten anfallen, was auch in unserer Studie als Forderung zur Verbesserung der ehrenamtlichen Arbeit bestätigt wurde. Auf die Frage, inwiefern sich die Antwortenden unterstützt fühlen, um ein Ehrenamt auszuüben wurde z. B. geantwortet: *„Fahrtkosten sollten übernommen werden"*[411]. Weiterhin wurde in diesem Freitextfeld überdeutlich der Faktor Zeit benannt: *„[...] zu wenig zeitliche Flexibilität"*, sowie *„zeitliche Freiräume"* wurden mehrfach als Ursachen für Schwierigkeiten in der ehrenamtlichen Tätigkeit benannt[412]. Tätigkeitsbezogene Abstimmungsschwierigkeiten wurden hingegen nicht genannt. Beim ersten Verbandstag wurde jedoch sehr wertschätzend über die Zusammenarbeit zwischen Geschäftsführung und ehrenamtlichen Vorstandsmitarbeiter_innen und besonders auf das hohe fachliche Niveau hingewiesen. Demzufolge scheint die Kooperation auf

---

[411] Rückmeldung im offenen Textfeld unserer Online-Befragung 2017.

[412] Ebd.

der Ebene Vorstand und Geschäftsführung, bzw. hauptamtlich Tätigen auf Leitungsebene von den Befragten als positiv wahrgenommen zu werden.

7.4 Erwartungen und Rekrutierungsstrategien

Aufbauend auf die Erkenntnisse aus dem Stand der Forschung hinsichtlich der Wahrnehmung von ehrenamtlichem Engagement und der Erwartungshaltung, welche an ehrenamtliche Akteur_innen gestellt werden, haben wir für die quantitative Erhebung entsprechende Fragen abgeleitet. Das genaue Vorgehen dazu ist im Abschnitt 6.4 beschrieben. In der Annahme, dass verschiedene Erwartungshaltungen auch zu differenzierten Rekrutierungsstrategien führen, wurde das Meinungsbild entsprechend analysiert. In der Analyse wurde deutlich, dass das Meinungsbild bezüglich der Rekrutierungsstrategien relativ weit auseinandergeht. Wie In Abbildung 34 erkennbar ist, antworteten 85 % der Befragten auf die Fragen „Passung der ehrenamtlichen Akteur_innen in bestehende Teamstrukturen" und „Bedeutung von Netzwerkarbeit und Empfehlungen zur Akquirierung von ehrenamtlichen Vorständen", dass sie „voll und ganz zustimmen". Demgegenüber wurde von Antwortenden, die auf die Frage nach der Passung ehrenamtlicher Akteur_innen in bestehende Teamstrukturen mit „stimme ich eher nicht zu" geantwortet haben, auch die Frage nach der „Bedeutung von Netzwerkarbeit und Empfehlungen zur Akquirierung von ehrenamtlichen Vorständen" als „neutral" eingeschätzt.

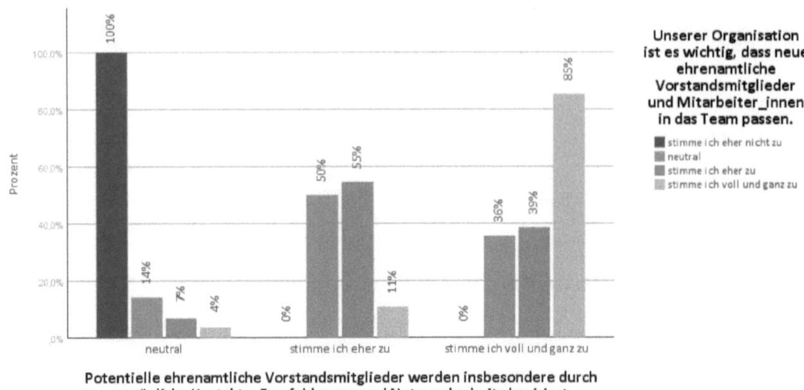

Quelle: Eigene Erhebung. N = 114.

Abbildung 34: Verhältnis zwischen Erwartungen und Rekrutierungsstrategie.

Zwischen diesen Aussagen besteht eine signifikante Korrelation, welche die These erlaubt: Wenn eine Organisation die Passung der ehrenamtlichen Vorstandsmitglieder in bestehende Teamstrukturen als weniger wichtig einschätzt, so setzen sie tendenziell weniger auf persönliche Ansprache und Empfehlungen bei der Rekrutierung, sondern wenden andere Strategien an. Im Umkehrschluss dazu: Wenn in einer Organisation bzgl. der Passung der Vorstandsmitglieder, in die bestehenden Teamstrukturen, ein hoher Stellenwert beigemessen wird, so setzen diese Organisationen mehrheitlich auf persönliche Kontakte, Empfehlungen und Netzwerkarbeit bei der Gewinnung von ehrenamtlichen Vorstandsmitgliedern. Mit diesem Zusammenhang sehen wir unsere These bestätigt, dass die „Passung"[413] der potentiellen Vorstandsmitglieder, zumindest bei einer Mehrheit der Organisationen, eine wesentliche Rolle spielt und gegebenenfalls ein Hemmnis darstellt, wenn die erforderten Persönlichkeitsmerkmale quasi als Voraussetzung für eine Mitgliedschaft im Vorstand der Organisation betrachtet werden. Aus dieser Erkenntnis resultieren spezifische Interventionsmöglichkeiten,

---

[413] Siehe Abschnitt 3.3.

welche wir, differenziert hinsichtlich der beispielhaften Organisationstypen, im Abschnitt 8.2 erörtern. In Abbildung 35 ist eine weitere signifikante Beziehung zwischen Antworten abgebildet.

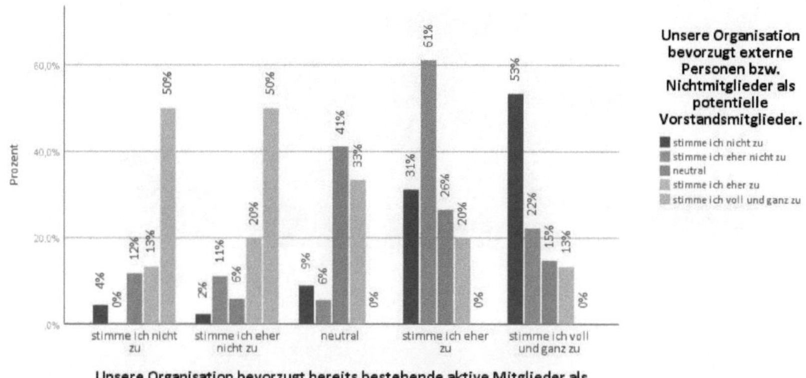

Quelle: Eigene Erhebung. N = 114.

Abbildung 35: Verhältnis zwischen den Präferenzen bezüglich bestehender und externer Personen als potentielle ehrenamtliche Vorstandsmitglieder.

Als stark gespalten zeigen sich darin die Meinungen bezüglich des Personenkreises, aus dem die Vorstandsmitglieder gewonnen werden sollen. 50 % der Befragten gaben an, Nichtmitglieder, bzw. externe Personen als potentielle Vorstandsmitglieder zu bevorzugen. Auf die gegenteilige Frage, ob bestehende Mitglieder als Vorstandsmitglieder bevorzugt würden, antworteten 53 % der Befragten mit „stimme ich voll und ganz zu". Diese Aussagen werden zum einen durch ihre Gegenläufigkeit im Sinne einer negativen Korrelation bestätigt, zum anderen durch die Antworten auf die Frage, ob die Mitgliedergewinnung als Ressource zur Gewinnung ehrenamtlicher Vorstandsmitglieder betrachtet wird. In Abbildung 36 ist erkennbar, dass die Antworten auf diese Frage relativ gleichmäßig auf die beiden Positionen verteilt sind, wenngleich auch insgesamt eine Mehrheit eine neutrale Meinung zu dieser Frage hat.

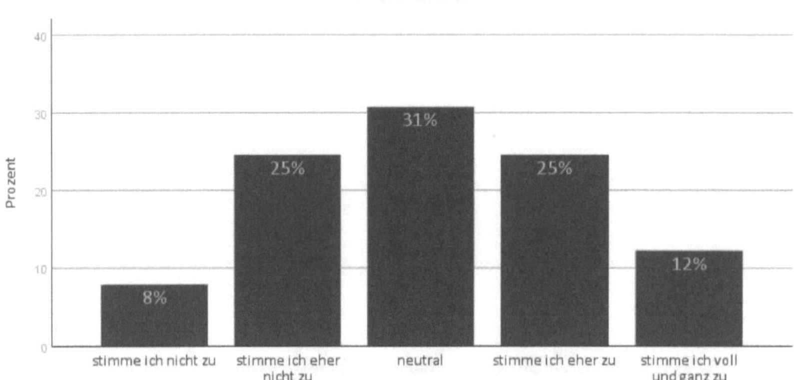

Quelle: Eigene Erhebung. N = 114.

Abbildung 36: Strategie zur Rekrutierung von ehrenamtlichen Vorständen.

Aus den ausgeführten Zusammenhängen lässt sich ableiten, dass Erwartungshaltungen und die differenzierten Zugänge der Organisationen zur fokussierten Personengruppe verschiedene Herausforderungen ergeben und demzufolge auch verschiedene Handlungsansätze erforderlich sind. Eine Organisation, welche überwiegend externe Personengruppen ansprechen möchte, benötigt andere Rekrutierungsstrategien, als eine Organisation, welche die bestehenden Mitglieder in die Vorstandstätigkeit einführen möchte. Da diese Ansätze wesentlich mit dem Selbstverständnis bzw. der Haltung und dem Profil der jeweiligen Organisation zusammenhängen, scheint eine generelle Interventionsmaßnahme darin zu bestehen, dass sich Organisationen grundsätzlich intern dahingehend verständigen und bewusstmachen, welchen Ansatz sie vertreten und gegebenenfalls kommunizieren bzw. Werbemaßnahmen abstimmen wollen. Unser Interventionsangebot umschreiben wir deshalb als „Profilierung" hinsichtlich der jeweiligen Organisationsidentität. Selbstverständlich ergibt sich daraus kein starres Gefüge, sondern lediglich ein Bild, welches auf die aktuellen Präferenzen hinsichtlich der Erwartungen an ein Mitglied oder Vorstandsmitglied schließen lässt. Dieses individuelle Profil hat, in Verbindung mit den beispielhaften Typen von Organisationsstrukturen, wie sie im Abschnitt 7.3 beschrieben sind, auch Einfluss auf die Motivbündel der

ISÖ
Institut für
Sozialökologie

Akteur_innen. Im Abschnitt 8.2 wird dieser Zusammenhang detaillierter erörtert. Demzufolge scheint es konsequent, auch die Werbung und Kommunikationsstrategie der Organisation bezüglich dieser Aspekte abzustimmen. Das zielgerichtete, systematische Vorgehen bezüglich Gewinnung und Nachfolge von Akteur_innen innerhalb einer Organisation, idealerweise ausgeführt durch eine benannte Person (z. B. FWM und Mangager_in), verstehen wir in unserer Studie als Rekrutierungs-Management.

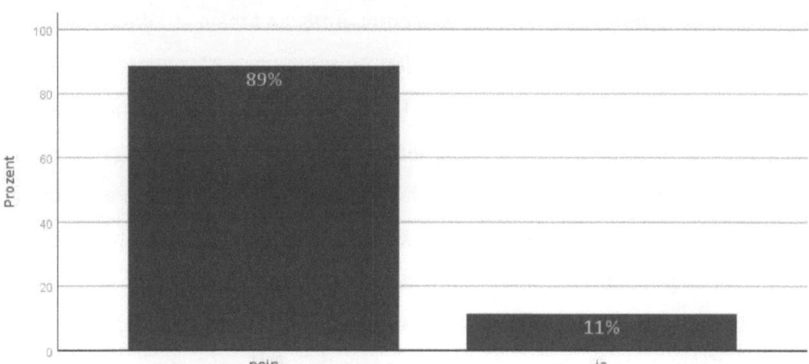

Unsere Organisation verfügt über ein Rekrutierungs-Managementsystem für neue oder potentielle ehrenamtliche Mitarbeiter_innen und Vorstände.

Quelle: Eigene Erhebung. N = 114.

Abbildung 37: Frage nach einem Rekrutierungs-Managementsystem.

Wie in Abbildung 37 ersichtlich ist, haben auf die Frage: „Unsere Organisation verfügt über ein Rekrutierungs-Managementsystem für neue oder potentielle ehrenamtliche Mitarbeiter_innen und Vorstände." nur 11 % der Befragten mit ja geantwortet. Demnach hat nur ein geringer Anteil der befragten Organisationen bewusst eine Methode installiert, um den Herausforderungen zu begegnen. Es ist jedoch davon auszugehen, dass gerade bei Vorstandsmitgliedern mit Hintergrundwissen um Personalgewinnung und -führung, oder Organisationen mit hauptamtlichen Führungskräften entsprechendes Wissen internalisiert ist und unbewusst zur Anwendung kommt, das Vorgehen jedoch nicht dezidiert als spezifische Methodik verstanden und benannt wird. Dies bestätigen Aussagen in den freien Anmerkungen im Meinungsbild auf die Frage „Falls Sie sich unsicher sind, haben Sie hier die Möglichkeit, das Rekrutierungssystem Ihrer

Organisation kurz zu beschreiben." Dort wurden z. B. folgende Aussagen getroffen: *„Die Rekrutierung liegt hauptsächlich in der Hand der Geschäftsführerin ohne benanntes Management. ", „Die Not macht eine Tugend... "* oder auch *„Bis jetzt war ein neuer Vorstand nicht nötig. "* und *„Wir führen die Mitarbeiter aber jetzt schon an das Thema heran, da in 2 Jahren neue Vorstände gebraucht werden. "* [414] In diesen Aussagen wurde aber auch deutlich, dass einige Organisationen den Herausforderungen eben nicht methodisch und strukturiert begegnen, was durch folgende Aussagen belegt werden kann: *„Es gibt vor der Wahl einen Aufruf per Verteilermail."* Eine weitere Antwort lautete: *„[...] per Zufall; meist unter großem Druck, weil ehrenamtliche fehlen".*[415] Weiterhin spielt die konkrete Ausgestaltung eines bestehenden Rekrutierungs-Managementsystems für unsere Betrachtung eine untergeordnete Rolle. Im Fokus stand vielmehr das Bewusstsein, um die strategische Bedeutung eines strukturierten Vorgehens sowie die normative Wirkung auf die Organisation, sodass diese den Bedarf erkennen, sich um ein solches System zu bemühen. Festhalten wollen wir an dieser Stelle abschließend, dass ein Teil der Organisationen offensichtlich von Problemen bei der Gewinnung eher überrascht wurden und noch immer werden und noch keine kontinuierliche Lösungsstrategien entwickelt haben, eine zweite Gruppe bereits „instinktiv", bzw. durch Aufgabenverteilung zu hauptamtlichen Akteur_innen ein für ihre Organisation passendes Vorgehen erfolgreich anwenden und eine dritte Gruppe über klare methodische Kompetenzen, bei ehrenamtlichen oder hauptamtlichen Akteur_innen verfügt, um die Rekrutierung zu organisieren. Aus dieser Erkenntnis lassen sich entsprechende Interventionen ableiten, wie sie im Abschnitt 8.3 ausgeführt sind. Aussagen zur quantitativen Verteilung in diese drei Gruppen innerhalb der Mitgliedsorganisationen des Paritätischen Thüringen lässt unsere Studie nicht zu, da sie nicht repräsentativ ist bzw. die Grundgesamtheit zu gering ausfällt. Im Folgenden betrachten wir die Ergebnisse der quantitativen Erhebung hinsichtlich demografischer Einflussfaktoren auf die ehrenamtliche Vorstandstätigkeit.

---

[414] Rückmeldung im offenen Textfeld unserer Online-Befragung 2017.

[415] Ebd.

7.5 Analyse der demografischen Faktoren

Es gehört zum Standard in der empirischen Sozialforschung, den Forschungsgegenstand hinsichtlich demografischer Einflussfaktoren zu untersuchen. Dementsprechend nehmen wir nachfolgend Bezug zur Rolle von Einkommen, Altersstruktur, Erwerbstätigkeit und geschlechtsspezifischen Aspekten der Antwortenden unserer Online-Umfrage. Wie in Abbildung 38 deutlich wird, bilden die Antwortenden, die 51 bis 60 Jahre als Antwort auf die Frage nach ihrem Alter gegeben haben, mit über 40 % der Befragten die Mehrheit. Demnach ist die Betrachtung stark von dieser Personengruppe geprägt.

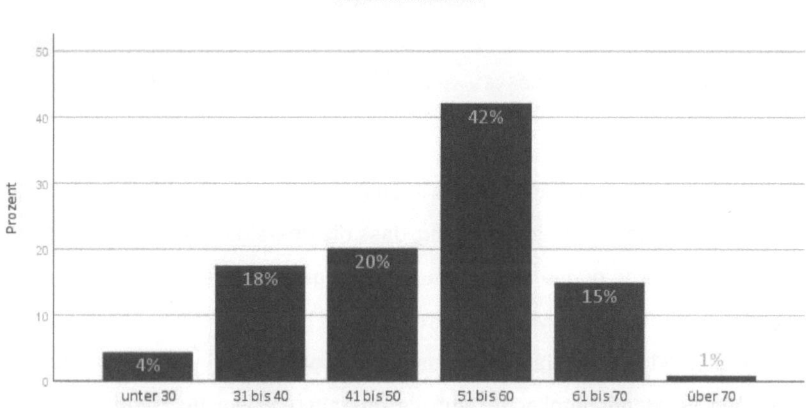

Quelle: Eigene Erhebung. N = 114.

Abbildung 38: Lebensalter der Antwortenden in Jahrzehnten kategorisiert.

Weiterhin ist in Abbildung 39 zu erkennen, dass die Alterszusammensetzung der Vorstände überwiegend aus 41- bis 60-Jährigen besteht. Aufbauend auf unsere These, dass ein Generationswechsel in den Mitgliedsorganisationen des Paritätischen Thüringen voranschreitet, haben wir auch nach dem Zusammenhang zwischen den Herausforderungen bei der Gewinnung ehrenamtlicher Vorstandsmitglieder und der Alterszusammensetzung des bestehenden Vorstands gefragt.

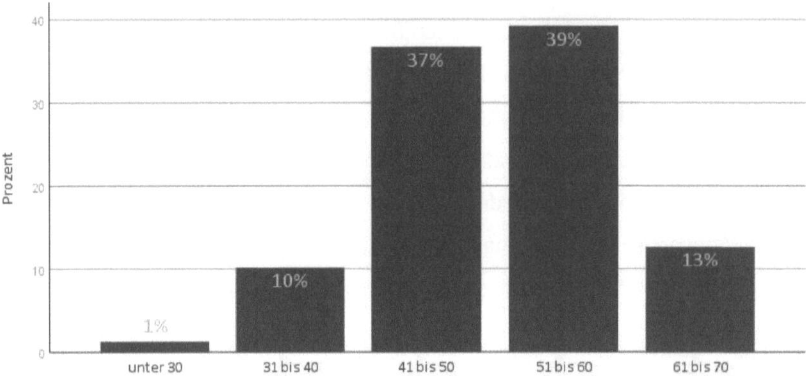

Quelle: Eigene Erhebung. N = 114

Abbildung 39: Alterszusammensetzung der Vorstände bei den befragten Mitgliedsorganisationen.

Wie in Abbildung 40 ersichtlich ist, besteht in unserem Meinungsbild ein signifikanter Zusammenhang zwischen der Einschätzung, dass die Überalterung der Vorstände als Ursache für Herausforderungen betrachtet wird. So geben 50 % der Vertreter_innen von Organisationen mit einem Median-Mittelwert das Lebensalter von Vorstandsmitgliedern zwischen 31 und 40 Jahren an, dass sie Probleme bei der Gewinnung von ehrenamtlichen Vorstandsmitgliedern auf die Überalterung der Vorstandsmitglieder zurückführen. Dies impliziert die Annahme, dass ein höheres Durchschnittsalter der Vorstandsmitglieder die Gewinnung und Nachwuchsförderung negativ beeinflusst. Genauere Informationen, um diese Wechselwirkung zu erklären, liegen uns nicht vor, weshalb wir hier diese Aussagen aus dem Meinungsbild mit den im Abschnitt 3 ausgeführten Erkenntnissen aus dem Stand der Forschung abgleichen. Demnach sind Herausforderungen, wie zielgruppengerechte Werbung und Zugänge zu jüngeren Personengruppen für direkte Ansprachen offensichtlich erschwert. Ursachen dafür können in mangelnder Bereitschaft zum Antizipieren von Trends und Entwicklungen liegen, an unzureichenden Ressourcen, um diese Entwicklungen in die eigene Organisation einzubinden, oder weil Kernthema und Handlungsfeld der Organisation stärker in einer „Peergroup" mit entsprechend höheren Lebensalter zu verorten ist.

Gegebenenfalls bestehen auch Reibungspunkte zwischen den Akteur_innen innerhalb einer Organisation, die verschiedenen Alterskohorten angehören[416]. Verunsicherungen und interpersonelle Spannungen können generell Begleiterscheinungen bei personalen Veränderungen von kleinen Teams sein, insbesondere bei einer intensiven Zusammenarbeit und hoher Identifikation mit der Tätigkeit und der Gemeinschaft, wie sie die Vorstandsarbeit einer Organisation i. d. R. mit sich bringt, weshalb eine große Mehrheit der Befragten angegeben haben, auf die Passung der potentiellen Vorstandsmitglieder in das bestehende Team aus Vorstandsmitgliedern großen Wert zu legen (siehe Abbildung 58 im Anhang).

---

[416] Vgl. Schumacher 2015: 41 zit. nach Schumacher in Bundesministerium für Familie, Senioren, Frauen und Jugend 2015: 29 [pdf].

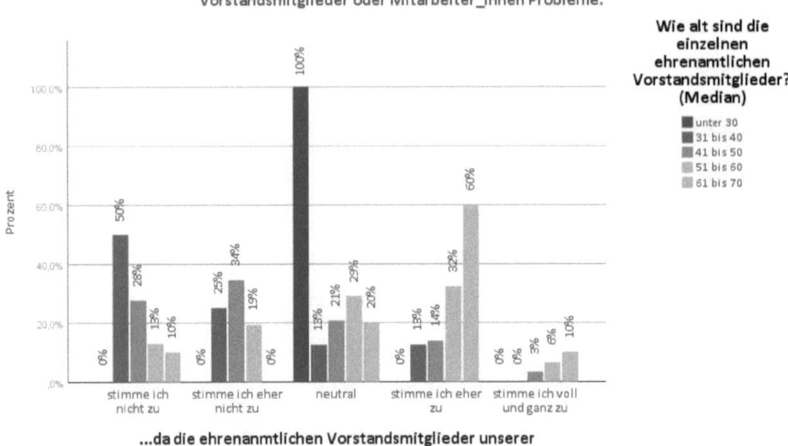

Quelle: Eigene Erhebung. N = 79.

Abbildung 40: Verhältnis zwischen Alter der Vorstandsmitglieder und der Einschätzung, dass die ehrenamtlichen Vorstandsmitglieder der Organisation überaltert sind.

Altersspezifische Herausforderungen lassen sich also folgendermaßen zusammenfassen: Je älter und altersspezifisch homogener der Vorstand einer Organisation zusammengesetzt ist, desto größer ist tendenziell die Schwierigkeit, jüngere Mitglieder für die Vorstandstätigkeit zu gewinnen bzw. die Nachfolge zu organisieren. Dieser Effekt wird gegebenenfalls durch Organisationsthemen mit altersbezogenem Kontext zusätzlich verstärkt. Im Abschnitt 8.4.1 verdichten wir diese Erkenntnisse bezüglich demografischer Einflussfaktoren zu entsprechenden Handlungsinterventionen.

Welches Geschlecht haben Sie?

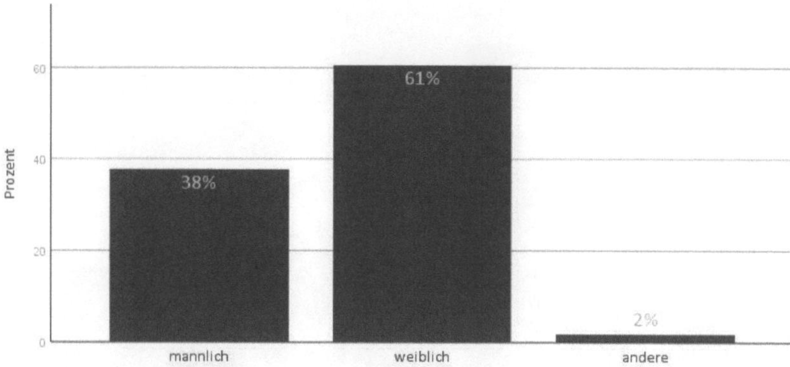

Quelle: Eigene Erhebung. N = 114.

Abbildung 41: Welches Geschlecht haben Sie?

An der Online-Befragung zur vorliegenden Studie haben mit 60 % mehrheitlich Frauen teilgenommen. Weiterhin haben wir nach der Anzahl der Frauen, sowie der Gesamtanzahl der Vorstandsmitglieder gefragt und konnten somit eine Aussage zum Geschlechterverhältnis in den Vorständen generieren. Frauen bilden die Mehrheit in den Vorständen der Organisationen, welche an unserer Online-Befragung teilgenommen haben. Dabei gibt es doppelt so viele ausschließlich durch Frauen besetzte Vorstände, als rein durch Männer besetzte Vorstände (siehe Abbildung 42).

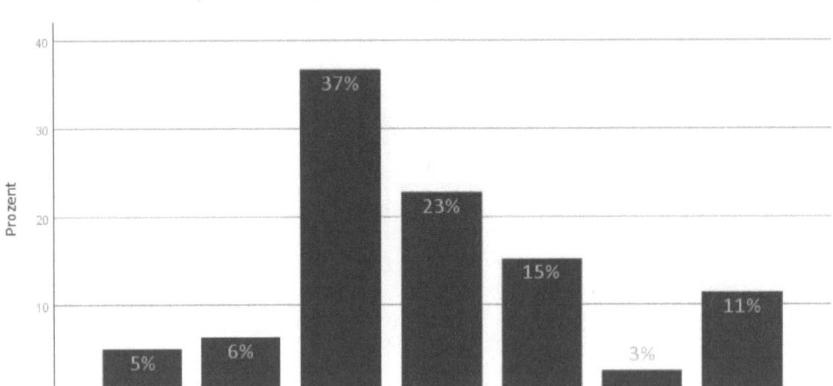

Quelle: Eigene Erhebung. N = 79.

Abbildung 42: Geschlechterverhältnis in den Vorständen der Mitgliedsorganisationen.

Laut einer Vergleichsstudie (Abbildung 43) sind es im sozialen Bereich mehrheitlich Frauen, die ehrenamtlich engagiert sind. Demnach liegt es nahe, dass auch Frauen mehrheitlich in den Vorständen vertreten sind. Die Mitgliedsorganisationen des Paritätischen Thüringen vereint, dass diese überwiegend in sozialen Themenfeldern aktiv sind und somit als Dritte-Sektor-Organisationen eingeordnet werden können. Wie in der Vergleichsstudie ersichtlich, stellen Frauen auch in einer repräsentativen Stichprobe im sozialen Bereich die Mehrheit dar.

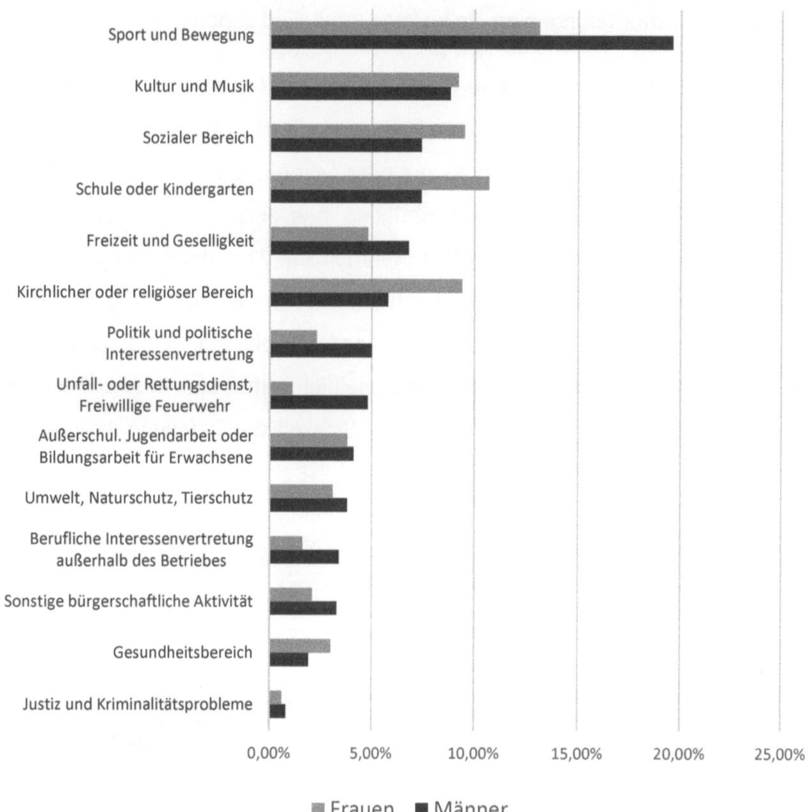

Quelle: Eigene Darstellung angelehnt an Kausmann C. (2015): Freiwilliges Engagement von Frauen und Männern. Genderspezifische Befunde zur Vereinbarkeit von freiwilligem Engagement, Elternschaft und Erwerbstätigkeit.

Abbildung 43: Anteile freiwillig engagierter Frauen und Männer in 14 gesellschaftlichen Bereichen.

Herausforderungen bei der Gewinnung von ehrenamtlichen Vorstandsmitgliedern hinsichtlich geschlechtsspezifischer Merkmale konnten aus den Ergebnissen nicht abgeleitet werden, sodass sich die Anforderungen dahingehend in den allgemeinen Aussagen zu personalen Anforderungen an ein Vorstandsmitglied subsumieren.

Eine Mehrheit der Befragten von 64 % verfügt über ein Netto-Haushaltseinkommen von über 2000,00 €/Monat. Weiterhin haben 64 % einen Hochschulabschluss und beurteilen ihre derzeitige finanzielle Situation als gut oder sehr gut (siehe Abbildung 51 und Abbildung 52 im Anhang). Unter Berücksichtigung ihrer persönlichen Einkommens- und Erwerbssituation stimmen sie mit einer Mehrheit von 71 % der Aussage „Um ein Ehrenamt ausführen zu können, sehe ich mich finanziell in der Lage" mit „eher" oder „voll und ganz" zu (siehe Abbildung 44). Wie im Anhang (Abbildung 53) ersichtlich ist, sind die Antwortenden außerdem mit 60 % mehrheitlich verheiratet. In Anbetracht ihres Lebensalters haben sie mit hoher Wahrscheinlichkeit die Erziehung ihrer Kinder abgeschlossen.

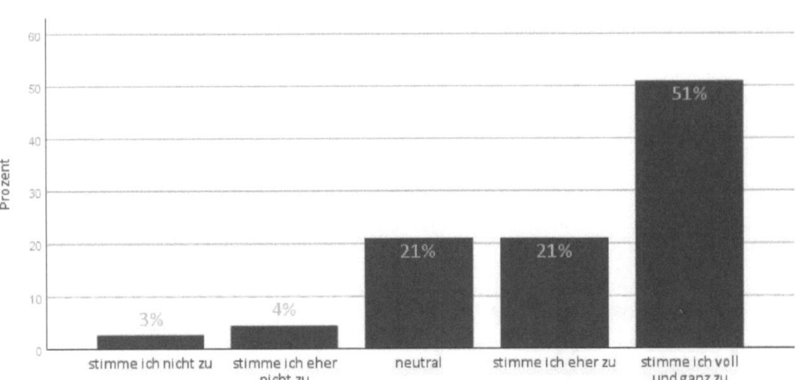

Quelle: Eigene Erhebung. N = 114.

Abbildung 44: Einschätzung der persönlichen finanziellen Lage der Befragten.

Aus diesen Angaben lassen sich typische Merkmale von Vorstandsmitgliedern der Mitgliedsorganisationen des Paritätischen Thüringen, die an der Online-Befragung teilgenommen haben, ableiten. Demzufolge sind die Teilnehmer_innen also mehrheitlich verheiratete, erwerbstätige Frauen mit Hochschulabschluss im Alter zwischen 51 und 60 Jahren, mit einem Netto-Monatseinkommen zwischen 1500,00 € und 3000,00 €. Unter Berücksichtigung der Erkenntnis, dass immerhin die Hälfte der Befragten angegeben haben, dass Sie für die Gewinnung und Nachfolge von ehrenamtlichen Vorstandsmitgliedern auf bestehende Mitglieder ihrer Organisation und zugleich auf die Passung der potentiellen Vorstandsmitglieder in das bestehende Team Wert legen sowie das Geschlecht dabei keine Rolle spielt, bilden wir folgende These: Als Vorstandsmitglieder werden überwiegend Personen gesucht, die dem gleichen sozioökonomischen Status und Lebensalter zuzuordnen sind, wie die bestehenden Mitglieder des Vorstands. Diese Betrachtung wird auch von qualitativen Aussagen bestätigt: *„Es fehlen die ‚passenden' Personen (alters- bzw. bildungsmäßig)"[417]*. Weiterhin deckt sich diese These mit dem Stand der Forschung, wie wir ihn im Abschnitt 3.1.1 detailliert dargestellt haben. Somit liegt es nahe, das eine „Verjüngung" der Vorstände ohne konkrete Maßnahmen tendenziell langsam voranschreiten wird. Stattdessen „altern" die Vorstandsmitglieder gemeinsam. Eine Intervention zur Überwindung von Problemen bei der Rekrutierung von ehrenamtlichen Vorstandsmitgliedern könnte demnach darin bestehen, sich bewusst auf neue Personengruppen zu fokussieren.

---

[417] Rückmeldung im offenen Textfeld unserer Online-Befragung 2017.

8 Handlungsempfehlungen

Die vorliegende Arbeit beschäftigt sich mit Herausforderungen der Vorstandsnachfolge. Die in diesem Kapitel dargestellten Handlungsempfehlungen basieren auf der vorgestellten empirischen Studie (Online-Umfrage) mit qualitativen und quantitativen Elementen und soll einen Beitrag dazu leisten, dass es den Mitgliedsorganisationen des Paritätischen Thüringen erleichtert wird, neue ehrenamtliche Vorstandsmitglieder zu gewinnen bzw. zu binden. Die Empfehlungen sind dabei in die folgenden Kategorien gegliedert:

Attraktivere Gestaltung des Ehrenamtes
> - Imageverbesserung des Ehrenamtes
> - Mitgliederwerbung
> - Verbesserung der Arbeitsbedingungen im Ehrenamt
> - Belohnung oder Entlohnung?
> - Motivationale Anreize

Passung zwischen Angebot und Nachfrage
> - Rechtlicher Rahmen und Förderung sowie Finanzierung
> - Eignung, Motivation und Qualifizierung potentieller Vorstandsmitglieder
> - Aufklärung über Vorstandsarbeit verbessern

Organisatorische Verbesserungen
> - Vorstandswerbung
> - Arbeitsorganisation

8.1 Attraktivere Gestaltung des Ehrenamtes

Personen, die sich in einem Verein oder einer Organisation freiwillig engagieren, stellen ihre Zeit und ihre Arbeitskraft unentgeltlich zur Verfügung. Dieses Engagement ist nicht selbstverständlich, aber für viele Organisationen von unschätzbarer Bedeutung. Um neue Freiwillige zu gewinnen und ehrenamtliche Mitarbeiter_innen zu halten, bedarf es einer attraktiven und sinnvollen Gestaltung des Arbeitsfeldes.

Im Zentrum steht, dass das Ehrenamt bei den Mitgliedsorganisationen des Paritätischen Thüringen attraktiver gestaltet wird und dass gleichzeitig ein anziehenderes Image gegenüber potenziellen neuen Mitgliedern sowie auch gegenüber den bereits bestehenden Ehrenamtsinhaber_innen entwickelt wird. Der Einordnung der Steigerung der Attraktivität der Organisation als Voraussetzung für die Gewinnung von neuen ehrenamtlichen Mitarbeiter_innen und potenziellen ehrenamtlichen Vorständen stimmten 38 % der Befragten zu, 32 % äußerten sich hier neutral und nur 29 % verneinten diese Einordnung eher, wie in der unteren Abbildung ersichtlich ist.

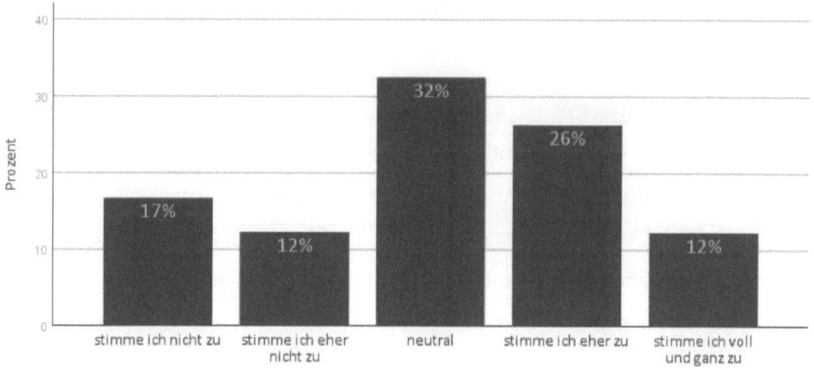

Quelle: Eigene Erhebung. N = 114.

Abbildung 45: Meinungen zur Attraktivität der Organisation.

Dazu ließen sich aus der Untersuchung die folgenden Komplexe von Handlungsempfehlungen ableiten:

8.1.1 Imageverbesserung des Ehrenamtes

Das Image des Ehrenamtes sollte dringend verbessert werden. Um das Image allgemein zu verbessern, sollte etwa in der Kommunikationspolitik eine geeignete Wortwahl eingesetzt werden. Hier wäre es beispielsweise sinnvoll, den Begriff des Ehrenamtes durch synonyme Begriffe zu ersetzen, da der Ehrenamtsbegriff häufig mit negativen Assoziationen verbunden ist: In der empirischen Erhebung stimmten nahezu 60 % der Befragten der Aussage „Ehrenamt heißt vor allem, freiwillig, kostenlos und unentgeltlich zu arbeiten." (Abbildung 60 im Anhang).

Weiter empfindet ein Großteil der Befragten (45 %) den Begriff „Ehrenamt" eher als veraltet und würde eine Bezeichnung wie „bürgerschaftliches" oder „freiwilliges Engagement" vorziehen (Abbildung 61 im Anhang). Entsprechend erscheint es sinnvoll, etwa in Werbekampagnen das Ehrenamt alternativ als freiwilliges, bürgerliches Engagement oder generell als „Freiwilligenengagement" oder „Freiwilligenarbeit" zu bezeichnen.[418]

Weiterhin sollte das Ehrenamt nicht mit einer fortlaufenden Verpflichtung gleichgesetzt werden. Um diese mit ehrenamtlichen Tätigkeiten häufig verbundene Einordnung sowohl in der organisationalen Praxis als auch in der Wahrnehmung durch potenzielle Mitglieder aufzulösen, sollte auch eine freiwillige Betätigung an zu zeitlich begrenzten Projekteinsätzen mit einer klar definierten Zielvorstellung und damit mit einer eindeutigen zeitlichen sowie inhaltlichen Eingrenzung ermöglicht werden. So zeigen auch viele empirische Untersuchungen, dass freiwilliges Engagement durch die betroffenen

---

[418] Zur Relevanz des Images von Organisationen im Bereich der Freiwilligenarbeit vgl. Schie et al. 2015: 138.

Personen als positive Erfahrung wahrgenommen wird, jedoch nur, solange der Aufwand hierfür zeitlich begrenzt ist.[419] Diese Möglichkeit sollte klar (nach außen) kommuniziert werden mit der optionalen Einladung („soft commitment")[420], das Engagement (Kontinuität anvisieren) weiterzuführen.

Darüber hinaus sollte eine Dankeskultur bis in den öffentlichen Bereich ausgebaut werden, hier stimmten fast drei Viertel der befragten Personen zu, dass dies beitragen könne, mehr ehrenamtliche Mitarbeiter_innen und potenzielle Vorstandsmitglieder zu gewinnen. Auch die wissenschaftliche Literatur empfiehlt Dank und Anerkennung freiwilliger Arbeit als relevante Anreize, die die intrinsische Motivation fördern können. Diese positive Wirkung konnte in zahlreichen Studien belegt werden.[421]

8.1.2 Mitgliederwerbung

Um bei der Ansprache potenzieller neuer Mitglieder eine höhere Reichweite zu generieren, sollten die Werbemaßnahmen auf digitale Netzwerke ausgeweitet werden, um insbesondere auch jüngere Zielgruppen anzusprechen und damit die Gesamtzielgruppe auszuweiten.[422] So streben die meisten befragten Organisationen danach, eine möglichst breite Zielgruppe anzusprechen. Auch war über die Hälfte der Befragten der Meinung, dass die eigene Organisation vermehrt nach außen sichtbar werden sollte. Weiterhin empfinden die Befragten ihre Organisationsmitglieder umso überalterter, je älter die jeweiligen Mitglieder im Durchschnitt sind (signifikante Korrelation), was die Relevanz der Gewinnung jüngerer Mitglieder – besonders bei hohem Altersdurchschnitt innerhalb der Mitgliedsorganisation – verdeutlicht.

Bei der Mitgliederwerbung erscheint es sinnvoll, die Ansprache individueller, gezielter und persönlicher zu gestalten. Aufbauend auf die Ausführungen zu Zusammenhängen

---

[419] Vgl. Ramos u. Wehner 2015: 117, 123.

[420] Mit der Bezeichnung „soft commitment" wird im Englischen ein Ausspruch und zugleich Vorgehen beschrieben, um von einer Person das Interesse für weiteres Engagement anzuvisieren, ohne dabei zu viel Druck auf eine Zusage bzw. Verpflichtung auszuüben.

[421] Vgl. Moschner 2002: 7 [pdf], vgl. Schie et al. 2015: 136 f.

[422] Zur Relevanz der Diversifizierung der Zielgruppen bei der Rekrutierung vgl. Ramos u. Wehner 2015: 23.

zwischen Erwartungen und Rekrutierungsstrategien im Abschnitt 7.4, liegt es nahe, dass primär durch persönliche Kontakte, Empfehlungen und Netzwerkarbeit Vorstandsmitglieder gewonnen werden, was die Relevanz einer personalisierten Kommunikation unterstreicht.

Hierzu ist die Kenntnis hinsichtlich der möglichen, spezifischen Motive für ein Engagement erforderlich, um gezielt die Erreichung, bzw. das Vorhandensein der motivierenden Aspekte zu unterstreichen. So kann die Kommunikation und Ansprache entsprechen zugeschnitten werden. Dabei erhöhen nach den Ergebnissen der Befragung positive persönliche Erfahrungen durch ehrenamtliches Engagement die Wahrscheinlichkeit, dass die Person sich später selbst ehrenamtlich engagiert (Zustimmung von 85 %).

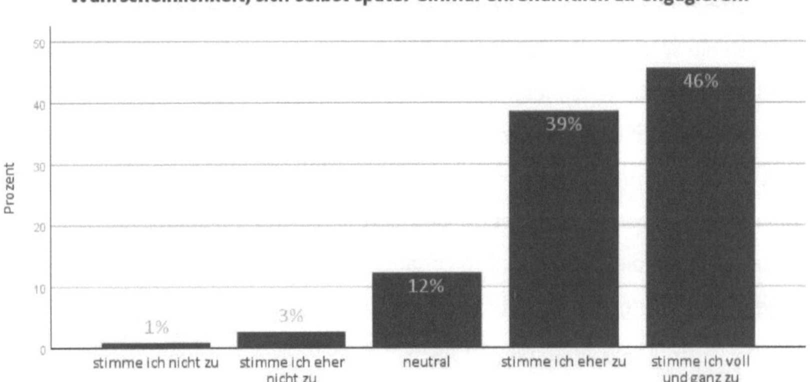

Quelle: Eigene Erhebung. N = 114.

Abbildung 46: Eigene Erfahrungen und Bereitschaft zu einem Engagement im Vorstand.

Weiter ist es für die ehrenamtliche Mitarbeit sowie für die Übernahme von Vorstandsposten grundlegend, dass eine persönliche Identifikation mit den Zielen der Organisation besteht (86 bis 95 % Zustimmung durch die Befragten).

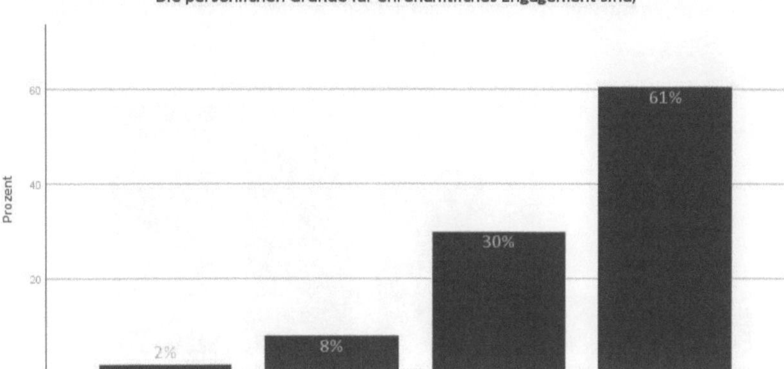

Quelle: Eigene Erhebung. N = 114.

Abbildung 47: Identifikation mit Zielen als persönliche Gründe für ein Engagement.

Die Identifikation mit der Arbeit bzw. mit der Organisation, in der die Freiwilligenarbeit verrichtet wird, als Motivationstreiber anzusehen, wird auch in der Literatur beschrieben.[423]

---

[423] Vgl. Moschner 2002: 3f. [pdf]; vgl. Mösken et al. 2015: 41; vgl. Güntert 2015: 84; vgl. Schie et al. 2015: 132ff, vgl. Strubel et al. 2015: 261.

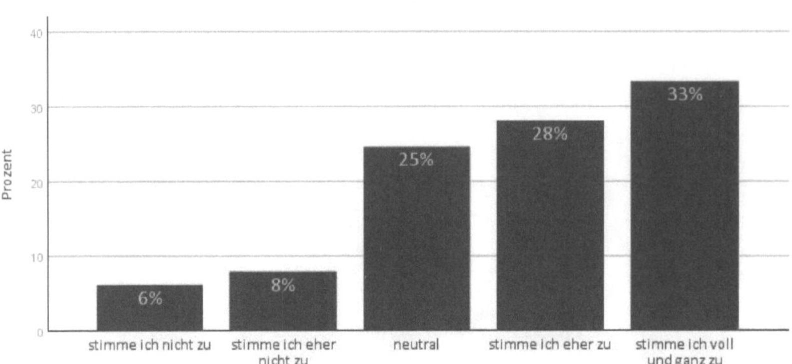

Quelle: Eigene Erhebung. N = 114.

Abbildung 48: Bedeutung der Rekrutierung ehrenamtlicher Vorstände in der Organisation.

Die Rekrutierung neuer ehrenamtlicher Mitarbeiter_innen und potenzieller Vorstandsmitglieder spielt in den meisten Organisationen eine wichtige Rolle (61 % Zustimmung). Wie in Abschnitt 7.4 anhand der Abbildung 37 deutlich wird, gaben lediglich 11 % der Befragten an, dass ihre Organisation über ein Rekrutierungs-Managementsystem für neue Mitglieder und Vorstände verfügt. Insgesamt sollten solche Systeme implementiert werden, um einen niedrigschwelligen, unverbindlicheren Zugang für Interessierte und potenzielle Neumitglieder zu ermöglichen und den organisatorischen Aufwand für die jeweilige Organisation durch eine systematische Standardisierung des Rekrutierungsprozesses zu reduzieren.

Die Eintrittsschwelle sollte etwa auch dadurch abgebaut werden, dass neuen ehrenamtlichen Vorstandsmitgliedern die Möglichkeit geboten wird, sich in diesem Bereich „auszuprobieren". Insbesondere Mitgliedsorganisationen, welche ein solches Vorgehen bereits verfolgen, stimmten diesem Vorgehen als Empfehlung zu (signifikante Korrelation). Dies verdeutlicht, dass eine solche Vorgehensweise sich bereits als vorteilhaft erweisen konnte. Weiter erscheint es aus dieser Perspektive auch sinnvoll, Patenschaften zwischen ehrenamtlichen Vorstandsmitgliedern und einzelnen Einrichtungs-bereichen zu schaffen, um eine wechselseitige Einsichtnahme in die unterschiedlichen Arbeitsbereiche der Organisationen zu ermöglichen (signifikante Korrelation). Darüber hinaus erscheint es empfehlenswert, die ehrenamtlichen Organisationen auf kommu-naler Ebene zu koordinieren, um den Bürger_innen eine allgemeine Anlaufstelle zu bie-ten und so die Zugangsbarrieren zum ehrenamtlichen Engagement weiter abzubauen.

Insgesamt sollten die Maßnahmen zur Mitgliederwerbung außerdem an der Größe der jeweiligen Organisation ausgerichtet werden. So besteht bei Organisationen mit Ver-bandscharakter tendenziell eine sehr spezifische Bekanntheit entsprechend des jewei-ligen Tätigkeitsschwerpunktes. Hier sollte der Fokus der Ansprache auf der Kernziel-gruppe liegen. Die Werbemaßnahmen sollten mit den ansässigen Ortsverbänden oder anderen interessierten Parteien verzahnt werden. Bei einigen Organisationen erscheint es besonders relevant, die Internetpräsenz auszubauen und eine Verbindung zwischen Online- und Offlinekommunikation herzustellen, um eine transparente Kommunikation zu sichern.

8.1.3 Verbesserung der Arbeitsbedingungen im Ehrenamt

Um einerseits ehrenamtliche Mitarbeiter_innen langfristig zu halten – was für die be-fragten Mitgliedsorganisationen besonders wichtig ist – und auf der anderen Seite die Attraktivität des Ehrenamtes für potenzielle neue Mitglieder zu steigern, sollten die Ar-beitsbedingungen im Ehrenamt verbessert werden.

Ein großer Teil der Ehrenamtlichen übt die freiwillige, unbezahlte Tätigkeit neben einer beruflichen Arbeit aus. Hierzu sollte die Doppelbelastung durch Beruf und Ehrenamt verringert werden. Hier sieht ein Großteil der Befragten die Mehrbelastung und poten-zielle Überlastung durch die ehrenamtliche Arbeit als ein Grund für die Schwierigkeit, ehrenamtliche Vorstandsmitglieder zu gewinnen. Dabei erscheint es sinnvoll, Arbeit-geber_innen darauf anzusprechen, ob diese Freistellungen oder Urlaub für Fortbildun-gen sowie Praxiseinsätze im Ehrenamt gewähren würden, da besonders die zeitlichen Ressourcen der befragten Personen ihr Engagement im Ehrenamt beeinflussen und bestimmen. Auch die Forderung nach einer politischen Unterstützung des Ehrenamtes auf kommunaler und Landesebene sollte erwogen werden. So erscheint es aus Sicht der Befragten etwa angemessen, mehr finanzielle Unterstützung aus der öffentlichen Hand zu fordern. Diese speziellen Anliegen werden im Punkt 8.4 Handlungsempfehlungen aus dem Stand der Forschung unter dem Stichwort (Re-)Politisierung weiterführend präzisiert.

Weiterhin erscheint es empfehlenswert, zeitlich begrenzte Projektstellen zu schaffen, um den Arbeitsaufwand für potenzielle neue ehrenamtliche Mitarbeiter_innen und Vorstandsmitglieder übersichtlicher zu gestalten und so das Ehrenamt neben Beruf und Familie besser planbar zu machen.

Im Allgemeinen sollte die Grenze zwischen Ehrenamt und Hauptamt neu austariert werden, um dadurch eine bessere, sinnvolle Balance für ein kooperatives Verhältnis zu finden.

8.1.4 Belohnung oder Entlohnung?

Der Charakter des Ehrenamtes sollte neu hinterfragt werden. Besonders sollte überdacht werden, inwiefern ein hoher Arbeitsaufwand eine Entlohnung rechtfertigt. Hier sollte berücksichtigt werden, dass Dank und gesellschaftliche Anerkennung als Kompensation für den Arbeitsaufwand nicht mehr ausreichen. Entsprechend kann es sinnvoll sein, andere Anreize zu setzen, indem für die ehrenamtliche Arbeit etwa Zusatzqualifikationen, Zertifikate usw. gewährt werden. Dies geschieht bei den Mitgliedsorganisationen bereits. Hier kann empfohlen werden, dieses Vorgehen weiter auszubauen. Dies könnte beitragen, die intrinsische Motivation sowie auch die Produktivität der ehrenamtlichen Mitarbeiter_innen zu steigern.[424]

Sofern es finanzierbar ist, sollten auch finanzielle Ausgleiche – wie Aufwandsentschädigungen für persönliche Aufwendungen als eine neue Form der Wertschätzung – implementiert werden. So stimmten eine Vielzahl der Befragten der Aussage zu, dass die persönlichen Aufwendungen ehrenamtlicher Mitglieder und Vorstände finanziell nicht

---

[424] Vgl. Schie et al. 2015: 136 f.

hinreichend kompensiert werden, was die Gewinnung neuer Vorstandsmitglieder erschwert. Materielle Anreize – wie Aufwandsentschädigung, Fahrgeld und Versicherungen können ein wesentlicher, demotivationsverhindernder Faktor im Ehrenamt sein[425] und sollten demnach potenziell ausgeweitet werden. Besonders diejenigen Organisationen, bei denen finanzielle Aspekte Schwierigkeiten bereiten, erkennen dabei bereits die Relevanz finanzieller Ausgleiche für ehrenamtliche Tätigkeiten (signifikante Korrelation).

8.1.5 Motivationale Anreize

Zu den Desideraten bei der Erforschung des bürgerschaftlichen Engagements gehört eine eingehende Analyse der Motive, weshalb Bürger_innen sich engagieren.

Zwar wurden schon seit den 80er Jahren erste Motiv-Ermittlungen durchgeführt, teils im Rahmen der empirischen Sozialforschung, teils im Rahmen der Psychologie. Doch diese Ermittlungen deckten meist nur einen Teil der möglichen Motive ab.

Vor diesem Hintergrund stellte 2012 der Erste Engagementbericht der Bundesregierung Forschungsbedarf fest: *„Bei den Motiven Engagierter handelt es sich um komplexe Motivbündel, die bislang nur unzureichend erforscht wurden."* [426] Es erscheint also sinnvoll, sich auf die Motivationsmuster potenzieller ehrenamtlicher Organisationsmitglieder einzustellen. So kann eine Befriedigung der handlungsleitenden Bedürfnisse einer Person eine Motivation zu einem bestimmten Verhalten auslösen. Hier sind etwa die Bedürfnisse nach Kompetenzerleben und Selbstbestimmung oder nach Zugehörigkeit denkbar.[427]

Besonders für kleinere Organisationen (mit weniger als 40 ehrenamtlichen Akteur_innen und keinem bis unter fünf hauptamtlichen Mitarbeiter_innen, welche nur ein bestimmtes Arbeitsfeld abdecken) werden die Mitarbeiter_innen von dem Wunsch, Spuren zu hinterlassen, zur Handlung motiviert (siehe Abbildung 23). Ein weiteres Motiv

---

[425] Vgl. Moschner 2002: 11 [pdf].

[426] Bundesministerium für Familie, Senioren, Frauen und Jugend 2012: 92 [pdf].

[427] Vgl. Bernard 2006: 143.

ist hier die eigene Betroffenheit vom jeweiligem Thema. Demgemäß erscheint es empfehlenswert, potenziellen Mitarbeiter_innen die Möglichkeit in Aussicht zu stellen, in dem jeweiligen Arbeitsfeld etwas zu bewegen.

Auch die Vielfältigkeit der Aufgaben, welche ehrenamtlichen Mitgliedern in kleineren Organisationen zukommt, kann eine Motivation für potenzielle neue ehrenamtliche Mitglieder darstellen, da diese das Sammeln umfassender Erfahrungen in verschiedenen Bereichen ermöglicht. Hier sollte demnach kommuniziert werden, dass die ehrenamtliche Mitarbeit Erfolge in vielfältigen Bereichen erlebbar machen kann.

Bei großen Organisationen sind häufig altruistische Motive sowie auch die Möglichkeit, persönliche Vorteile zu erlangen, handlungsleitend. Hier könnte etwa auf das mögliche öffentliche hohe Ansehen der Vorstandsmitglieder als Motivation abgestellt werden. Auch könnte für potenzielle neue Vorstandsmitglieder die hohe Personalverantwortung, die auch im Gesamtlebenslauf der jeweiligen Person eine positive Wirkung haben kann, bei großen Organisationen einen Anreiz darstellen. Für ehrenamtliche Mitarbeiter_innen und Vorstandsmitglieder bietet sich entsprechend ein hohes Potenzial, sich weiterzuentwickeln, welches kommuniziert werden sollte.

	beispielhafte Organisationstypen		
	Organisation mit Verbands-Charakter	„kleine" Organisation	„große" Organisation
bewusste, oder unbewusste Motivationsmuster	„ich möchte Spuren hinterlassen" oder auch „das Thema betrifft mich selbst", hohes Potential für Weiterentwicklung		„ich möchte etwas für andere tun" oder auch „es könnte einen persönlichen Vorteil für mich geben", mögliches hohes Ansehen der Vorstandsmitglieder, hohe Personalverantwortung (positive Wirkung im Gesamtlebenslauf der Person), hohes Potential für Weiterentwicklung

Quelle: Eigene Darstellung.

Tabelle 4: Beispielhafte Organisationstypen und Motivationsmuster

8.2 Passung zwischen Angebot und Nachfrage

Die Motivation für die Vorstandsarbeit sollte gefördert werden, indem die Rahmenbedingungen klarer und attraktiver gestaltet werden und die geeigneten Kandidat_innen für eine Vorstandsbesetzung angemessen angesprochen und überzeugt werden.

8.2.1 Rechtlicher Rahmen und Förderung sowie Finanzierung

Um – wie bereits angemerkt wurde – die Motivation für ehrenamtliche Mitarbeit zu stärken, kann es sinnvoll sein, auch finanzielle Aufwandsentschädigungen einzusetzen, welche in der Freiwilligenarbeit relativ gängig sind.[428] Darüber hinaus sollte ein hinreichender Anteil hauptamtlicher Mitarbeiter_innen vorhanden sein, um die Ehrenamtsinhaber_innen nicht zu überlasten. Hierzu ist es erforderlich, wie bereits erwähnt, eine Verbesserung der finanziellen Unterstützung aus der öffentlichen Hand einzufordern. Fördermittel sind bisher in den meisten Organisationen nicht ausreichend. Außerdem erscheint eine umfassende juristische Aufklärung potenzieller Vorstandsmitglieder über die Vorstandsarbeit notwendig, da potenzielle Kandidat_innen durch unvorhersehbare rechtliche Lagen und subjektiv unklare Haftungsfragen verunsichert werden (68 % Zustimmung, Abbildung 29). Eine angemessene Aufklärungsarbeit erscheint – vor dem Hintergrund der verunsichernden Haftungsfragen und neuen rechtlichen Lagen – dabei auch allgemein besonders relevant, um Ängste und Unsicherheiten abzubauen (78% Zustimmung, Abbildung 30).

Das Bundeskabinett hat am 24.10.2012 den Entwurf eines Gesetzes zur Stärkung gemeinnütziger Tätigkeit beschlossen, mit dem die Rahmenbedingungen für ehrenamtliches Engagement maßgeblich verbessert werden. Neben wichtigen Verbesserungen im steuerlichen Bereich sollen die Rahmenbedingungen für bürgerschaftliches Engagement im Vereins- und Stiftungsrecht gestärkt werden. Es wurden die Schadensersatzhaftung von ehrenamtlich tätigen Vorständen, Mitgliedern und besonderen Vertreter_innen beschränkt. Damit soll Sorge getragen werden, dass ehrenamtlich Tätige nicht durch eine mögliche Haftung bestraft oder durch das entsprechende Risiko von ihrem Engagement abgehalten werden. Die damaligen Koalitionsfraktionen verfolgten mit dem Gesetzesvorhaben das Ziel, das Ehrenamt zu stärken und Vereine, Stiftungen und andere gemeinnützige Organisationen von Bürokratie zu entlasten. Mit der EU-Datenschutzgrundverordnung (EU-DSGVO) bzw. dem neuen Bundesdatenschutzge-

---

[428] Vgl. Wehner et al. 2015: 5.

setz (BDSG-neu) und in Zukunft ähnlichen Verordnungen folgen aber neue Herausforderungen auch bzgl. Haftung. Dazu mehr unter 8.4.1 Handlungsempfehlungen für Mitgliedsorganisationen.

8.2.2 Eignung, Motivation und Qualifizierung potentieller Vorstandsmitglieder

Freiwillig tätige Vorstandsmitglieder verfügen häufig über große organisatorische und kommunikative Kompetenzen.[429] Als ehrenamtliche Kandidat_innen für zu besetzende Vorstandsposten sollten nicht nur langjährige Mitarbeiter_innen in Frage kommen. Vielmehr erscheint es zielführend, den Fokus auch auf junge Neumitglieder zu erweitern, da diese potenziell genauso qualifiziert sind und eine ebenso hohe Motivation mitbringen wie langjährige Mitglieder.

Weiter sollte die Motivation potenzieller Vorstände gesteigert werden, indem die relevanten individuellen Vorteile, welche sich durch einen solchen Posten ergeben, klar kommuniziert werden. Hier sollte auf die Vorteilhaftigkeit des durch die ehrenamtliche Tätigkeit erweiterten privaten und beruflichen Netzwerkes abgestellt werden. So kann eine durch das Ehrenamt vermehrte soziale Einbindung zum Wohlbefinden und zur Gesundheit beitragen, was einige von vielen zentralen motivierenden Faktoren für freiwilliges Engagement sein könnten.[430]

Fortbildungen werden bislang kaum als Bindungs- und Motivationsinstrument eingesetzt, sodass hier Verbesserungsmöglichkeiten bestehen. Hierbei sollte auch berücksichtigt werden, dass Mitglieder der Organisationen, welche ein umfassendes Angebot an Bildungsangeboten bereitstellen, um die Mitglieder zu binden, sich von ihrer Organisation besonders gut vorbereitet und unterstützt fühlen.

Weiterhin sollte auf persönliche Motive der potenziellen Kandidat_innen abgestellt werden. Hier sollten etwa Bedürfnisse, wie das Verantwortungsgefühl, die Selbstbestätigung und Stolz auf geleistete Arbeit angesprochen werden. Dass die Übernahme

---

[429] Vgl. Neufeind 2015: 269.

[430] Vgl. Moschner 2002: 6 [pdf], vgl. Ramos u. Wehner 2015: 110.

von Verantwortung ein wichtiges Motiv für die Vorstandsarbeit sein kann, bestätigten in diesem Kontext etwa drei Viertel der Befragten. Auch Stolz auf sich selbst und die gemeinschaftliche ehrenamtliche Tätigkeit könnte laut den Befragten ein relevantes Motiv darstellen (72 % Zustimmung, Abbildung 22).

Eine weitere Option, den Kreis potenzieller Vorstandsmitglieder zu erweitern, besteht darin, auch bisherige Nichtmitglieder der jeweiligen Organisation anzusprechen, welche jedoch die Qualifikation für eine leitende Position aufweisen und entsprechendes Interesse vorliegt – wie etwa Manager_innen im Ruhestand. Dies geschieht bisher nur bei einem geringen Teil der Organisationen, sodass hier ein hohes Potenzial bestehen könnte.

8.2.3 Aufklärung über Vorstandsarbeit verbessern

Um die Hemmschwelle bzw. Eintrittsbarriere in die Tätigkeit als Vorstand für potenzielle Kandidat_innen möglichst gering zu halten, sollte intensiv über die Vorstandsarbeit aufgeklärt werden. So ist die Bereitstellung von Informationen ein kritischer Faktor für die Motivation zur Freiwilligenarbeit.[431] Hierzu erscheint es zunächst sinnvoll, die Rolle der Vorstandsmitglieder neu zu definieren. Weiterhin sollte die juristische Aufklärung verbessert werden, um potenziellen Kandidat_innen – wie bereits erwähnt – Sicherheit bezüglich möglicher Haftungsfragen sowie sonstiger rechtlicher Belange zu geben. Viele Personen ziehen einen Vorstandsposten nicht in Erwägung, da sie nicht abschätzen können, was damit auf sie zukommt. Die Haftungsfragen und Risiken stellen insbesondere für die Übernahme der Tätigkeit als Vereinsvorsitzende_r eine wesentliche Hemmschwelle dar[432]. Da in Vereinen innerhalb des Personenkreises im Vorstand ein Nachrücksystem auf die Position der/des Vorsitzenden besteht, liegt es nahe, dass Erwartungen und Bedenken der potentiellen Vorstandsmitglieder auch auf die Vorstandstätigkeit im Allgemeinen übertragen werden.

---

[431] Vgl. Moschner 2002: 9 [pdf].
[432] Vgl. Völker 2018: [html].

In diesem Zusammenhang sollten die Verantwortlichkeiten insgesamt sowie mögliche Vertretungsfunktionen im Speziellen, die den Mitgliedern des Vorstands übertragen werden, besser kommuniziert werden. Hier stellt die Verantwortung aus Sicht der Befragten einen wesentlichen Anteil der Motivation für einen Vorstandsposten dar (Aufgaben werden vom Vorstand übernommen, um eine verantwortungsvolle Aufgabe zu übernehmen). So kann Verantwortung, sofern für die Person relevant, ein wesentliches Merkmal darstellen, um eine Tätigkeit attraktiv zu machen und damit die Motivation zu erhöhen, diese aufzunehmen.[433]

Gleichzeitig kann eine zu hohe erwartete Verantwortung dazu führen, dass die Rekrutierung neuer ehrenamtlicher Mitglieder bzw. Vorstandsmitglieder problematisch ist. Hier sollte darüber aufgeklärt werden, dass die Aufgaben des Vorstandes begrenzt sind und nicht sämtliche alltägliche anfallenden Aufgaben vom Vorstand bewältigt werden müssen. Jedoch wird bei solchen Organisationen, die keine hauptamtlichen Mitarbeiter_innen haben, oft eine breitere Aufgabenbewältigung durch ehrenamtliche Vorstandsmitglieder erwartet. Entsprechend sollte diesbezüglich eine offene Kommunikation angestrebt werden, sodass potenzielle Kandidaten wissen, worauf sie sich einlassen. Eine klare Aufgabenverteilung zwischen Vorstands- und Nicht-Vorstandsmitgliedern besteht in den meisten Organisationen bereits, sodass eine klare Beschreibung des Verantwortungs- und Tätigkeitsbereichs für Vorstandsmitglieder leicht ermöglicht wird.

Um die Aufklärungsarbeit effektiv zu gestalten, sollten außerdem Veranstaltungen zu Vereinsrecht, Vorstandsarbeit usw. auf regionaler Ebene organisationsübergreifend organisiert werden. Dadurch werden die Aufwendungen der einzelnen Organisation begrenzt und es können Synergien entstehen und genutzt werden.

---

[433] Vgl. Mösken et al. 2015: 40.

8.3 Organisatorische Verbesserungen

Um die Besetzung von Vorstandsstellen sowie die generelle Anwerbung neuer ehrenamtlicher Mitarbeiter_innen zu erleichtern, sollten organisatorische Verbesserungen – wie im Folgenden dargestellt – angestrebt werden.

8.3.1 Vorstandswerbung

Organisationsübergreifend sollte auf die Relevanz der Vorstandsarbeit in den Organisationen hingewiesen werden. Hier wäre eine Kampagne des Paritätischen sinnvoll, welche dazu dient, bezüglich der Notwendigkeit der Vorstandsarbeit sowie hinsichtlich deren Inhalte aufzuklären. Weiterhin sollten regional übergreifende Infoveranstaltungen stattfinden, um viele Menschen anzusprechen und dabei Synergien zwischen den Organisationen zu nutzen und den Aufwand der einzelnen Organisation hinreichend gering zu halten.

Weiter sollte neben der Gewinnung von Mitgliedern von außerhalb der Organisation berücksichtigt werden, dass auch innerhalb der Organisation die Vorstandsgewinnung stattfinden muss. So werden zumeist bestehende aktive Mitglieder für Vorstandsposten bevorzugt (63 % Zustimmung, Abbildung 35). Hier sollten demnach entsprechende zeitliche bzw. personelle Ressourcen freigestellt werden, um die interne Akquise und Stellenbesetzung durchzuführen. Dabei kann es auch hilfreich sein, Vorstandspraktika zu ermöglichen. Dies ist eine wesentliche Aufgabe der „Board Governance". Ein Großteil der Organisationen ermöglicht es potenziellen Vorständen bereits vorab, Erfahrungen zu sammeln. Der bestehende ehrenamtliche Vorstand sollte hier auch solche ehrenamtlichen Mitarbeiter_innen aktiv ansprechen, die eine Eignung für einen Vorstandsposten aufweisen. Besonders die Organisationen, welche Probleme bei der Rekrutierung neuer ehrenamtlicher Vorstandsmitglieder und Mitarbeiter_innen haben, betreiben bereits aktive Mitgliederwerbung. Dies sollte weiter ausgebaut werden.

ISÖ
Institut für
Sozialökologie

8.3.2 Arbeitsorganisation

Um die Struktur der jeweiligen Organisation zu verbessern, sollten externe Beratungsangebote angeboten und zugänglich gemacht werden. Die meisten Organisationen nutzen bisher keine externen Beratungsangebote für die Verbesserung ihrer Organisationsstruktur.

Um eine effiziente und effektive Arbeit zu ermöglichen, sollte die Aufgabenteilung innerhalb der Organisation klar definiert sein. So löst die Befürchtung, den anfallenden Aufgaben und Anforderungen nicht gerecht werden zu können, laut unserer empirischen Untersuchung, teilweise Probleme bei der Rekrutierung neuer ehrenamtlicher Mitarbeiter_innen und Vorstandsmitglieder aus.

Der Arbeitsaufwand für die Vorstandsmitglieder sollte besser reguliert werden, um Überbelastungen zu vermeiden. So bereitet der aus der ehrenamtlichen Tätigkeit resultierende Mehraufwand und die potenziell aus diesem resultierende Überlastung Probleme bei der Anwerbung ehrenamtlicher Mitarbeiter_innen und Vorstände. Dabei empfinden diejenigen Befragten, welche ehrenamtliche Tätigkeiten als potenziell überlastenden Mehraufwand wahrnehmen, diese auch als unverhältnismäßige Einschränkung anderer (privater) Tätigkeiten.

Weiterhin sollten regelmäßige Supervisionen angeboten werden. Auch empfiehlt es sich, Einarbeitungsstrukturen zu schaffen, um ehrenamtliche Vorstände darin zu fördern, ihre Tätigkeit nahtlos und mit einem bestimmten Wissensfundus aufnehmen zu können. Dies kann ebenfalls dazu beitragen, die Eintrittsbarrieren sowie eine mögliche Überforderung zu vermeiden.

Außerdem sollte eine unabhängige Vernetzungs- und Vermittlungsstruktur aufgebaut werden, welche gegenseitige Hilfe zwischen den einzelnen Organisationen ermöglicht. Hier besteht bereits eine Basis für Kooperationen, da sich ein Großteil der Organisationen bereits aktiv an überregionalen Fachgruppen beteiligt.

Dieses Kapitel wird wie folgt zusammengefasst:

Um Ehrenamt für potenzielle neue (Vorstands-)Mitarbeiter attraktiver zu gestalten, sollte eine **Verbesserung des Images** ehrenamtlicher Tätigkeiten angestrebt werden, indem etwa synonyme Begriffe wie „freiwilliges Engagement", „Freiwilligenengagement" oder „Freiwilligenarbeit" verwendet werden und der Pflichtcharakter solcher Betätigungen durch eine Eingrenzung der Aufgaben und entsprechendem Dank abgebaut wird.

Mitgliederansprache sollte (auch via Internetpräsenz) auf eine oder mehrere relevante Zielgruppe(n) ausgebaut und durch die Ansprache relevanter Motivbündel individueller sowie motivierender gestaltet und koordiniert werden.

Um Vorstandsmitglieder zu akquirieren, sollten daher deren individuelle **intrinsische und extrinsische Motive** angesprochen werden. Es ist eine **offenere Aufklärungspolitik** bezüglich der Vorstandsarbeit („Board Governance") anzustreben.

Um die Motivation für die Vorstandsarbeit zu erhöhen, sollten **klarere rechtliche, inhaltliche und finanzielle Rahmenbedingungen** geschaffen werden, welche die mit der Vorstandsarbeit verbundenen Aufgaben abgrenzbarer machen.

Des Weiteren sollten die Mitgliederorganisationen **organisatorische Verbesserungen vornehmen**, wobei die Kooperation der Organisationen untereinander verbessert und die Arbeitsorganisation – auch mit Hilfe von Supervisionen u. ä. – effizienter und effektiver gestaltet werden kann.

8.4 Handlungsempfehlungen aus dem Stand der Forschung

In den nächsten beiden Abschnitten werden die extrahierten Erkenntnisse aus dem Stand der Forschung sowie den Rückkoppelungen aus den qualitativen Expert_inneninterviews und den beiden Verbandstagen des Paritätischen Thüringen als Empfehlungen formuliert. Die Handlungsempfehlungen sind zielgruppenspezifisch zuerst an die Mitgliedsorganisationen und im Anschluss daran an den Paritätischen Thüringen

adressiert. Sie bilden eine zusätzliche, reflexive Ergänzung zu den Handlungsempfehlungen aus unserer Online-Erhebung. Sie sollen erleichtern, dass sich der Paritätische Thüringen wie seine Mitgliedsorganisationen kritisch-reflexiver mit den Empfehlungen auseinandersetzen bzw. die Kontexte besser nachvollziehen können. Aus diesem Grund wird hier vom üblichen Stil einer vereinfachten Auflistung der Empfehlungen abgewichen und es wurden z. T. notwendige Hintergrundinformationen beibehalten und ggf. ergänzt statt reduziert. Dies betrifft im Besonderen die beiden Punkte (Re-)Politisierung und zielgruppenspezifischere Datenerhebung. Unser Fokus für Handlungsempfehlungen lag stets auf der Berücksichtigung von unterschiedlichen Sichtweisen und Wahrnehmungen. Einige vorgestellte Konzepte („Board Governance" und FWM) werden aufgrund ihrer besonderen Geeignetheit primär hervorgehoben. Trotzdem sind unsere Handlungsempfehlungen nicht als Universallösungen, sondern vielmehr als Kriterien für Lösungsansätze und Impulse für Alternativen zu verstehen.

8.4.1 Handlungsempfehlungen für Mitgliedsorganisationen

Verbesserung der **„Board Governance" (Vorstandsführung):** Die Vorstandssitzungen als „Übungsplatz" für Interessierte nutzen; Vorstandsmitarbeiter_innen schaffen, Orientierung und Begleitung z. B. via Mentoring in der Vorstandsarbeit anbieten, Förderung und Finanzierung einer Vorstandsführung-Ausbildung garantieren, eine Rotation von Vorstandsmitgliedern einführen, Bewertung/Evaluation der leitenden Angestellten sowie die Führung von deren Entwicklung umsetzen[434]. Fokussierung auf den Prozess und nicht auf Individualitäten[435]; Flexibilität bei Notfällen (z. B. Ausfall eines Vorstands-

---

[434] Vgl. Burroughs u. Gray 2015: 5 u. 14 [pdf].

[435] Das Gegenargument schlechthin zu individuellen Handlungsempfehlungen. Es ist immer in einem ganzheitlichen Prozess zu reflektieren und entsprechend im Voraus einzuplanen, um auf Notlagen angemessen reagieren zu können. „Board Governance" und das FWM-Konzept schaffen Abhilfe, weil sie auf Prozesse ausgelegt sind. Besonders hervorzuheben für Mitgliedsorganisationen ist an dieser Stelle, dass die bisherige Eigenforschung von Wohlfahrtsverbänden und anderen Akteur_innen dazu geführt hat, dass die Originale: „Board Governance" sowie das FWM-Konzept z. T. mit eigenen Konzept-/Modell-Bezeichnungen (unbewusst) „verfremdet" wurden, z. B. Engagement braucht Leadership... von der Robert-Bosch-Stiftung („Board Governance") oder Wegweiser Ehrenamtskoordination vom Deutschen Roten Kreuz sowie aktuell auch Personalentwicklung mit Wirkung vom Paritätischen Thüringen (FWM). Vergleicht man diese Konzepte wird ersichtlich, dass die Schemata aus

mitgliedes) vorausplanen. Rahmenbedingungen festlegen für die Neuanstellung einer/s Geschäftsführer_in[436] oder der vorübergehenden Lösung: Interim-Management. Zur Verfügung stellen eines Ressourcenverzeichnisses (Kennzahlen für Zeitkontingente, Personal, Finanzen) sowie einer Liste von kurzfristigen und langfristigen Aufgaben[437]. Eine definierte Aufgaben- und Rollenverteilung sowie Klärung entsprechender Befugnisse und Zugriffsmöglichkeiten gewährleisten (ggf. Satzung/Geschäftsordnung ändern)[438], um Maßnahmen wie bspw. ein „automatisiertes Nachrückverfahren" angemessen etablieren zu können.

„Matching" und Transparenz verbessern – Checkliste:

✓ Wen wollen wir für den Vorstand bzw. wer ist geeignet und gewünscht?

✓ Ist der Vorstand und dessen Arbeit für die Hauptamtlichen und Ehrenamtlichen ersichtlich oder ein Mysterium?

✓ Wer ist für welche Aufgaben zuständig und Ansprechpartner_in?

✓ Sind Entscheidungen und Prozesse nachvollziehbar und welche Partizipationsmöglichkeiten gibt es dafür?

Ein Organigramm auf der eigenen Website kann hierbei hilfreich sein, weil es klar abgegrenzte Verantwortungsbereiche und zuständige Personen veranschaulicht.

---

den Originalkonzepten immer die Basis bilden und ggf. mit einigen Nuancen und Akzentuierungen erweitert wurden. Daher konstatiert Metzner zurecht, dass z. B. das FWM nur in größeren Sozialverbänden und Institutionen (wie Freiwilligenagenturen) bekannt ist und bei kleineren Vereinigungen (Selbsthilfe) oder dem politischen Bereich (Gewerkschaften) weniger üblich ist (vgl. Metzner 2014: 180 f.), nicht zuletzt auch deshalb, weil es ganz anders benannt wird, als im (englischen) Original. Wobei aber auch die verschiedene Synonyme im Deutschen als auch im Englischen (siehe Erläuterung in Fußnote 34) zum besseren Verständnis und für die eigene Recherche beachtet werden sollten.

[436] Vgl. Burroughs u. Gray 2015: 5 u. 14 [pdf].

[437] Vgl. ebd.: 14 [pdf].

[438] Vgl. Rundnagel 2013: 16 ff., vgl. Röbke 2014b: 76 ff. und vgl. Stamm 2016: [html].

Konkrete Empfehlungen zur **Organisation 4.0** sind zum gegenwärtigen Zeitpunkt aufgrund der neuen EU-Datenschutzgrundverordnung (EU-DSGVO) und zukünftig weiteren bzw. angepassten Gesetzgebungen in den nächsten Jahren, z. B. die ePrivacy-Verordnung[439], noch nicht möglich. Lediglich die Hinweise, die Bewerbung des ehrenamtlichen bzw. freiwilligen Engagements auf der eigenen Internetseite auszubauen und im Rahmen der Digitalisierung eine/n Datenschutzbeauftrage_n einzuführen, können bedenkenfrei empfohlen werden.

Beispiele für einen verbesserten **Internetauftritt:** Ein sehr gutes und ansprechendes Beispiel ist der humedica e. V. Online verfügbar unter: https://www.humedica.org/mitmachen/ehrenamt-in-deutschland/index_ger.html (Stand: 06.05.2018) mit einer übersichtlich aufgebauten Website und einer prägnanten Darstellung aller relevanten Daten sowie Verlinkungen mit Social-Media (Facebook, Twitter, Youtube) als zusätzliche Informationskanäle. Für Selbsthilfeorganisationen besteht durch die Nationale Kontakt- und Informationsstelle zur Anregung und Unterstützung von Selbsthilfegruppen (NAKOS) eine Beispiel-Homepage für den Internetauftritt mit einer detaillierten Anleitung z. B. über mögliche Inhalte und einen ansprechenden Aufbau der Internetpräsenz. An dieser Stelle nochmals die explizite Empfehlung der Berücksichtigung einer eigenen Rubrik zum Thema Ehrenamt für die Internetpräsenz (dieses ist im NAKOS-Beispiel leider auch nicht vorhanden), um Interessierten den Einstieg für ein ehrenamtliches bzw. freiwilliges Engagement zu erleichtern. Online verfügbar unter: https://www.nakos.de/aktuelles/nachrichten/key@5986 (Stand: 06.05.2018).

Orientierungsgrundlage Datenschutz: Checkliste und Musterleitfäden vom Arbeitskreis des Bitkom Bundesverband Informationswirtschaft, Telekommunikation und neue Medien e. V. zum neuen Datenschutz sind online verfügbar unter: https://www.bitkom.org/Themen/Datenschutz-Sicherheit/DSGVO.html (Stand: 06.05.2018). Siehe auch explizit für Thüringen, die Mustervordrucke, unter Thüringer Landesbeauftragter für Datenschutz und Informationsfreiheit (TLfDI). Online verfügbar unter:

---

[439] Vgl. Neuber - (BVDW) e. V. 2018: [html].

https://www.tlfdi.de/tlfdi/wir/infomaterial-mustervordrucke/-mustervordrucke/ (Stand: 06.05.2018).

Implementierung eines bewährten Management-Rekrutierungs- bzw. Personalführungssystems, vorzugsweise das **Freiwilligenmanagement** (Voraussetzung: Brückenfunktionär_in) mit dem Ziel von prozessstrukturierten, aber dennoch niedrigschwelligen, unverbindlichen (Entwicklungs-)Angeboten für Interessierte/potentielle Neumitglieder.

Im Zuge des Freiwilligenmanagements könnten **Engagementvereinbarungen** getroffen werden. Diese regeln die gegenseitige Berücksichtigung der Wünsche, Interessen, Bedürfnisse etc. von ehrenamtlich bzw. freiwillig Engagierten mit den Anforderungen und Erwartungen der Organisation. Eine solche Engagementvereinbarung kann auch für ein Engagement im Vorstand umgesetzt werden, indem z. B. konkret eine kontinuierliche Einarbeitung und Begleitung via Mentor_innensystem vereinbart wird. Dies geht Hand in Hand mit der Empfehlung aus der „Board Governance", den Vorstand als „Übungsplatz" zu nutzen und/oder Vorstandsmitarbeiter_innen zu „berufen".

Anerkennung und Gemeinschaftssinn für ehrenamtlich bzw. freiwillig Engagierte, insbesondere für Vorstände, **im Alltag** intensivieren. Beispielsweise Vorstandssitzungen mit Kurztrips verbinden. Generell häufiger Ausflüge o. ä. durchführen, um das Gemeinschaftsgefühl in der Organisation zu „beleben". Soll es nur ein Leben für die Arbeit sein oder darf (gemäßigte) Arbeit, im Sinne des Balanceaktes der Vereinbarkeit von Familie, Beruf und dem ehrenamtlichen bzw. freiwilligen Engagement, auch zu einem besseren Lebensgefühl beitragen?

Angemessene und zeitnahe **Berücksichtigung aktueller Trends und Entwicklungen**, z. B. Digitalisierung (ggf. Einführung einer/s Datenschutzbeauftragten), Monetarisierung, „Work-Life-Balance", „Board Governance", FWM, Engagementpolitik. Dies verweist auf die Evolution des Ehrenamtes. Die Wandel des Ehrenamtes sind epochal zu verorten und prägen das Verständnis und den Umgang bzgl. des Ehrenamts resp. freiwilligen Engagements. D. h. um anschlussfähig zu bleiben, muss vordergründig eine Bewusstseinsänderung stattfinden. Das „Ehrenamt" ist keine Selbstverständlichkeit mehr und hat viele Wandlungsprozesse erfahren, welches sich daher auch in verschiedenen Definitionen widerspiegelt, z. B. freiwilliges, zivilgesellschaftliches oder bürgerschaftliches Engagement.

(Re-)Politisierung: Die Unterstützung von Kommunal-/Landespolitik einzufordern, z. B. bei der Stärkung von Zeitkontingenten für das Ehrenamt durch Freistellungen vom Arbeitgeber, kann nur durch eine (engagement)politische Mitgestaltung für Gesetzesanpassungen von Seiten des Staates und via Anreizsysteme, wie „Corporate Social Responsibility" (CSR)[440] für Arbeitgeber bewirkt werden. Der notwendige Lösungsansatz ist also allgemeiner, politischer Natur auf Makro-Ebene angesiedelt. D. h. es kommt sowohl auf den Einsatz eines „sich Einmischens" des Individuums als auch auf ein kollektives Bewusstsein (z. B. Gewerkschaft, Lobbyismus, Bürgerkommune) für Verbesserungen von Defiziten an und kann nicht einzelnen Organisationen oder allein dem Paritätischen Wohlfahrtsverband überlassen werden. Die Betreffenden müssen sich dazu zuvörderst (re-)politisieren und die Entwicklungen kritisch-reflexiv verfolgen. Eine Erkenntnis von Backhaus-Maul et al. (2015) verdeutlicht die Entwicklung in Thüringen. Sie merken an, dass mit der Gründung der Thüringer Ehrenamtsstiftung jegliche engagementbezogenen Verantwortlichkeiten der Thüringer Landesregierung auf die Stiftung ausgelagert wurden[441]. D. h. konkrete Ansprechpartner_innen zum Thema Engagement sind in den Thüringer Ministerien[442] kaum zu finden und private Akteur_innen sollen sich stattdessen damit beschäftigen. Ausnahme sind Gesetzgebungsverfahren und Preisverleihungen. Andere Belange (v. a. finanzielle) fallen weniger bis nicht mehr in den Zuständigkeitsbereich der Thüringer Landesregierung.[443] Die Mitgliedsorganisationen müssen hinterfragen, wie sie diese Entwicklung für sich selbst beurteilen. Ist ihnen dies überhaupt bekannt und welche Konsequenzen dies haben kann? Kennen sie ihre Rechte, Ansprüche, „institutionelle Ansprechpartner_innen" und

---

[440] „Corporate Social Responsibility" (CSR) beschäftigt sich mit der Gesellschaftsverantwortung von Unternehmen.

[441] Vgl. Backhaus-Maul et al. 2015: 313. Die Thüringer Ehrenamtsstiftung hat das Ziel, das gemeinnützige, ehrenamtliche bzw. freiwillige Engagement in Thüringen zu fördern.

[442] Vgl. ebd.: 313.

[443] Vgl. ebd.: 313.

werden diese wahrgenommen? Diese Fragen können wir als auch der Paritätische Thüringen nicht für die Mitgliedsorganisationen beantworten. An diesem Punkt ist, genau wie beim ehrenamtlichen bzw. freiwilligen Engagement, Eigeninitiative und Selbstverantwortung für das politische Engagement erforderlich. Ein Beispiel für Möglichkeiten der politischen Mitgestaltung lässt sich in den zentralen Ergebnissen vom „Zweiten Engagementbericht" des Bundesministeriums für Familie, Senioren, Frauen und Jugend (BMFSFJ) finden: „Local Governance" bzw. „Good Governance" werden als kooperative Formen des Regierens und Verwaltens am Beispiel „Engagement und Bürgerkommune" vorgestellt.[444] In einem Schaubild zum Leitbild der Bürgerkommune[445] sind die Partizipationsmöglichkeiten übersichtlich dargestellt:

Quelle: Bogumil et al. 2003: 26 in Klie et al. 2016 [pdf].

Abbildung 49: Leitbild der Bürgerkommune.

---

444 Vgl. Klie et al. 2016: 42 [pdf].
445 Vgl. ebd.: 43 [pdf].

8.4.2 Handlungsempfehlungen für den Paritätischen Thüringen

Aufklärungs- und Werbungsangebote verbessern speziell zu alternativen Rechtsformen zum Verein (Stiftung, Förderverein, Fusionen etc.), zu Möglichkeiten der Gestaltung von Vereinsstrukturen (wie wir in dieser Studie an den Beispielen der „Board Governance" und des FWM ausführlich vorgestellt haben), zu Vereinskooperationen z. B. gemeinsame Verwaltung, Finanzierungstrategien (Fördermittelakquise, Fundraising, Crowd Funding, Sponsoring und Spenden),[446] zum Datenschutz sowie die Freiwilligencharta des Paritätischen Gesamtverbandes „entstauben", verstärkt bekanntmachen und bei dieser Gelegenheit über weitere, zeitgemäße Definitionen usw. aufklären.

Zukünftig **zielgruppenspezifischere Datenerhebungen** zum Thema Vorstandsarbeit anvisieren und als Datengrundlage für Aufbauprojekte bereitstellen:

Problem A) bisher einseitige Zielgruppenbefragungen, d. h. hauptsächlich Personen aus der Führungsriege: Vorstände und Geschäftsführer_innen als Praxisexpert_innen, davon mehrheitlich Hauptamtliche (bei Umfragen, z. B. zu Motivation, werden alle Mitarbeiter_innen befragt und nicht nur die Personalmanager_innen). Lösungsansatz: erwähnte Punkte zukünftig bei der Projektausschreibung und -begleitung stärker berücksichtigen (Weichenstellung, Umfang, Umsetzbarkeit, keine Lenkung/Bevorzugung von bestimmten Parteien deklarieren); getrennte Erhebungen durchführen, Meinungsbild der Nicht-Vorstände stärker erarbeiten. Eine bessere Datengrundlage für Forschungsteams bereitstellen. Folge- und Aufbauprojekte anvisieren. Unsere Studie ist im Vergleich zur Terra-icognita-Studie von Backhaus-Maul et al. (2015) bzgl. Zielgruppen ähnlich ausgefallen. D. h. die Teilnahme- und Antwortmentalität zwischen der Erhebung von Backhaus-Maul et al. (2012, Dauer vier Monate + telef. Nachfassaktionen)[447] und unserer Onlinebefragung (2017, Dauer ca. zwei Monate) hat sich nur leicht verändert bzw. verschoben. Backhaus-Maul et al. konstatierten in ihrer Erhebung, dass

---

[446] Grundlage ist die Auswertung der Feedbackfragebögen vom ersten und zweiten Verbandstag.

[447] Vgl. Backhaus-Maul et al. 2015: 82.

fast die Hälfte (ca. 42 %) der Befragten hauptamtliche Geschäftsführer_innen, ein Drittel (ca. 33 %) ehrenamtliche Vorstandsmitglieder und ein Viertel (ca. 25 %) Mitarbeiter_innen mit Leitungsfunktion waren[448]. In unserer Erhebung antworteten 41 % ehrenamtliche Vorstandsmitglieder und 28 % hauptamtliche Geschäftsführer_innen. Im Vergleich zur Erhebung von Backhaus-Maul et al. fand bei diesen beiden Zielgruppen ein beinahe gleicher „Austausch" der Werte statt. D. h. in unserer Erhebung dominieren auf den ersten Blick die ehrenamtlichen Vorstandsmitglieder, während es in der Vergleichsstudie noch die hauptamtlichen Geschäftsführer_innen waren. Von den hauptamtlich Angestellten nahmen 24 % an unserer Erhebung teil, bei denen aber nicht nach dem Kriterium „Angestellte mit Leitungsfunktion" unterschieden wurde. Weiterhin nahmen an unserer Online-Befragung 5 % ehrenamtliche Angestellte ohne Vorstandsfunktion und 2 % ehemalige, ehrenamtliche Vorstände teil.[449] Von den hauptamtlich beschäftigten Personen haben demnach in der Terra-icognita-Studie ca. 67 % (ca. 42 % + ca. 25 %)[450] und insgesamt 52 % (28 % + 24 %) in unserer Online-Erhebung geantwortet. Wie anhand der Positionsbeschreibungen in Abbildung 16 bzw. 50 ersichtlich ist, hat z. B. niemand aus den Freiwilligendiensten an unserer Erhebung teilgenommen. Das Meinungsbild (in beiden Erhebungen) ist also fast ausschließlich von hauptamtlich Tätigen (davon mehrheitlich Geschäftsführer_innen) und ehrenamtlichen Vorständen geprägt. Es muss, wie eingangs angesprochen, verstärkt eine differenzierte Datenerhebung stattfinden bzw. ein Zugang zu den unterrepräsentierten Zielgruppen gefunden werden. In den Aussagen der wenigen, qualitativen Experten_interviews von Nicht-Vorständen gibt es dazu eindeutige Anmerkungen zu Prozessen und Handlungsbedarfen des FuE-Projekt-Anliegens. Dies sollte als eine Bestätigung der Notwendig-

---

[448] Vgl. ebd.: 358.

[449] Siehe Abbildung 16 bzw. Abbildung 50 in dieser Studie.

[450] Die Werte ca. 67 % Hauptamtliche (gesamt) bzw. ca. 42 % hauptamtliche Geschäftsführer_innen sind keine exakten Angaben und wurden von uns mittels Ausschlussprinzip ermittelt, da Backhaus-Maul et al. ihre Werte nicht detailgenau in Prozent angaben, wie im Fließtext an den Schlagworten: „fast die Hälfte", „Drittel" und „Viertel" abzuleiten ist. Die Angaben der Prozentwerte in den Klammern wurden von uns ergänzt. Außerdem ist unklar, ob es sich bei den als „Viertel" (ca. 25 %) umschriebenen Mitarbeiter_innen mit Leitungsfunktion, um ehrenamtliche und/oder hauptamtliche handelt. Dieser Wert und der Gesamtwert von ca. 67 % an Hauptamtlichen müssen also unter Vorbehalt betrachtet werden.

keit für eine zukünftig zielgruppengerechtere Datenerhebung (Multiperspektivität) anerkannt und berücksichtigt werden. An dieser Stelle auch der Appell an die Mitgliedsorganisationen, ihre ehrenamtlich bzw. freiwillig Engagierten dafür zu animieren. Erste, anregende Fragen könnten sein: Wie sehen Sie unsere Organisation? Welche Einstellung haben Sie zu einer Vorstandstätigkeit in unserer Organisation?

Problem B) aus dem vorigen Punkt ergibt sich somit die Herausforderung der Erreichbarkeit der bisher unterrepräsentierten ehrenamtlich bzw. freiwillig Engagierten auf Nicht-Leitungsebene bzw. Nicht-Vorstandsebene sowie eine ungezwungene Atmosphäre der freien Meinungsäußerung zur Thematik. Bei der Auftaktveranstaltung („Kick-Off"), war auffällig, dass die Nicht-Vorstände sich erst auf explizite Nachfragen unsererseits am Gruppengespräch beteiligt hatten. So könnte man annehmen, es gab Hemmungen, sich während der Anwesenheit ihrer „Vorgesetzten" frei zu äußern. Dasselbe gilt für die Online-Umfrage, die primär nur an den Vorstand der Mitgliedsorganisationen verteilt werden konnte und wie an anderer Stelle bereits erwähnt, für uns unklar war, ob es überhaupt an Nicht-Vorstandsmitglieder, v. a. ehrenamtlich bzw. freiwillig Engagierte, die (noch) nicht im Vorstand tätig sind, weitergeleitet wurde. Lösungsansatz: Beispielsweise Einführungs- und Beendigungsveranstaltung[451] für freiwillig bzw. ehrenamtlich tätige Personen beim Paritätischen Thüringen mit Feedbackerhebung vor Ort zum FuE-Projekt-Anliegen bzw. auch zu Themen zukünftiger Erhebungen.

Die Komplexität des FuE-Projektes als auch die vielen, losen Eigenforschungen der Landesverbände des Paritätischen und z. T. von deren Mitgliedsorganisationen[452] ver-

---

[451] Bei den Veranstaltungen ist es empfehlenswert darauf zu achten, dass alle Typen der ehrenamtlich bzw. freiwillig tätigen Personen inkludiert werden und keine selektive Fixierung z. B. nur auf „Freiwilligendienstleistende" erfolgt. Es muss sich auch nicht auf Einführungs- oder Beendigungsveranstaltungen beschränkt werden. Der Grundgedanke hierbei ist, an die kurz- und langfristig Engagierten heranzutreten und sie zu verschiedenen Themen einerseits aufzuklären bzw. zu beraten und andererseits selbst zu befragen (Datenerhebung), ohne dass diese Personen durch die eigene Organisation und/oder Vorgesetzte beeinflusst werden oder ihnen möglicherweise Umfragen vorenthalten bzw. unzureichend zugänglich sind.

[452] Siehe Quellen in unserem Quellen- und Literaturverzeichnis.

anlassten uns zu einer Grundsatzüberlegung, die wir wie folgt als Empfehlung formulieren: Die Initiierung, ausgehend vom Paritätischen Thüringen (runder Tisch), zur **Bündelung und Vereinheitlichung** aller bisherigen sowie zukünftigen Forschungen, Projekte usw., der einzelnen Landesverbände, zum Thema „Vorstandsgewinnung und -nachfolge" für den Paritätischen Gesamtverband. Jeder Landesverband ist zwar autonom in der Vorgehensweise, dennoch sollte hinterfragt werden, inwiefern dies effektiv und nachhaltig ist, wenn jeder Landesverband sein „eigenes Süppchen" in verschiedenen Zyklen (neu) „aufkocht" oder von „Subunternehmer_innen" beforschen lässt. Ein Vorteil im gemeinsamen und abgestimmten Vorgehen könnte dabei sein, bei der Beforschung eine Aufgabenteilung vorzunehmen. D. h. Landesverband A könnte explizit zu Spezifika bei Stiftungen forschen und Landesverband B zu Vereinen o. ä. auch unter Einbezug von Dritten. Die Ergebnisse werden dann vom Gesamtverband in einem Jahrbuch zusammengeführt und publiziert. Dieses kann ab diesem Zeitpunkt als jeweils neueste Auflage aktualisiert werden und für alle Landesverbände und deren Mitgliedsorganisationen vereinheitlicht zur Verfügung gestellt werden. Inwiefern dies realisierbar und erwünscht ist, ist vom Paritätischen Thüringen selbst zu prüfen und obliegt dessen eigenem Ermessen.

9 Zusammenfassung der Handlungsempfehlungen

	beispielhafte Organisationstypen		
	Organisation mit Verbands-Charakter	„kleine" Organisation	„große" Organisation
Finanzierung	Lobbyarbeit zur strukturellen Verbesserung	alternative Finanzierung zur Besserstellung der Organisation erwägen, z.B. Fundraising	
Motivation	Weiterentwicklung der freiwilligen Akteur_innen ermöglichen		
	Erfolge erlebbar machen, Gestaltungsspielräume aufzeigen, Vernetzung der Akteur_innen nach Thema oder spezifisch einer Region intensivieren		öffentliche Wirkung und Präsenz kommunizieren
Arbeitsteilung	strukturiertes, systematisches Einarbeiten ermöglichen, heterogene Teamstruktur fördern		Ehrenamtsmanagement, ggf. Rekrutierungsmanagement installieren
Haftung	entsprechende Haftungsregelungen rechtssicher erstellen und transparent kommunizieren		Änderung der Rechtsform erwägen
Ressourcen	zeitlich begrenztes Engagement erwägen, z. B.: Internetpräsenz überarbeiten		Möglichkeiten der Zusammenarbeit verbessern, z. B.: Terminfindung zwischen den Akteur_innen
Image und Attraktivität	Kommunikationspolitik verändern und Anerkennungskultur verbessern		Kommunikationspolitik verändern und Anerkennungskultur verbessern
Werbung	Zugang zur Kernzielgruppe herstellen durch Verzahnung der Werbemaßnahmen mit Ortsverbänden oder anderen interessierten Parteien	Internetpräsenz ausbauen und Werbemaßnahmen eng verzahnen, also „freiwilliges Engagement" on- und offline Aktivitäten transparent kommunizieren und Querverweise herstellen	
Interventionsansätze	Zugang zur Kernzielgruppe herstellen, Werbeaktivitäten verzahnen/konzeptionell erarbeiten, Gremienarbeit bzgl. finanziellen und bürokratischen Strukturen	Gestaltungsspielräume indirekt kommunizieren, klare Aufgabenprofile bilden, Zeitaufwand definieren, auch kurzes projektbezogenes Engagement anbieten, Wege der Weiterentwicklung in der Organisation anbieten (z. B. von ehrenamtlichen zu hauptamtlichen Mitarbeiter_innen) Finanzierungsalternativen erörtern, Ehrenamtsbeauftragte akquirieren	

Quelle: Eigene Darstellung.

Tabelle 5: Zusammenfassung der Handlungsempfehlungen.

10 Kritische Selbstreflexion der Forschung

Hier soll im Folgenden versucht werden, zwei Abschnitten des Forschungsprozesses einem kritischen Blick zu unterwerfen. Dies ist natürlich nur ein versuchter Einblick in verschiedene Vorkommnisse und wahrgenommene Prozesse und soll keine extensive Liste darstellen. Die Reihenfolge der Blöcke reflektiert nicht deren Wichtigkeit.

10.1 Nicht-Vorstands- und Vorstands-Perspektive

Die Aufnahme beider Perspektiven war am Anfang ein Punkt, der wichtig erschien und sich auch innerhalb des Forschungsdesigns wiederfand. Dies ging bis hin zur Frage der eigenen Position in der Organisation innerhalb des Fragebogens. Hierbei zeigt sich jedoch schnell, dass diesem Ansatz nicht vollkommen Rechnung getragen werden konnte. Schon während der Kick-Off-Veranstaltung waren, trotz entsprechender Bewerbung, nur zwei Nicht-Vorstände anwesend und auch bei den Interviews konnten nur zwei Nicht-Vorstände interviewt werden. Hierbei lässt sich dieses Verhalten auch weiterhin in der Befragung selbst wiederfinden.

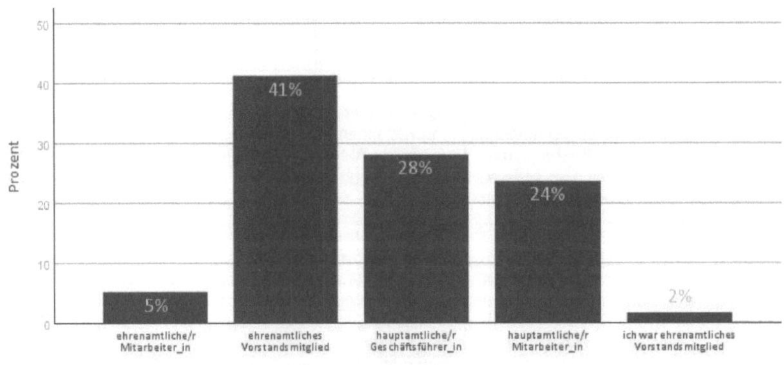

Quelle: Eigene Erhebung. N = 114.

Abbildung 50: Prozentuale Verteilung der Beantwortenden auf die eigene Position in der Organisation.

Der größte einzelne Block wurde von den ehrenamtlichen Vorstandsmitgliedern und folgend den Hauptamtlichen belegt. Von Personen, die keine Vorstandsmitglieder oder hauptamtlich tätig sind, gibt es, ausgenommen von dem 5 %- Anteil der ehrenamtlichen Mitarbeiter_innen, keine Aussagen. Somit konnten auch von diesen, vielleicht auch potentiellen Nachfolger_innen oder Nachwuchs für den Vorstand (siehe Kapitel 3.1) kaum Daten gewonnen werden.

10.2 Einarbeitung nicht transkribierter Aussagen

Einige wichtige Aussagen konnten leider nicht mit in die Studie aufgenommen werden, weil diese nicht elektronisch aufgenommen wurden und dadurch nicht belegbar sind. Zu diesen Aussagen zählen zum Beispiel konkrete Aussagen über Fundraising, die während des ersten Verbandstags des Paritätischen Thüringen getätigt worden sind. Dies fällt allerdings nicht ganz so schwer ins Gewicht, weil dieses Thema in den Feedbackfragebögen nochmals erwähnt wurde. Aber es wäre vielleicht angebracht gewesen, solche Aussagen detaillierter niederzuschreiben, um diese besser rekonstruieren zu können. Obwohl solche Aussagen über Fundraising vielleicht nur partielle Schnittpunkte mit dem Thema der Studie, über die Möglichkeiten neue Vorstände zu gewinnen, haben, so bilden diese doch augenscheinlich das Interessenfeld der Mitgliedsorganisationen ab. Dem geschuldet wurde auch die Handreichung über den Stand von Fundraising (siehe 3.2.1) verfasst.

11 Schlusswort und Danksagung

Abschließend wollen wir festhalten, dass aufgrund der vielfältigen Wechselbeziehungen zwischen den Einfluss- und Entscheidungsfaktoren, die den Entschluss bei den Bürger_innen beeinflussen, sich freiwillig zu engagieren, die Gewinnung von ehrenamtlichen Akteur_innen als eine komplexe Herausforderung für die Mitgliedsorganisationen empfunden werden kann. Wir hoffen, mit der vorliegenden Arbeit einen förderlichen Beitrag zu einem besseren Verständnis hinsichtlich dieser Wechselbeziehungen und Motiven für ehrenamtliches Engagement bei den Adressat_innen dieser Studie leisten zu können. Die aufgezeigten Handlungskonzepte und Interventionsvorschläge können und sollen als wissenschaftlich fundierter Leitfaden dienen, um das bestehende „Freiwilligenmanagement" der jeweiligen Organisation zu bereichern, damit die tragenden Akteur_innen sich auf die Herausforderungen des zivilgesellschaftlichen Engagements sowie die Erwartungen aller Beteiligten einstellen können.

Wir danken den Vorstandsmitgliedern der Mitgliedsorganisationen des Paritätischen Thüringen, die uns die Teilnahme an Vorstandssitzungen, sowie das gemeinsame Durchführen der Expert_inneninterviews ermöglicht haben. Weiterhin waren die vielen Beiträge und Gespräche im Rahmen der beiden Verbandstage, an denen wir teilnehmen durften, eine sehr hilfreiche Rückkopplung, um die von uns beforschten Aspekte und Zwischenergebnisse, im Sinne des Theorie-Praxis-Austauschs, zu überprüfen und gegebenenfalls überarbeiten zu können.

Insbesondere die Teilnahme von Vertreter_innen aus verschiedenen Positionen der jeweiligen Organisationen an unserer Online-Befragung ermöglichte uns die empirische Untersuchung von Zusammenhängen und Meinungsbildern innerhalb der Mitgliedsorganisationen des Paritätischen Thüringen. Auch hier bedanken wir uns für die aufgewendete Zeit und Sorgfalt, mit der die Freitextfelder genutzt wurden, um uns die jeweilige Situation zu erläutern. Die Ergebnisse der Interviews und der Online-Befragung bildeten gemeinsam mit dem wissenschaftlichen Stand der Forschung die drei Säulen unserer Studie und somit die Grundlage der Handlungsempfehlungen.

Bei Herrn Andreas Kotter, Referent des Stiftungsvorstands der Paritätischen BuntStiftung Thüringen, bedanken wir uns für die intensive Unterstützung, Kontaktanbahnung und Vermittlung zu den Vertreter_innen der Mitgliedsorganisationen sowie die Bereitstellung der Mittel für die erforderlichen Arbeitsmaterialien. Ebenso bedanken wir uns bei Herrn Prof. Dr. Michael Opielka für die zeitintensive wissenschaftliche Beratung und Betreuung des Forschungs- und Entwicklungsprojektes.

Literatur- und Quellenverzeichnis

Achleitner, A.; Thommen, J. (2005): *Allgemeine Betriebswirtschaftslehre. Umfassende Einführung aus managementorientierter Sicht.* 4. Auflage, Wiesbaden: Dr. Th. Gabler/GWV Fachverlag GmbH.

Alscher, M.; Priller, E. (Maecenata Institut für Philanthropie und Zivilgesellschaft) (2016): *Zivilgesellschaftliches Engagement.* In: Statistisches Bundesamt (Destatis)/Wissenschaftszentrum Berlin für Sozialforschung (WZB): *Datenreport 2016 – Ein Sozialbericht für die Bundesrepublik Deutschland.* Bonn: Bundeszentrale für politische Bildung (bpb), S. 383-389.

Arbeitsgemeinschaft der Nachbarschaftshilfen München-Land (2016): *Vorstandsnachfolge erfolgreich organisieren – Eine Handreichung für (eingetragene) Vereine.* München: c/o Andreas Schultz, Paritätischer Bezirksverband Oberbayern im Paritätischen Landesverband Bayern e. V.

Arbeitsgesetze (2017): *56a. Verordnung (EU) 2016/679 des Europäischen Parlaments und des Rates vom 27. April 2016 zum Schutz natürlicher Personen bei der Verarbeitung personenbezogener Daten, zum freien Datenverkehr und zur Aufhebung der Richtlinie 95/46/EG (Datenschutz-Grundverordnung).* München: dtv Verlagsgesellschaft mbH & Co. KG.

Backhaus-Maul, H.; Speck, K.; Hörnlein, M.; Krohn, M. (2015): *Engagement in der Freien Wohlfahrtspflege – Empirische Befunde aus der Terra incognita eines Spitzenverbandes.* Wiesbaden: Springer Fachmedien.

Beher, K.; Krimmer H.; Rauschenbach, T.; Zimmer, A. (2005): *Führungskräfte in gemeinnützigen Organisationen. Projekt Bürgerschaftliches Engagement und Management.* Bramsche: Rasch Druckerei.

Beher, K.; Liebig, R.; Rauschenbach, T. (1999): *Das Ehrenamt in empirischen Studien – ein sekundäranalytischer Vergleich.* 2. Auflage, Stuttgart: Kohlhammer. Online verfügbar unter: http://www.ehrenamtsbibliothek.de/literatur/pdf%5F468%2Epdf, letzter Zugriff: 06.05.2018.

Bernard, U. (2006): *Leistungsvergütung – Direkte und indirekte Effekte der Gestaltungsparameter auf die Motivation.* Wiesbaden: Deutscher Universitätsverlag.

Bogumil, J.; Holtkamp, L.; Schwarz, G. (2003): *Das Reformmodell Bürgerkommune. Leistungen – Grenzen – Perspektiven.* Berlin: edition sigma.

Breuer, C.; Feiler, S.; Wicker, P. (2013): *Situation und Entwicklung des ehrenamtlichen Engagements in Sportvereinen. Online verfügbar unter: https://cdn.dosb.de/alter_Datenbestand/fm-dosb/arbeitsfelder/wiss-ges/Dateien/2012/SEB_2011_Themenbericht_Ehrenamtliches_Engagement.pdf, letzter Zugriff: 01.07.2018.*

Bundesministerium für Familie, Senioren, Frauen und Jugend (Hg.) (2012): *Für eine Kultur der Mitverantwortung. Erster Engagementbericht. Bürgerschaftliches Engagement in Deutschland – Schwerpunkt: Engagement von Unternehmen.* Drucksache 17/10580 des Deutschen Bundestages vom 23.08.2012, 17. Wahlperiode. Online verfügbar unter: https://www.bmfsfj.de/blob/93678/-b93-88038-c7a0cfb3441f5c2cae98c40d/erster-engagementbericht-bericht-der-bundesregierung-data.pdf, letzter Zugriff: 06.05.2018.

Bundesnetzwerk Bürgerschaftliches Engagement (BBE) (2014): *Gewinnung, Qualifizierung und Entwicklung ehrenamtlicher Vereinsvorstände.* Berlin: Bundesnetzwerk Bürgerschaftliches Engagement (BBE).

Bundesverband Deutscher Stiftungen (Hg.) (2014): *Zahlen, Daten, Fakten zum deutschen Stiftungswesen.* Berlin: Bundesverband Deutscher Stiftungen e. V.

Burroughs, L.; Gray, T. (2015): *CEO and Board Succession Planning.* Director's Institute, Southeast Leadership Development Conference, November 4, 2015. League of Southeastern Credit Unions and Affiliates. Online verfügbar unter: http://www.lscu.coop/wp-content/uploads/2015/11/Burroughs-L_CEO-and-Board-Succession-Planning.pdf, letzter Zugriff: 06.05.2018.

Bürgerliches Gesetzbuch (2013): *BGB – Bürgerliches Gesetzbuch.* München: Deutscher Taschenbuch Verlag GmbH & Co. KG.

Cuskelly, G.; Taylor, T.; Hoye, R.; Darcy, S. (2006): *Volunteer Management Practices and Volunteer Retention: A Human Resource Management Approach.* In: Sport Management Review 9 (2), S. 141–163.

Der Paritätische Baden-Württemberg (2011): *Engagement = Organisieren – Eine Handreichung zur Arbeit mit Freiwilligen.* Stuttgart: Der Paritätische Baden-Württemberg e. V.

Der Paritätische NRW (2017): *Übergabe – Wie der Vorstandswechsel im Verein gelingt.* Wuppertal: Der Paritätische NRW.

Der Paritätische Wohlfahrtsverband (Hrsg.) (2016): *Fachtagung Zukunftsforum Ehrenamt.* Tagungsdokumentation. Neudietendorf: Der PARITÄTISCHE Wohlfahrtsverband.

Deutscher Paritätischer Gesamtverband (Hg.) (2014a): *Der Einsatz von Ehrenamtlichen aus arbeits-, sozialversicherungs- und steuerrechtlicher Sicht.* 3. Auflage. Berlin: Deutscher Paritätischer Wohlfahrtsverband – Gesamtverband e. V.

Deutscher Paritätischer Gesamtverband (Hg.) (2014b): *Ergebnisse und Handlungsempfehlungen zur Studie „Engagementpotentiale in der Freien Wohlfahrtspflege – Vorstellungen, Potentiale, Rahmenbedingungen und Strategien" am Beispiel der Paritätischen.* Online verfügbar unter: https://www.buntstiftung.de/images/sitestuff/Ergebnisse_und_Handlungsempfehlung_Studie_Engagement.pdf, letzter Zugriff: 06.05.2018.

Deutsches Ehrenamt (2013): *Ein Ratgeber für Vereine. Recht – Steuern – Haftung. Sicherheit für den Vorstand und seinen Verein. Der Leitfaden für die Vereinsarbeit.* München: Deutsches Ehrenamt.

Deutsches Rotes Kreuz (DRK) (2013): *Wegweiser Ehrenamtskoordination. Ein Handbuch für die Praxis.* Berlin: Deutsches Rotes Kreuz, Generalsekretariat, Team 43 – Wohlfahrtspflege und soziales Engagement.

DIN – Deutsches Institut für Normung e. V. (2015a): *Qualitätssysteme – Grundlagen und Begriffe (ISO 9000:2015).* Berlin: Beuth Verlag.

DIN – Deutsches Institut für Normung e. V. (2015b): *Qualitätssysteme – Anforderungen (ISO 9001:2015).* Berlin: Beuth Verlag.

Dresing, T.; Pehl, T. (2011): *Praxisbuch Transkription – Regelsysteme, Software und praktische Anleitungen für qualitative ForscherInnen.* Marburg: Eigenverlag Marburg.

Flick, U. (2016): *Sozialforschung. Methoden und Anwendungen. Ein Überblick für die BA-Studiengänge.* 3. Auflage, Berlin und Hamburg: rowohlts Verlag.

Flick, U. (2011): *Triangulation – eine Einführung.* 3. Auflage, Wiesbaden: VS-Verlag für Sozialwissenschaften.

Fundraising Akademie (Hrsg.) (2016): *Fundraising – Handbuch für Grundlagen, Strategien und Methoden.* 5. Auflage, Frankfurt am Main: Springer Fachmedien GmbH.

Garczynski, J. V. (2018): *Fundraising: How to raise money for your library using social media.* Cambridge, MA: Chandos Publishing.

Gläser, J.; Laudel, G. (2009): *Experteninterviews und qualitative Inhaltsanalyse.* 3. Auflage, Wiesbaden: VS Verlag/GWV Fachverlag.

Güntert, S. T. (2015): *Selbstbestimmung in der Freiwilligenarbeit.* In: Wehner, T.; Güntert, S. T. (Hrsg.): *Psychologie der Freiwilligenarbeit.* Berlin und Heidelberg: Springer VS, S. 77-94.

Haumann, W. (2014): *Motive des bürgerschaftlichen Engagements. Kernergebnisse einer bevölkerungsrepräsentativen Befragung durch das Institut für Demoskopie Allensbach im August 2013.* Hg. v. Bundesministerium für Familie, Senioren, Frauen und Jugend. Online verfügbar unter: https://www.bmfsfj.de/blob/94388/623395a6b3c03445ed-1b1615927a-3200/motive-des-buergerschaftlichen-engagements-data.pdf, letzter Zugriff: 06.05.2018.

Helfferich, C. (2011): *Die Qualität qualitativer Daten. Manual für die Durchführung qualitativer Interviews.* 4. Auflage, Wiesbaden: VS Verlag.

Hoffmann, F. (1976): *Entwicklung der Organisationsforschung, Das Organisationssystem der Unternehmung.* 3. Auflage, Wiesbaden: Betriebswirtschaftlicher Verlag Dr. Th. Gabler.

Jähnert, H. (2018): *Digitales Engagement braucht... drei Impulse für die Diskussion.* In: Klein, A.; Sprengel, R.; Neuling, J. (Hrsg.): *Jahrbuch Engagement Politik 2018. Annäherungen an die digitale Welt.* Bundesnetzwerk Bürgerschaftliches Engagement (BBE), Frankfurt am Main: Wochenschau Verlag, S. 156-161.

Jarnot, K. C. (2012): *Fundraising: The Cycle, Best Practices, and the Role of the Friendraiser.* Journal of Student Affairs, 21, 62. Colorado State University.

Kaczmarek, H.; Kotter, A. (2016): *Die Gesichter des Ehrenamtes 2015/2016.* Neudietendorf: Der Paritätische - BuntStiftung. Der Paritätische - Thüringen.

Kausmann, C.; Vogel, C.; Hagen, C.; Simonson, J. (2015): *Freiwilliges Engagement von Frauen und Männern. Genderspezifische Befunde zur Vereinbarkeit von freiwilligem Engagement, Elternschaft und Erwerbstätigkeit.* Online verfügbar unter: https://www-.bmfsfj.de/blob/118460/1a128b69e46adb3fa370afc4334f08aa/freiwilliges-engagement-von-frauen-und-maennern-data.pdf, letzter Zugriff: 06.05.2018.

Klein, A.; Sprengel, R.; Neuling, J. (Hrsg.) (2018): *Jahrbuch Engagement Politik 2018. Annäherungen an die digitale Welt.* Bundesnetzwerk Bürgerschaftliches Engagement (BBE), Frankfurt am Main: Wochenschau Verlag.

Klie, T.; Klie, W.; Marzluff, S. (2016): *Zweiter Engagementbericht 2016. Demografischer Wandel und bürgerschaftliches Engagement: Der Beitrag des Engagements zur lokalen Entwicklung. Zentrale Ergebnisse.* Online verfügbar unter: https://www.bmfsfj.de/blob/-115588/53875422c913358b78f183996cb43eaf/zweiter-engagementbericht-2016---engagementmonitor-2016-data.pdf, letzter Zugriff: 06.05.2018.

Kuckartz, U. (2010): *Einführung in die computergestützte Analyse qualitativer Daten.* 3. Auflage, Wiesbaden: VS Verlag für Sozialwissenschaften.

Landesanstalt für Umwelt, Messungen und Naturschutz Baden-Württemberg (Hg.) (2011): *Fundraising.* (Agenda-Büro Arbeitsmaterialien Nr. 43), Karlsruhe: LUBW Landesanstalt für Umwelt, Messungen und Naturschutz Baden-Württemberg.

Leißner, C.; Stolze, J. A. (2016): *Zeitspenden-Fundraising.* In: Fundraising Akademie (Hrsg.): *Fundraising – Handbuch für Grundlagen, Strategien und Methoden.* 5. Auflage, Frankfurt am Main: Springer Fachmedien GmbH, S. 833-838.

Liebig, R.; Karla, E. (2003): *Entwicklungsfaktoren und -dynamiken des Dritten Sektors als Arbeitsmarkt. Studie im Rahmen der Equal-Entwicklungspartnerschaft „Förderung der Sozialwirtschaft" im Auftrag der Gesellschaft für Paritätische Soziale Arbeit in Thüringen mbh.* Dortmund: Universität Dortmund. Online verfügbar unter: http://geb.uni-giessen.de/geb/volltexte/2006/2841/pdf/RoeberMichaela-2006-05-18.pdf, letzter Zugriff: 06.05.2018.

Mack, C. E., Kelly, K. S.; Wilson, C. (2016): *Finding an academic home for fundraising: A multidisciplinary study of scholars perspectives.* International Journal of Nonprofit and Voluntary Sector Marketing, 21 (3).

Matuschek, K.; Lange, V. (2013): *Ehrenamtliche Vorstände gesucht! Wie Sie Führungskräfte für den Verein gewinnen, entwickeln und binden.* Bonn: Friedrich-Ebert-Stiftung, Abteilung: Politische Akademie; Akademie Management und Politik (MuP).

Matuschek, K.; Niesyto, J. (2013): *Freiwilligen-Engagement professionell gestalten. Engagierte und aktive Freiwillige gewinnen und beteiligen.* Bonn: Friedrich-Ebert-Stiftung, Abteilung: Politische Akademie; Akademie Management und Politik (MuP).

Mayer, H. O. (2012): *Interview und schriftliche Befragung: Grundlagen und Methoden empirischer Sozialforschung.* 6. Auflage, München: Oldenbourg Verlag.

McCurley, S.; Lynch, R. (1998): *Essential Volunteer Management.* Revised Second Edition, London: The Directory of Social Change.

Metzner, C. (2014): *Freiwilligenmanagement als Instrument zur Förderung Bürgerschaftlichen Engagements in Nonprofit-Organisationen.* (Dissertation), Potsdam: Wirtschafts- und Sozialwissenschaftliche Fakultät der Universität Potsdam.

Moschner, B. (2002): *Altruismus und Egoismus. Was motiviert zum Ehrenamt? Forschungsprojekte zur Region.* Hg. v. Joachim Frohm und Karsten Gebhardt. Bielefeld (Bielefeld 2000plus). Online verfügbar unter: https://www.uni-bielefeld.de/bi2000plus/diskussionspapiere/DP_20_final.pdf, letzter Zugriff: 06.05.2018.

Mösken, G.; Dick, M.; Wehner, T. (2015): *„Gute Arbeit": Welche persönlichen Konstrukte unterscheiden Erwerbsarbeit von frei-gemeinnütziger Tätigkeit?* In: Wehner, T.; Güntert, S. T. (Hrsg.): *Psychologie der Freiwilligenarbeit.* Berlin und Heidelberg: Springer VS, S. 39-58.

Nentwig-Gesemann, I. (2010): *Das Gruppendiskussionsverfahren.* In: Bock, K.; Miethe, I. (Hrsg.): *Handbuch qualitative Methoden in der Sozialen Arbeit.* Unter Mitarbeit von Bettina Ritter und Franziska Schäfer, Opladen und Farmington Hills, MI: Verlag Barbara Budrich, S. 259–268.

Neuberger, Oswald (1985): *Arbeit. Begriff, Gestaltung, Motivation, Zufriedenheit.* Stuttgart: Enke Verlag.

Neufeind, M.; Ketterer, H.; Wehner, T. (2015): *Der Einfluss struktureller und kultureller Faktoren auf die Motivation Freiwilliger – ein Ländervergleich.* In: Wehner, T.; Güntert, S. T. (Hrsg.): *Psychologie der Freiwilligenarbeit.* Berlin und Heidelberg: Springer VS, S. 265-281.

Paritätischer Sachsen e. V. (2009): *Freiwilliges Engagement und geförderte Beschäftigung – Eine Handreichung des Paritätischen Sachsen e. V. für seine Mitgliedsorganisationen.* Online verfügbar unter: https://parisax.de/fileadmin/user_upload/archiv/Fachinformationen/Fr_alle_interessant/Handreichung_Ehrenamt_und_Gefrderte_Beschftigung.pdf, letzter Zugriff: 06.05.2018.

Przyborski, A.; Wohlrab-Sahr, M. (2013): *Qualitative Sozialforschung: Ein Arbeitsbuch.* 4. Auflage, München: De Gruyter Oldenbourg.

Ramos, R.; Wehner. T. (2015): *Hält Freiwilligenarbeit gesund? Erklärungsansätze und kontextuelle Faktoren.* In: Wehner, T.; Güntert, S. T. (Hrsg.): *Psychologie der Freiwilligenarbeit.* Berlin und Heidelberg: Springer VS, S. 109-130.

Reifenhäuser, C.; Bargfrede, H.; Hoffmann, S. G.; Reifenhäuser, O. Hölzer, P.; Ternyik, E.; Dotterweich, C. (2016): *Freiwilligenmanagement in der Praxis.* Weinheim und Basel: Beltz Juventa.

Röber, M. (2006): *Wohlfahrtspluralismus und häusliche Pflegearrangements.* (Dissertation). Online verfügbar unter: http://geb.uni-giessen.de/geb/volltexte/2006/2841/pdf/Roeber-Michaela-2006-05-18.pdf, letzter Zugriff: 06.05.2018.

Röbke, T. (2014a): *Der Verein als Form zivilgesellschaftlicher Selbstorganisation.* In: Bundesnetzwerk Bürgerschaftliches Engagement (BBE): Gewinnung, Qualifizierung und Entwicklung ehrenamtlicher Vereinsvorstände. Berlin: Bundesnetzwerk Bürgerschaftliches Engagement (BBE), S. 9-24.

Röbke, T. (2014b): *Engagement braucht Leadership – Stärkung von Vereinen und ihren Vorständen als Zukunftsaufgabe.* Stuttgart: Robert-Bosch-Stiftung GmbH.

Rundnagel, H. (2013): *Ehrenamtliche Vorstände – Ansätze fürs Freiwilligenmanagement.* (Masterarbeit), Marburg: Fachbereich Erziehungswissenschaften der Philipps-Universität Marburg.

Schie, S. v.; Güntert, S. T.; Wehner, T. (2015): *Gestaltung von Aufgaben und organisationalen Rahmenbedingungen in der Freiwilligenarbeit.* In: Wehner, T.; Güntert, S. T. (Hrsg.): *Psychologie der Freiwilligenarbeit.* Berlin und Heidelberg: Springer VS, S. 131- 150.

Schlaugat, S. (2010): *Soziales Ehrenamt: Motive freiwilliger sozialer Tätigkeiten unter Berücksichtigung der Hypothese einer bestehenden eigenen Betroffenheit als Auswahlkriterium in Bezug auf das Tätigkeitsfeld.* Bonn: Rheinische Friedrich-Wilhelms-Universität.

Schulte-Zurhausen, M. (2002): *Organisation.* 3. Auflage, München: Vahlen Verlag.

Schumacher, Jürgen (2015): *Kooperation von Haupt- und Ehrenamtlichen als Gestaltungsaufgabe – Ein Leitfaden für die Praxis. Hg. v.* Bundesministerium für Familie, Senioren, Frauen und Jugend. Online verfügbar unter: https://www.bmfsfj.de/blob/94176/-11267bd21-daff5b30dd44dcf-967-cd280/kooperation-von-haupt-und-ehrenamtlichen-als-gestaltungsaufgabe-leitfaden-data.pdf, letzter Zugriff: 06.05.2018.

Simonson, J.; Vogel, C.; Tesch-Römer, C. (2014): *Freiwilliges Engagement in Deutschland. Der Deutsche Freiwilligensurvey 2014.* Deutsches Zentrum für Altersfragen (DZA), Berlin: Springer VS.

Sprenger, R. K. (2005): *Mythos Motivation – Wege aus einer Sackgasse.* Frankfurt am Main: Campus Verlag.

Strubel, I. T.; Kals, E.; Jiranek, P.; Wehner, T. (2015): *Ein deutsch-schweizerischer Vergleich von Motiven (potenziell) Freiwilliger.* In: Wehner, T.; Güntert, S. T. (Hrsg.): *Psychologie der Freiwilligenarbeit.* Berlin und Heidelberg: Springer VS, S. 247-264.

Wehner, T.; Güntert, S. T.; Neufeind, M.; Mieg, H. A. (2015): *Frei-gemeinnützige Tätigkeit: Freiwilligenarbeit als Forschungs- und Gestaltungsfeld der Arbeits- und Organisationspsychologie.* In: Wehner, T.; Güntert, S. T. (Hrsg.): *Psychologie der Freiwilligenarbeit.* Berlin und Heidelberg: Springer VS, S. 3-22.

Weinert, A. B. (2004): *Organisations- und Personalpsychologie. Ein Lehrbuch.* 5. Auflage, Weinheim: Beltz Verlag.

Young, D. R. (2001): *Organizational Identity in Nonprofit Organizations: Strategic and Structural Implications.* Nonprofit Management and Leadership, 12 (2).

Internetquellen

Akademie für Ehrenamtlichkeit Deutschland (fjs. e. V.) (2018): *Ehrenamt finden.* Online verfügbar unter: http://www.ehrenamt.de/1419_Ehrenamt_finden.htm, letzter Zugriff: 06.05.2018.

Bahner-Gutsche, R. (2018): *Werden Sie gemeinsam mit uns aktiv!* Online verfügbar unter: https://www.humedica.org/mitmachen/ehrenamt-in-deutschland/index_ger.html, letzter Zugriff: 06.05.2018.

Bundesverband Deutscher Stiftungen (2017): *Verschärfte Vorschriften zum Datenschutz.* Online verfügbar unter: https://www.stiftungen.org/stiftungen/blogs/stiftungsrecht/verschaerfte-vorschriften-zum-datenschutz.html, letzter Zugriff: 06.05.2018.

Caritasverband der Erzdiözese München und Freising e. V. (2017): *Caritas-Umfrage zum Bürgerschaftlichen Engagement: Alle Generationen engagieren sich.* Online verfügbar unter: https://www.caritas-nah-am-naechsten.de/news/News/caritas-umfrage-zum-buergerschaftlichen-engagement-alle-generationen-engagieren-sich-5248.news?backLink=%2F-Default.aspx%3Fpa-ge%3D0, letzter Zugriff: 06.05.2018.

Dehmel, S. (o. D.): *Datenschutzkonforme Datenverarbeitung nach der EU-Datenschutz-Grundverordnung.* Online verfügbar unter: https://www.bitkom.org/Themen/Datenschutz-Sicherheit/DSGVO.html, letzter Zugriff: 06.05.2018.

Ernst-Abbe-Hochschule (EAH) Jena Fachbereich Sozialwesen (FB SW) (2013): *Modulbeschreibung: Forschungs- und Entwicklungsprojekt.* Online verfügbar unter: https://www.sw.eah-jena.de/dat/MA/module_2012/SW.2.107_FuE-Projekt_ab_SoSe_2013.pdf, letzter Zugriff: 06.05.2018.

Esche Stiftung (Hg.) (2009): *Begrenzte Haftung von unentgeltlich tätigen Vorständen* (compact Spezial). Online verfügbar unter: https://www.esche.de/publikationen/compact-2009/compact-spezial-stiftungen-122009/begrenzung-der-haftung-von-unentgeltlich-taetigen-vorstaenden/, letzter Zugriff: 06.05.2018.

Frick, T. W. (2017): *Von Industrie 1.0 bis Industrie 4.0.* Online verfügbar unter: http://industrie-wegweiser.de/von-industrie-1-0-bis-4-0-industrie-im-wandel-der-zeit/, letzter Zugriff: 06.05.2018.

FundraisingForum e. V. (2018): *Mitteldeutscher Fundraisingtag.* Online verfügbar unter: https://www.fundraisingforum.de/mitteldeutscher-fundraisingtag/, letzter Zugriff: 06.05.2018.

Hasse, L. – Thüringer Landesbeauftragter für den Datenschutz und die Informationsfreiheit (TLfDI) (o. D.) : *Vordrucke.* Online verfügbar unter: https://www.tlfdi.de/tlfdi/wir/infomaterial-mustervordrucke/mustervordrucke/, letzter Zugriff: 06.05.2018.

Intersoft Consulting Services AG (2018): *Datenschutz-Grundverordnung – DSGVO.* Online verfügbar unter: https://dsgvo-gesetz.de, letzter Zugriff: 06.05.2018.

Lipinski, K.; Lackner, H.; Laué, O. P.; Kafka, G.; Niemann, A.; Raasch, E.; Schoon, B.; Radonic, A. (2013): *Web 2.0.* Online verfügbar unter: https://www.itwissen.info/Web-2DOT-0-web-2DOT-0.html, letzter Zugriff: 06.05.2018.

Nationale Kontakt- und Informationsstelle zur Anregung und Unterstützung von Selbsthilfegruppen (NAKOS) (2018): *Nachahmenswert: Hilfe beim Internetauftritt.* Online verfügbar unter: https://www.nakos.de/aktuelles/nachrichten/key@5986, letzter Zugriff: 06.05.2018.

Neuber, M. - Bundesverband Digitale Wirtschaft (BVDW) e. V. (2018): *Aktuelle Informationen zur ePrivacy Verordnung; ePrivacy Verordnung (ePV)* (Schaubild). Online verfügbar unter: https://www.bvdw.org/themen/recht/eprivacy-verordnung/, letzter Zugriff: 06.05.2018.

Tauber, P. (o. D.): *Bessere Rahmenbedingungen für das Ehrenamt.* Online verfügbar unter: http://www.petertauber.de/bessere-rahmenbedingungen-fur-das-ehrenamt/, letzter Zugriff: 06.05.2018.

Rochow, M. (2012): *Web 3.0 – Das semantische Web.* Online verfügbar unter: http://www.gironimo.org/webentwicklung/web-3-0-das-semantische-web.html, letzter Zugriff: 06.05.2018.

Stamm, S. J. (2016): *The Power of Board Succession Planning.* Online verfügbar unter: https://www.boardeffect.com/blog/board-succession-planning/, letzter Zugriff: 06.05.2018.

Vereinshelden (2018): *Qualifizierung „Strategisches Ehrenamts- & FreiwilligenMANAGEMENT für Vorstandteams." Die Weichen für die Zukunft stellen.* (Schaubild). Online verfügbar unter: https://www.vereinshelden.org/de/vereinshelden/start-up/qualifizierung/strategische-vorstandsarbeit/, letzter Zugriff: 06.05.2018.

Völker, K. (2018): *Ehrenamtliches Engagement. Womit Vereine zu kämpfen haben.* (Interview mit Frau Dr. Annette Zimmer). Online verfügbar unter: www.muensterschezeitung.de/Lokales/Staedte/Muenster/3230739-Ehrenamtliches-Engagement-Womit-Vereine-zu-kaempfen-haben, letzter Zugriff: 06.05.2018.

Anhang: Statistische Darstellungen

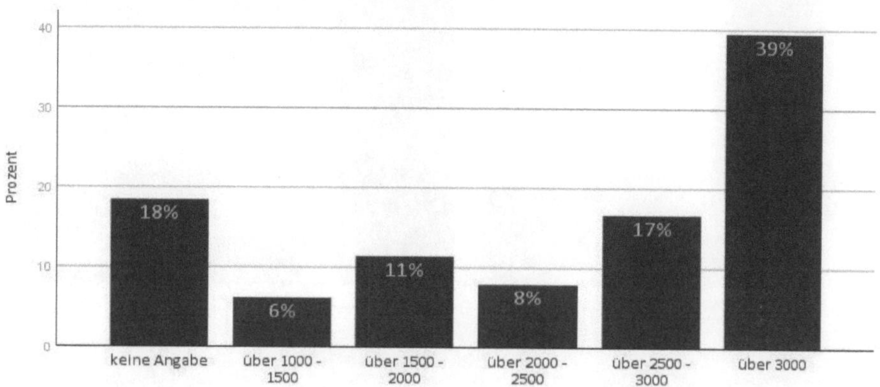

Quelle: Eigene Erhebung. N = 114.

Abbildung 51: Wie hoch ist das Netto-Monatseinkommen Ihres Haushaltes in Euro?

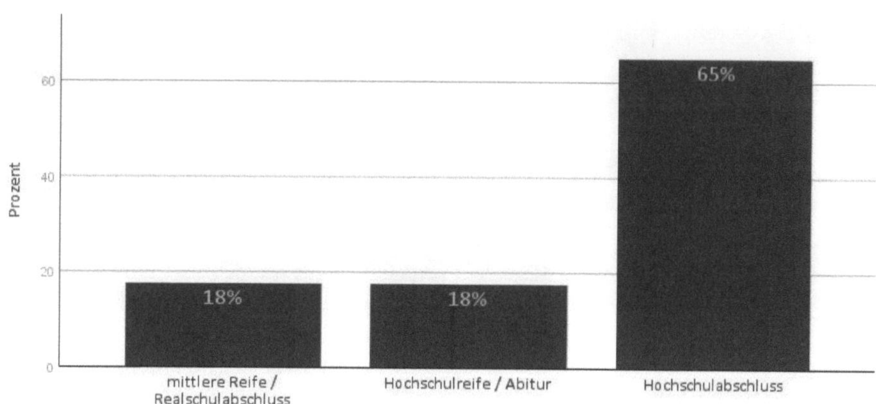

Quelle: Eigene Erhebung. N = 114.

Abbildung 52: Was ist ihr höchster Bildungsabschluss?

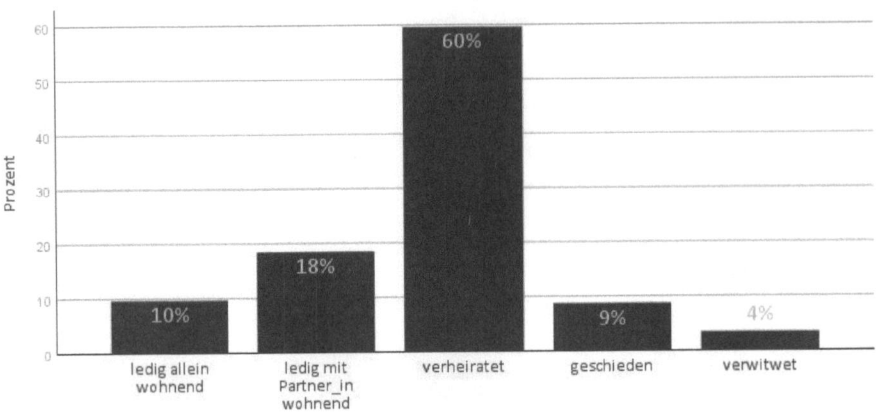

Quelle: Eigene Erhebung. N = 114.

Abbildung 53: Wie ist ihr Familienstand?

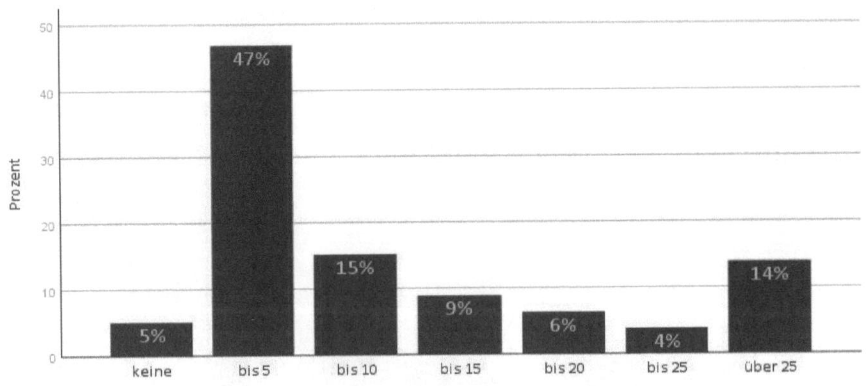

Quelle: Eigene Erhebung. N = 79.

Abbildung 54: Wie viele ehrenamtliche Mitarbeiter_innen arbeiten mindestens zwei Stunden pro Woche in ihrer Organisation?

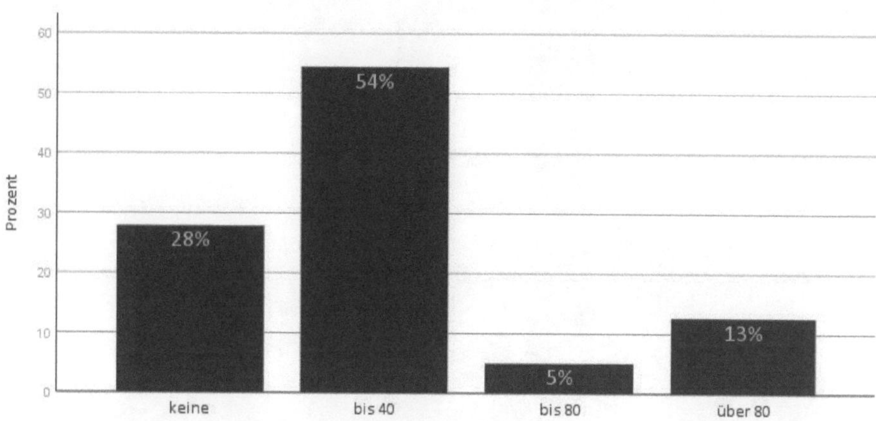

Quelle: Eigene Erhebung. N = 79.

Abbildung 55: Wie viele hauptamtliche Mitarbeiter_innen arbeiten in ihrer Organisation?

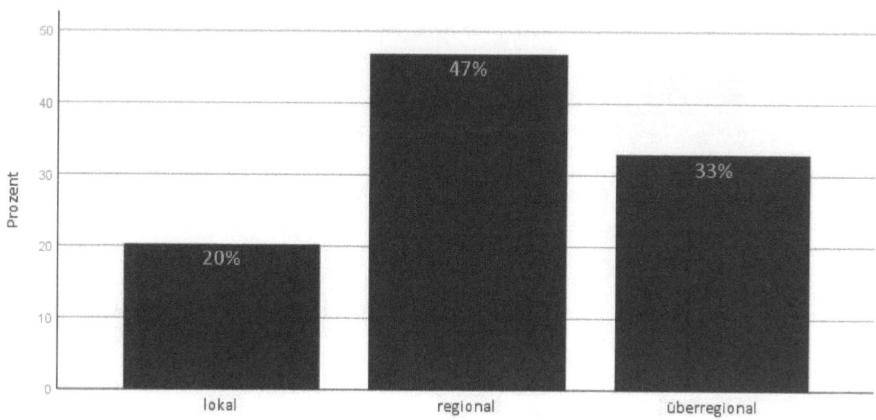

Quelle: Eigene Erhebung. N = 79.

Abbildung 56: Wie würden Sie den Wirkungskreis Ihrer Organisation beschreiben?

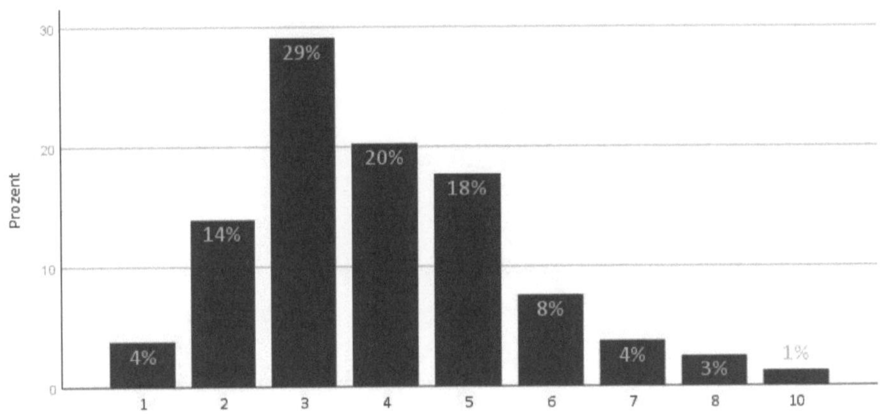

Quelle: Eigene Erhebung. N = 79.

Abbildung 57: Wie viele Arbeitsfelder deckt Ihre Organisation ab?

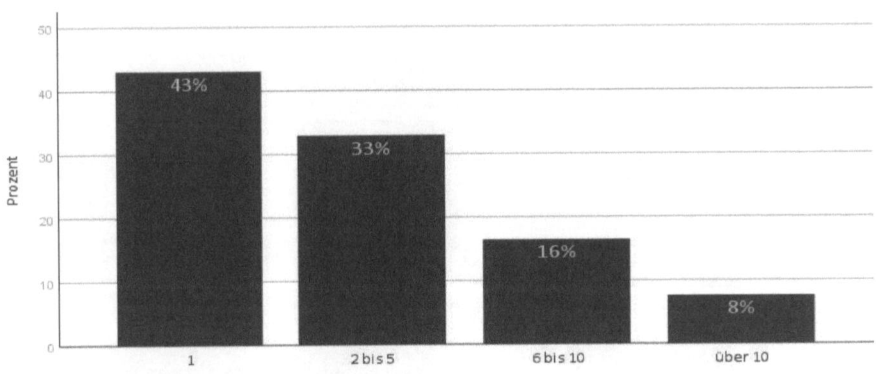

Quelle: Eigene Erhebung. N = 79.

Abbildung 58: Über wie viele organisatorisch abgrenzbare Einrichtungen verfügt Ihre Organisation?

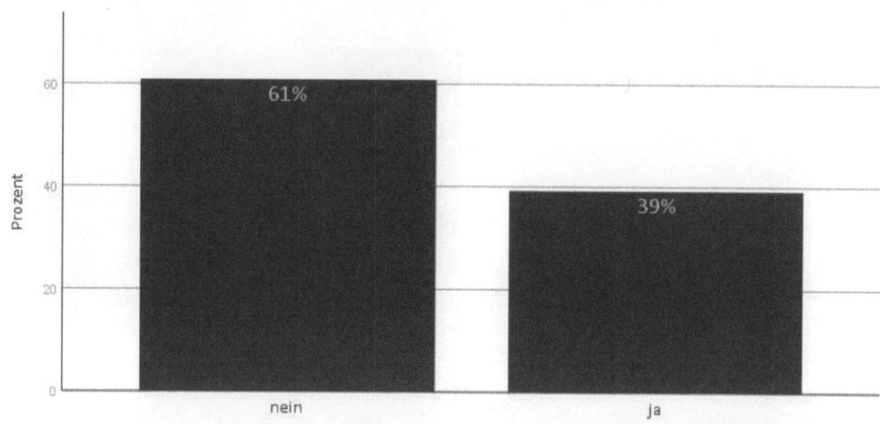

Quelle: Eigene Erhebung. N = 79

Abbildung 59: Ist Ihre Organisation rein ehrenamtlich aufgebaut?

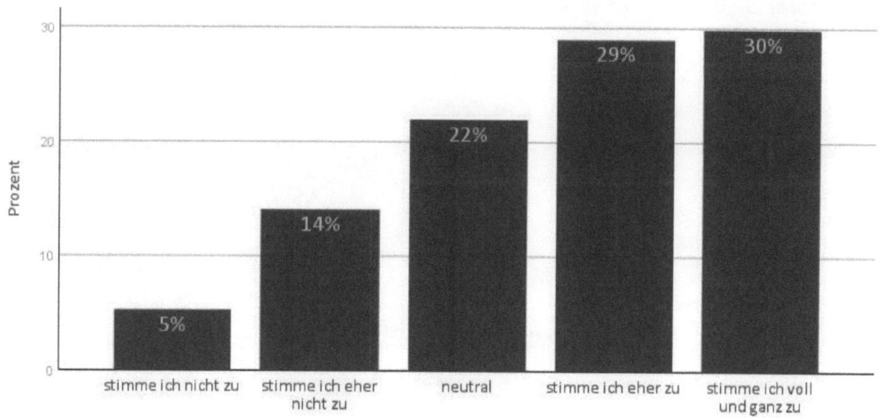

Quelle: Eigene Erhebung. N = 114.

Abbildung 60: Ehrenamt heißt vor allem, freiwillig, kostenlos und unentgeltlich zu arbeiten.

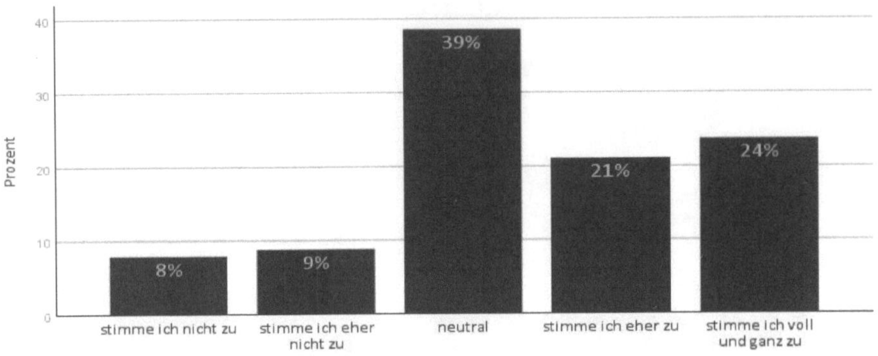

Quelle: Eigene Erhebung. N = 114.

Abbildung 61: Der Begriff des Ehrenamtes ist veraltet. Heute sollte vielmehr von bürgerschaftlichen oder freiwilligen Engagement gesprochen werden.

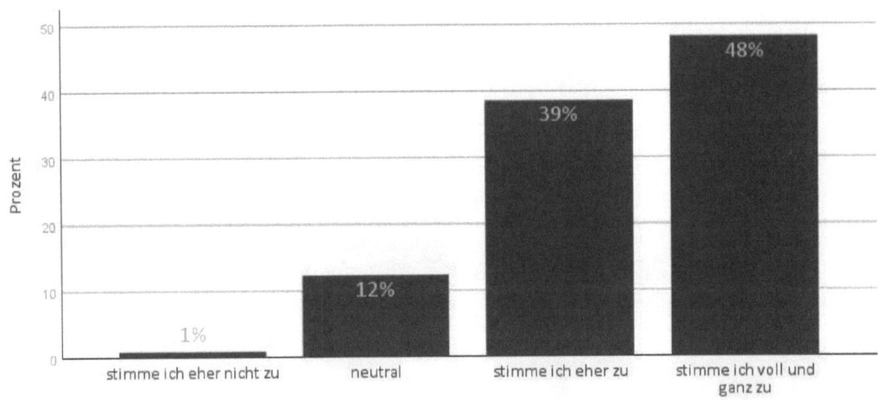

Quelle: Eigene Erhebung. N = 114.

Abbildung 62: Unserer Organisation ist es wichtig, dass neue ehrenamtliche Vorstandsmitglieder und Mitarbeiter_innen in das Team passen.

Diese statistischen Darstellungen stellen lediglich einen Teil des Anhangs der Studie dar. Der erweiterte Anhang ist auf Anfrage an den Herausgeber für weitere Forschung einzusehen. Dort finden Sie das Codebook der Studie, weitere Darstellungen der Nebenstudie zur Internetpräsenz der Mitgliedsorganisationen, die Transkripte der geführten Interviews sowie die Feedbackfragebögen der Verbandstage. Einige der darin einzusehenden Daten konnten nur partiell anonymisiert werden, weshalb wir Sie um Diskretion bitten, wenn Sie den gesamten Anhang erhalten.

Anfragen stellen Sie bitte unter folgender Mailing-Adresse: info@isoe.org.

Impressum

ISÖ – Institut für Sozialökologie gemeinnützige GmbH

Tel.: +49 (0) 2241 1457073

Fax: +49 (0) 2241 1457039

Ringstraße 8

53721 Siegburg

Wissenschaftlicher Leiter und Geschäftsführer

Prof. Dr. habil. Michael Opielka

Förder- und Trägerverein

Sozialökologische Gesellschaft e.V. (gemeinnützig) - gegründet 1987

Mitgliedschaft

Mitglied der Arbeitsgemeinschaft Sozialwissenschaftlicher Institute e.V. (ASI)

Mitglied im Deutschen Verein für öffentliche und private Fürsorge

Homepage

www.isoe.org

FSC
www.fsc.org
MIX
Papier aus ver-
antwortungsvollen
Quellen
Paper from
responsible sources
FSC® C105338